生生不息
甘肃文化的传承（全四卷）
把多勋 主编　梁旺兵 副主编

甘肃丝绸之路文化
（第三卷）

Gansu Silk Road Culture

Gansu Culture

王力　王琼
郑飞　黄婉莹 编著

中国社会科学出版社

图书在版编目（CIP）数据

生生不息：甘肃文化的传承. 甘肃丝绸之路文化 / 王力等编著. —北京：中国社会科学出版社，2023.9

ISBN 978-7-5227-2620-5

Ⅰ.①生… Ⅱ.①王… Ⅲ.①丝绸之路—文化史—研究—甘肃 Ⅳ.①K294.2

中国国家版本馆CIP数据核字（2023）第178163号

出 版 人	赵剑英
责任编辑	马 明 郭 鹏
责任校对	王繁粟
责任印制	王 超

出　　版	中国社会科学出版社
社　　址	北京鼓楼西大街甲158号
邮　　编	100720
网　　址	http://www.csspw.cn
发 行 部	010-84083685
门 市 部	010-84029450
经　　销	新华书店及其他书店
印　　刷	北京明恒达印务有限公司
装　　订	廊坊市广阳区广增装订厂
版　　次	2023年9月第1版
印　　次	2023年9月第1次印刷
开　　本	710×1000　1/16
印　　张	19.25
插　　页	2
字　　数	268千字
定　　价	369.00元（全四卷）

凡购买中国社会科学出版社图书，如有质量问题请与本社营销中心联系调换
电话：010-84083683
版权所有　侵权必究

前　言

"丝绸之路"，起始于古代中国，沟通亚洲、欧洲以及非洲，是著名的古代商贸、文化交流路线。从狭义角度而言，丝绸之路仅指陆上丝绸之路；而就广义来讲，丝绸之路不仅包括陆上丝绸之路，还包括海上丝绸之路。

公元前2世纪，"陆上丝绸之路"正式形成，它是连接中国与欧洲并直达非洲诸多地区的陆上商业贸易通道，自开通起，就一直发挥着重大作用，直到16世纪，仍在保留使用。因为中国盛产的丝绸，在这条道路历史上长期占据非常重要的位置，所以，在19世纪70年代，德国地理学家李希霍芬将这条道路正式命名为"丝绸之路"，其后该名称被广为接受。陆上丝绸之路同时还是一条集政治、经济、文化交往等多种功能为一体的道路，今天，我们用"丝绸之路"指代以中国为起点的古代东西交往的各条道路。

秦汉时期，"海上丝绸之路"便已经开始形成，作为一条海上的通道，它跟陆上丝绸之路一样，是中国与外界进行交往的重要窗口。自开通便一直活跃，直到明末清初时期，政府实行海禁政策后，海上丝绸之路开始走向衰落。因为当时主要以南海为中心，所以又被称作"南海丝绸之路"。

丝绸之路，不是单纯意义上的商业通道，它是一条连接中国与世界的纽带，古老的中华文明、中亚文明、印度文明、美索不达米亚文明、希腊—罗马文明和埃及文明，众多文明在这里交汇碰撞。

同时，丝绸之路不仅仅是一条单一道路，而是一个区域，在这个区域内,贯穿古今的陆上和海上的商贸文化在这里交流汇合。通过陆上丝绸之路,中国的丝绸、茶叶、陶器、瓷器等大量珍贵物品以及先进的科学文化成果等,源源不断地输往中亚、西亚、南亚以及欧洲、非洲,也通过海上丝绸之路,源源不断地传入东亚、美洲、大洋洲和世界各地。作为礼尚往来,其他国家的医药、算术、天文等科技知识,雕塑、建筑、绘画、音乐、舞蹈等艺术文化,以及早期的基督教、伊斯兰教、佛教等宗教文化也通过丝绸之路传进了中国。

沟通了不同国家和民族之间的交流交往,是丝绸之路对人类文明做出的最大贡献,同时,丝绸之路也促进了东西方之间的双向文化交流。历史证明,正是由于丝绸之路所带动的不同种族、区域文化的交流碰撞,大大推动了世界的进步和发展。①

---

① 高亚芳、王力:《一张图表看懂丝绸之路》,中华书局2016年版。

目 录

第一篇 史海钩沉

第一章 丝路概说：名称来源及发展历史 ……………………（3）
 第一节 丝绸之路名字的提出 ……………………………（4）
 第二节 丝绸之路的发展历史 ……………………………（6）

第二章 丝路路线：东中西三段及沿线古城 …………………（18）
 第一节 东段丝路 …………………………………………（18）
 第二节 中段丝路 …………………………………………（21）
 第三节 西段丝路 …………………………………………（26）

第三章 丝路申遗："长安—天山廊道路网"及甘肃
    段遗址 …………………………………………………（33）
 第一节 "长安—天山廊道路网"概况 …………………（33）
 第二节 "长安—天山廊道路网"评价 …………………（36）
 第三节 甘肃"长安—天山廊道路网"遗产概况 ………（37）

第四章 丝路甘肃：发展历史、文化交流及精神价值 ………（39）
 第一节 时空中的甘肃丝绸之路 …………………………（39）
 第二节 甘肃在丝绸之路上的文化交流 …………………（46）
 第三节 甘肃丝绸之路的精神和价值 ……………………（53）

第二篇　辉煌文化

第五章　建都设郡：甘肃各时期行政建制的发展 …………（59）
　　第一节　夏商周 …………………………………………（59）
　　第二节　秦 ………………………………………………（60）
　　第三节　西汉 ……………………………………………（60）
　　第四节　东汉 ……………………………………………（63）
　　第五节　魏晋南北朝 ……………………………………（65）
　　第六节　隋 ………………………………………………（69）
　　第七节　唐 ………………………………………………（70）
　　第八节　五代两宋 ………………………………………（71）
　　第九节　元 ………………………………………………（72）
　　第十节　明 ………………………………………………（74）
　　第十一节　清 ……………………………………………（75）
　　第十二节　近现代 ………………………………………（76）

第六章　佛陀之光：甘肃汉传佛教、藏传佛教及主要寺院 ……（78）
　　第一节　佛教在中国的传播 ……………………………（78）
　　第二节　甘肃汉传佛教的发展 …………………………（79）
　　第三节　甘肃藏传佛教的发展 …………………………（81）
　　第四节　甘肃主要的佛教寺院 …………………………（88）

第七章　乐舞蹁跹：甘肃各时期乐舞艺术的发展 …………（91）
　　第一节　先秦时期 ………………………………………（91）
　　第二节　秦汉时期 ………………………………………（94）
　　第三节　魏晋南北朝时期 ………………………………（95）
　　第四节　隋唐时期 ………………………………………（97）

第八章 马背文明：甘肃境内的古老民族及其历史 (103)

第一节 戎人 (103)

第二节 羌人 (104)

第三节 党项人 (106)

第四节 匈奴人 (107)

第五节 月氏人 (109)

第六节 卢水胡 (110)

第七节 乌孙人 (111)

第八节 鲜卑人 (111)

第九节 回鹘人 (115)

第九章 商旅往来：甘肃丝路商贸的发展及其影响 (116)

第一节 汉前丝路商贸的萌芽 (116)

第二节 西汉丝路商贸的开辟 (117)

第三节 北魏至隋丝路商贸的发展 (119)

第四节 唐代丝路商贸的繁荣 (120)

第五节 元代丝路商贸的中兴 (122)

第六节 明代丝路商贸的转折 (124)

第七节 清代丝路商贸的没落 (126)

第八节 丝路商贸的重要影响 (127)

第十章 石窟艺术：甘肃石窟的分布、发展及其艺术价值 (129)

第一节 甘肃石窟的发展 (130)

第二节 甘肃的石窟艺术 (133)

第三节 甘肃石窟的分布 (149)

第四节 甘肃石窟的艺术价值 (166)

第十一章　长城文化：甘肃长城的历史、类型及其文化影响……（170）

- 第一节　长城的修建方式类型……（171）
- 第二节　甘肃长城的修筑历史……（176）
- 第三节　甘肃境内的长城遗存……（181）
- 第四节　甘肃长城文化的影响……（188）

第十二章　周秦光华：甘肃周秦文化的特点、遗存及其影响……（193）

- 第一节　甘肃周秦文化概说……（193）
- 第二节　甘肃先周文化的特点、遗存及影响……（196）
- 第三节　甘肃早秦文化的特点、遗存及影响……（202）

第十三章　绚丽彩陶：甘肃彩陶文化的发展脉络及其历史地位……（211）

- 第一节　甘肃彩陶文化的起始期……（211）
- 第二节　甘肃彩陶文化的兴起期……（215）
- 第三节　甘肃彩陶文化的繁盛期……（217）
- 第四节　甘肃彩陶文化的衰落期……（222）
- 第五节　甘肃彩陶文化的历史地位……（227）

第三篇　节点明珠

第十四章　陇东地区：甘肃丝路的东端要道……（233）

- 第一节　陇上码头……（233）
- 第二节　天水流韵……（237）

第十五章　陇中地区：甘肃丝路的中转枢纽……（244）

- 第一节　黄河母亲……（244）

第十六章　河西地区：甘肃丝路的战略走廊 …………………… (249)
　　第一节　武功军威 …………………………………………… (249)
　　第二节　张国臂掖 …………………………………………… (254)
　　第三节　河西人情 …………………………………………… (258)
　　第四节　戈壁雄关 …………………………………………… (262)
　　第五节　大梦敦煌 …………………………………………… (267)

第四篇　未来展望

第十七章　历史契机：甘肃勃兴的区位优势及资源优势 …… (275)
　　第一节　区位优势 …………………………………………… (275)
　　第二节　资源优势 …………………………………………… (276)

第十八章　战略布局：打造丝绸之路经济带甘肃黄金段 …… (278)
　　第一节　三大平台 …………………………………………… (278)
　　第二节　五大工程 …………………………………………… (279)
　　第三节　五大联通 …………………………………………… (281)
　　第四节　六大窗口 …………………………………………… (284)
　　第五节　八大节点 …………………………………………… (286)
　　第六节　一大目标 …………………………………………… (289)

参考文献 ………………………………………………………… (291)

后　记 …………………………………………………………… (297)

第一篇

史海钩沉

第一章

丝路概说：名称来源及发展历史

"走马西来欲到天，辞家见月两回圆。今夜不知何处宿，平沙万里绝人烟。"[①] 悠悠驼铃声，回响在古老的陆上丝绸之路上，今天，我们再一次回望这条伟大的道路。

陆上丝绸之路，是联系东方与西方之间文化、经济、政治交流的陆上通道，全长约7000公里。西汉建元三年（公元前138年），百余名随从跟着张骞，从长安出发，经由陇西（今甘肃洮南），历尽艰难，一路向西进发，终于到达中亚和西亚地区，自此，中国通往西方的门户得以贯通。司马迁是中国古代著名史学家，他在《史记》中以"凿空"二字，精辟形象地概括了张骞出使西域的卓越功绩以及艰辛。

陆上丝绸之路这条通道，自张骞开辟之后，便成了历代王朝与外界沟通交往的主要通道。在当时，汉朝赴西域的使者络绎不绝，他们"相望于道"，从西域来中国的使者、商人也数不胜数。东汉末年至魏晋南北朝这一较长的历史时期内，由于中原的不安定，不少大族和有文化的士人纷纷迁居到河西（黄河以西），河西走廊的文化氛围前所未有的高涨，同时也为丝路文化的欣欣向荣，奠定了深厚的文化基础。隋朝时期，南北统一，隋炀帝遣黄门侍郎裴矩，令其往来于张掖、敦煌之间，通过西域胡商，联络各国首领，互市

---

① （唐）岑参：《碛中作》。

贸易，自此，丝绸之路繁荣昌盛的序幕被拉开了。唐朝时期，疆域得到了开拓，民族的进一步融合，都使得中西往来更加地畅通无阻。宋代，由于北方民族多战乱，再加上宋朝文化和经济重心的逐渐南移，以及海上丝绸之路的崛起，陆上丝绸之路的中西交往受到了影响。蒙元时期，欧亚帝国建立，东西贯通的丝路，又迎来了新的发展机遇。而明清时期，愈演愈烈的闭关锁国政策，以及近代中国的动荡，都使得统治者无暇顾及丝绸之路的继续发展，再加上其沿线严重的沙漠化，这些因素都导致了丝绸之路慢慢走向衰退。

陆上丝绸之路不仅仅是一条道路，它更像是一个过程、一个符号、一种精神的象征。根据古罗马人给他们想象中的中国取名"赛里斯"（意即丝绸之国），我们就能知晓，丝绸对于西方社会产生了怎样的影响，是怎样的存在。指南针、造纸、火药、瓷器、漆器以及冶炼、打井等发明及技艺次第西传，胡椒、香料、核桃、葡萄、石榴、玻璃、狮子、象牙等"殊方异物，四面而至"，古代丝绸之路为我们造就了一幅世界共荣的盛大景象。

人类文化、商贸、技术、交通、宗教以及民族等诸多方面长期交流与融合，构建了丝绸之路这条华美而矜持、富有而远藏的文化线路。①

第一节　丝绸之路名字的提出

我们都知道，甘肃河西走廊是丝绸之路的交通要道，但是河西走廊上只有"玉门"却没有"丝门"，这是什么原因呢？在有文献记载的丝绸之路之前的两千年，东方与西方的文化交流的线路就已经连接开通，但它是为进口和田玉，而不是出口丝绸，这就是最早"玉门"的由来。而"丝绸之路"这一名称是德国学者李希霍芬"发明"的。

---

① 高亚芳、王力：《一张图表看懂丝绸之路》，中华书局2016年版。

德国地理学家李希霍芬于 1877 年在他的《中国》一书中，首先提出了"丝绸之路"的概念，他把"从公元前 114 年至公元 127 年间，中国与河间地区（即阿姆河与锡尔河之间地带）、中国与印度之间以丝绸贸易为媒介的西域交通路线"，命名为"丝绸之路"。彼时，国内基本上都将丝绸之路视为"中西交通"之代名词，从而对丝绸之路路线有很多的提法。而国外学者对丝绸之路的认识，则比较固定。德国的史学家阿尔巴特·赫尔曼，将丝绸之路的终点之一的河间地域，继续向西扩延，一直到达遥远西方的叙利亚；法国 L. 布尔努瓦的《丝绸之路》、英国彼得·霍普科克的《丝绸之路上的外国魔鬼》等著作，都将丝绸之路理解为以陆上为主。根据丝绸之路的得名渊源来讲，丝绸之路不等同于单纯的交通线路，它有着本身特定的时代和地域含义，其更是一条文化交流之道以及贸易之路。"丝绸之路"这一名称形象更贴切，长久以来，有很多研究者想给这条道路赋予另外一个名字，如"佛教之路""宝石之路""玉之路""陶瓷之路"等，但是，它们都只能局部地反映丝绸之路文化的内涵，而终究无法替代"丝绸之路"。

在当时，"丝绸之路"这一名词一经提出，很快就被学术界和大众认可，并将其正式运用起来。在这之后，20 世纪初，德国历史学家赫尔曼出版了《中国与叙利亚之间的古代丝绸之路》一书，在其书中，赫尔曼通过参考新近发现的文物考古资料，将丝绸之路范围延伸到小亚细亚和地中海西岸，并指出，它是中国古代经过中亚通往西亚、南亚以及经由欧洲到达北非的陆上贸易交往的重要通道。

半个多世纪前，瑞典学者斯文·赫定，从新疆出发，横穿甘肃全境，到达西安，完成了对荒凉萧条的中国西北高原的考察，并写出了巨著《丝绸之路》，在书中，有一段充满深情、彰显睿智的话语，他说："哪怕将这条交通干线称为穿越整个旧世界的最长的路，也毫不夸张。从历史文化学的角度来看，丝绸之路是连接了地球上存在过的各民族和各大陆，它是最重要的纽带。……对中国而言，延伸并维持丝绸之路连接其与亚洲腹地之内领地，显得至关重要。"今天，我们站在反思、回顾以及文化的视角，跟随历史，穿行丝绸之路，"与风逝的岁月接通、与闪现的旅人交谈"，我们呼吸着古代空气的新奇，体验着古老而弥新的故事。千百年岁月已逝，无数历史事件和风云人物在丝绸之路上演绎。而今，改朝换代、动乱、战争都已成为过去，将军、戍卒、英雄、屯民和商旅也都灰飞烟灭。万里长风，将千古兴亡、百年悲笑一扫而空……

第二节 丝绸之路的发展历史

丝绸之路的开辟，虽归功于汉，却又因匈奴而起。公元前3世纪，匈奴族兴起，在冒顿单于担任部落首领之时，建立了匈奴帝国。强大的匈奴帝国一度控制了西域大部分地区，汉朝同西方的交往也受到了它的阻碍。公元48年，匈奴一分为二，分裂成南北二部，汉朝收服了南匈奴。公元91年，汉朝大将耿夔大破北匈奴于金微山（今阿尔泰山），迫使北匈奴单于率众西迁至乌孙，后又迁到康居、阿兰聊。北匈奴入主阿兰聊，入侵欧洲的序幕拉开，在推动欧洲民族大迁徙上，北匈奴开始扮演着主要角色。

历史上，匈奴人并不只是单纯的丝路"终结者"，在与汉朝的争夺中，或者当其遭遇内困和外来势力打击，逐渐衰退时，则要进行西迁，以寻找适合自己生存的空间，这恰恰为草原丝绸之路的开辟奠定了坚实的基础。

草原丝绸之路在中亚河中地区与传统丝路的西段对接，大致形成四条线路：（1）阿尔泰山道——从鄂尔浑河、色楞格河上游穿过阿尔泰山，然后，沿乌伦古河至河中地区；（2）天山道——从内蒙古阴山地区沿河套西行，经天山而达河中；（3）漠北道——从贝加尔湖以南向西沿叶尼塞河，然后，绕阿尔泰山以北到达河中；（4）居延道——从居延北行至鄂尔浑河、土拉河、色楞格河上游各民族地区。

"天苍苍，野茫茫，风吹草低见牛羊"，丝绸之路因草原丝路的开通，翻开了崭新的一页，变得更加多彩！

蒙古人建立蒙元大帝国以后，唐宋时期的开放政策被其统治者继续推行，并且鼓励对外交往，因王朝更替的战乱阻断之后，丝绸之路再一次焕发生机，重现了兴旺景象，同时也为东西方之间的政治、经济、文化交往，提供了新的历史机遇。

蒙元时期，草原丝绸之路发展的最为鼎盛。蒙元帝国横跨欧亚两大陆，为了加强交往、维护统治，蒙元帝国在帝国境内修建了四通八达的交通网络。元朝建立后，设置了以上都、大都为中心的三条主要驿路——纳怜、木怜、帖里干，形成了西经中亚达欧洲、北从漠北至西伯利亚、南通中原、东抵东北的发达交通网络。

这一时期，经由草原丝绸之路，往来中国的中亚、波斯、阿拉伯商人、商队络绎不绝。例如最早在中统年间，就有发郎国的使者在开平觐见过忽必烈。至元年间，元惠宗派遣拂郎国人安德烈及其他 15 人出使欧洲，致书罗马教皇。其中影响最大的就是意大利商人马可·波罗随父来到元上都，受到忽必烈的接见，回国后写下了著名的《马可·波罗游记》，成为西方人了解元代宫廷生活、礼仪以及蒙古族生活习俗的重要途径。

近几年，在草原丝绸之路的城市遗址中，陆续出土了大量实物，反映出当时商品交换及东西方文化交流的繁盛。如"中统元宝交钞""至元通行宝钞"是世界上现存最早的钞票实物；中原地区七大名窑的精品瓷器也在窑藏里汇聚，同时还出土了四万余枚铜钱；带有古叙利亚文字的景教墓顶石是中国、西亚文化往来的最好物证。总之，草原丝绸之路的兴盛，推动了草原文明的崛起，进而推动了世界文明的发展。①

而传统意义上的丝绸之路，全长 6440 公里，以中国古代都城长安为起点，经西亚国家例如叙利亚、阿富汗、伊朗、伊拉克等，

---

① 高亚芳、王力：《一张图表看懂丝绸之路》，中华书局 2016 年版。

经过地中海，最后到达罗马。丝绸，是这条丝绸之路最有代表性的货物，古代东西方文明在亚欧大陆连接。数千年来，商人、游牧民族或部落、外交家、士兵、教徒以及学术考察者们，都沿着丝绸之路或东或西穿行。

随着岁月的沉淀，古代中国与西方所有政治经济文化往来的通道，已然可以用"丝绸之路"来彰显。"西北丝绸之路"，是西汉张骞开通的西域的官方通道；其先向北境，取道蒙古高原，再往西行，穿越天山北麓，与中亚的"草原丝绸之路"相会；而"西南丝绸之路"，则是从长安出发，经由成都，翻越崎岖山道，最后到达印度；"海上丝绸之路"，是从扬州、杭州、泉州、广州等沿海城市出发，穿过南洋，进入阿拉伯海，最远还到达了非洲东海岸。这些丝路都是"丝绸之路"这一统称的分支，它们共同组成了中国古代丝绸之路。

一　西汉

中国东西方交流的通道出现甚早，先秦时期就已经存在。西汉通西域之后，丝绸正式西传，西汉张骞"凿空"之旅，则是丝绸之路真正形成的标志。在当时，无论是丝绸的传播源，还是传播的目的地，抑或是传播的路线，都非常地清楚，也都有史料可查证，并且传播的数量也相当之大，东西双方都是有计划、甚至是具有高度组织性地进行丝绸贸易，所以，史学家们认为，丝绸之路真正开辟，源于西汉武帝时期。

在西汉时期，西域是指玉门关以及阳关以西的区域，也就是今天新疆及更远的广袤区域。西域当时一共有三十六个国家，都在乌孙之南，匈奴之西，后来分裂成五十多个。西汉初期，由于匈奴的阻隔，东西方联通交往的通道不再畅通。直到汉武帝即位，汉武帝开始加强对西域的统领，中原地区在这时也才开始与西域有所联系。

汉武帝时期，大月氏遭到匈奴人的侵犯而被迫西迁，汉武帝听闻大月氏对匈奴有报复之意，就想派出使者联合大月氏夹击匈奴，这时身为郎官的陕西汉中人张骞，毛遂自荐主动请缨，做了西域的使者。张骞引领100余人于建元二年（前139年）出发，然而路上并不顺利，路过匈奴时被俘，被扣留10年后终于找到机会逃脱，又向西走了几日才到达了大宛。但这个时候的大月氏已经不想跟匈奴人作对了，他们计划继续西迁，张骞没有办法便在西域继续生活了一年，考察这里的民风民俗，而后计划返回大汉，路上还是没那么顺利，又被匈奴人抓住，这次运气好一点，被关一年后，匈奴单于死亡，匈奴国大乱，张骞趁机逃脱。元朔三年（公元前126年），张骞终于又回到了大汉，这次出访历时13年，虽然没有达到最初联合大月氏夹击匈奴的目的，但是也获得了大量的情报，张骞受到嘉奖，被封为太中大夫，司马迁将张骞此行为称为"凿空"。

张骞回国后，汉武帝又派出使者希望找到一条不经过匈奴到达西域各国的通道，但是没有成功。后来在与匈奴人的作战中连番告捷，霍去病在祁连山大破匈奴封狼居胥，为大汉夺得了河西走廊等大片土地，从此大汉到西域的道路终于被打通。元狩四年（公元前119年），张骞再次奉旨出使，希望招引那些被匈奴人逼迫西迁的西域国家回到故地，并且加强大汉和西域各国的联系。张骞带队找到西域各国，一番游说下他们并未决定迁回，但也愿意随张骞回大汉考察一番。他们来到大汉后，看到大汉百姓富足，国力强盛，从此与大汉来往密切了起来，从此丝绸之路上商队络绎不绝，张骞也因功被封为"博望侯"。

丝绸之路开通后，匈奴势力又逐渐渗透到西域小国，在匈奴人背后策划和支持下，楼兰和车师经常劫掠大汉派往西域的使臣和商队，大汉终于被激怒了。元封三年（公元前108年），汉武帝兵分两路派遣王恢出兵楼兰，赵破奴出兵车师，攻占了这两个国家。元封六年（公元前105年），汉武帝又跟同样受到匈奴人骚扰的乌孙和亲，联合乌孙夹击匈奴；同时命李广利领兵数次进攻受到匈奴控制的大宛（今乌兹别克斯坦），在付出惨重代价后，终于攻破大宛，获得了大宛优秀的马种——汗血宝马；从此听命于匈奴的国家都被荡平，大汉恩威并举，西域各国唯大汉马首是瞻。通往西域的道路也再无宵小制造骚乱，丝绸之路从此畅通。

为了加强对西域各国的管理，太初四年（公元前101年），汉武帝在渠犁（今库尔勒县西南）和轮台（今轮台县东南）设立了使者校尉，专门负责西域的屯田事务。从此大汉在西域有了兵将和根据地，经略西域的能力更强了，西域各国再也不敢心猿意马，与大汉的关系更加稳固了。

汉宣帝神爵二年（公元前60年），匈奴日逐王先贤掸率众投降，百余年的汉匈之争终于落下了帷幕，自此古老的丝绸之路上再无其他霸主，大汉终于取得了最终的胜利。紧接着大汉在西域设置了都护府，负责管辖葱岭以东、今巴尔喀什湖以南的广大地区，并在此设置官员，派遣将士驻守，自此新疆地区开始隶属中央的管辖，成为中国领土不可分割的一部分，而丝绸之路的繁荣也进入顶峰。

汉哀帝元寿元年（公元前2年），佛教经过丝绸之路而传入中国。当时大月氏的使臣伊存通过丝绸之路来到大汉，在长安向中国博士弟子景卢口授《浮屠经》，史称"伊存授经"，从此佛教正式传入中国并不断发展壮大。可见丝绸之路不仅是商业之路，还是政治文化交流之路，正因如此，在1998年中国宗教协会和中国佛教学会，才得以以多种形式，举办"中国佛教两千年纪念活动"。

天凤三年（16年），王莽篡汉，西域诸国不再臣服于新莽政权，丝绸之路故而中断。

二　东汉

永平十六年（73年），大将军窦固率领班超，奉命出使西域，北伐匈奴。他们抱着必死的决心，率领36个士兵到了鄯善并将其收服。紧接着为了使于阗归附中央政府，他们又去将于阗劝服。在这之后，曾经隔绝了58年的丝绸之路，被班超等人又重新连通，他还积极帮助西域各个国家，使他们摆脱匈奴的控制。也因此，班超被东汉封为西域都护，他在西域驻守的 30 年间，不遗余力，为西域与内地之间的联系加强作出了巨大贡献。

永元三年（91 年），东汉北境的温宿、姑墨、龟兹都来归顺，班超在龟兹它乾城设置了西域都护府，他在此亲自镇守，同时为了与其北道相互掩护，他又让西域长史徐干驻守疏勒。

永元六年（94 年），由于焉耆等国统治者对抗中央，班超集结了 7 万余鄯善和龟兹等八国的兵马，共同讨伐他们，这之后，西域的五十余国悉数归属于当时的中央政府。

永元九年（97 年），副使甘英受班超遣派，到大秦国（即罗马帝国）出使，甘英一行本来已经到达了条支海（今波斯湾），临近大海已经准备渡水，但是受到安息国海商的拦截，虽然此行最终没有能实现其计划，但是这是第一次突破了安息国的防线，本来已经衰落的丝绸之路再次被打通，将丝绸之路由亚洲延伸至欧洲。

蒙奇兜讷（今译为马其顿）地区是罗马帝国的属下，该地区派遣使者，到达东汉的首都洛阳，向汉和帝进献带来的珍贵贡品，并受到了汉和帝的隆重款待，得到紫绶金印的赏赐。

延熹九年（166 年），又有使者受到古罗马大秦王安敦的派遣，来到东汉的首都，并朝见了汉桓帝。

三　魏晋时期

魏晋南北朝时期，丝绸之路呈现新局面，出现三条丝路并头发展。三条丝路即海上丝绸之路、西南丝绸之路以及西北丝绸之路，其中西北丝绸之路又叫沙漠丝绸之路或绿洲丝绸之路。这个时期丝路的发展，又呈现出三个显著的特点：具有明显的由汉代到隋唐的阶段过渡性；南北两朝不同政权都与西域往来频繁；海上丝绸之路的发展更上一层楼。

太安元年（455 年），北魏王朝文成帝实现了中国北方统一。

波斯王国与北魏王朝实现了直接的交往，这是在此前的丝路交往中断了较长年代之后，再一次的直接联系。自此时起，直到正光三年（522年）之间，根据《魏书·本纪》记载，北魏王朝共接待了十个波斯使团。史料显示，前五次的使团来到了北魏都城平城（今山西大同），他们当时带来了玻璃制品工艺，493年北魏王朝迁都洛阳，后五次的使团就是到达的洛阳。

神龟元年（518年），洛阳的宋云和比丘惠生，从都城出发，一路沿着"丝绸之路"向西行进，他们此行的目的，正是为了取经拜佛而前往西域。正光三年（522年），宋云、惠生等将本次出使带回的170部大乘经典，从天竺国运回了洛阳。这些经典著作，大大充实了中国的佛教文化。

丝绸之路上也行走着波斯国的使者，他们沿着这条道路到访南朝。中大通二年（530年）和五年（533年）八月，波斯国分别派遣使者到南朝，他们这两次分别向南朝最高统治者进献了佛牙和珍贵方物。时隔不久，再次进献方物。波斯国派遣的到达南朝的使者，就是从西域出发，经由吐谷浑境，然后南下前往益州（四川），再顺长江而下到建康（今南京）。

在上述这一时期，中西之间无论是政治、经济还是文化方面，都有着长期的交流。在政治层面，东西方的交流与联系日益密切；在经济层面，东西方之间经济贸易不断深化、生产工艺不断切磋；在文化层面，佛教在中国日益兴盛，礼乐文化更加丰富多样。

四　隋代

隋王朝开皇九年（589年），南北分裂的局面正式终结，突厥一族异军突起，西域至里海间的广袤地域全被他们侵占，吐谷浑（今青海境内）也趁机侵扰河西走廊区域，中国和西域以及广大西方的官方、民间交往都受到了很大的阻碍。在这种情况下，隋王朝与丝绸之路沿线各国各民族之间的关系却仍越来越密切，西域的很多商人到张掖进行贸易交往，隋炀帝曾经专门派裴矩来进行这方面的工作。裴矩用厚礼吸引西域商人们来到内地，使隋朝与西域的交流得以一直延续。《隋书·西域传》序曾有记载：侍御史韦节、司隶从事杜行满使于西番诸国，至罽宾（今塔什干附近），得玛瑙杯，印度王舍城得佛经，史国得歌舞教练、狮子皮、火鼠毛，官、民的交往又活跃起来。

五 唐代

唐朝，继隋朝之后建立。在前朝的基础之上，强大的唐朝将丝绸之路上的交往发展变得更加繁荣，成为丝绸之路的繁荣鼎盛时期。

唐太宗李世民，作为唐王朝第二代皇帝，功勋卓著，他先后战胜了东突厥吐谷浑，又进一步统一了大漠南北。唐朝第三位皇帝唐高宗李治，又在前人的基础上，灭掉了西突厥，并且设安西、北庭两地的都护府。彼时的大唐帝国，疆域面积十分辽阔，朝鲜海滨是它的东部起点，昌水（阿姆河，又说底格里斯河）是它的西边境线，大唐帝国是当时世界上最发达强盛的国家，无论是经济发展水平，还是文化建树，都居于世界前列。东西双方充分发挥大食帝国的纽带作用，无论是官方还是民间，都通过丝绸之路，友好而全面地进行互动交往。

大漠南北与西域各国，为了丝绸之路商贸往来更加便利，他们在丝绸之路的东段部分，修建了很多道路，将其作为丝绸之路的支线，这些道路也被人称作"参天可汗道"（天可汗指唐太宗），表示人们对唐太宗李世民的敬仰。为了与中国相通，东罗马帝国、大食国也接连派使节到长安，以至于玉门、敦煌以及阳关这些地方，盛极一时，被称作"陆地上的海市"。东部的海道上，中国人也可以通过乘坐船舶到达骠国（今缅甸）、河陵（今爪哇岛）、林邑（今越南南部）、真腊（柬埔寨），经由天竺（今印度）最终到达大食国，与欧洲各国进行贸易等联系。当时的刘家港（今上海吴淞口近处）、泉州、广州等地，悉数发展为当时最著名的对外贸易港口。

有史可考的是，当时的广州，就已经有了众多趸船性的船坞，例如波斯舶、南海舶、西域舶、昆仑舶、婆罗门舶、狮子国舶等。西方各国为了来到大唐，在陆上路段，纷纷取道西域和中亚，丝路沿途，驼马商旅络绎不绝；海上路段，则主要是由大食国首都巴格达出发，经过波斯湾，在这里，基本上每天都会有船只出发离港，远涉重洋去往东方。

东西方思想文化的交流，与唐代丝绸之路的繁荣昌盛密不可分。唐代丝绸之路的发展，极大地促进了东西方民族意识的觉醒以及社会的进步。同时，我们不可忽视的是，思想文化的交流，也离不开当时宗教思想的积极传播。

西汉汉哀帝时期，佛教正式传入中国。在南北朝时期，佛教开始在中国广泛地传播开来。到隋唐时期，达到鼎盛状态。唐太宗时，高僧玄奘为了求取佛法真谛，经由中亚，沿着丝绸之路去往印度，取得真经、颂传佛法，前后耗费十六载，终于写成《大唐西域记》，这本书是当时比较全面地记载了中亚各国，尤其是印度的风土人情、社会以及政治情况的书籍，这部专著至今，对于印度学者研究印度中世纪历史，都具有重要的参考价值。玄奘自印度取回了657部佛教经典，唐高宗专门在长安（今西安）兴建了大雁塔，使其藏经、译经。在这之后，高僧义净也前往了印度，只是他这次走的是海道，同样经历了十六载，最终取回了400部佛经。义净著就的《大唐西域求法高僧传》以及《南海寄归内法传》，为当时的中国民众详细介绍了当时南亚各国的风土人情及文化状况。

唐代初期，景教（东正教）也在丝路交往中从东罗马帝国传入中国。《大秦景教流行中国碑》至今保存在西安碑林之中，它是这一史实的实物见证。摩尼教（亦称祆教、拜火教），在唐中期从波斯传入，在中国"本土化"之后称为"明教"，获得不少受众信奉。唐宋后期爆发的多次农民起义，其领袖就是利用"明教"的教义，作为思想武器，来号召贫苦农民与封建统治者作斗争。造纸术，作为中国的四大发明之一，也于盛唐时期，传到了大食帝国，之后，又经大食帝国，传入了欧洲其他国家。

唐朝时期，武学、舞蹈、医术、一些著名的动植物等都在东西方之间相互传入及移植，它们都让人们开阔了视野。汉代曾将西方输入的东西，在名称前冠上一个"胡"字，如胡瓜、胡萝卜、胡琴等；唐代时，则是习惯在它们名称前冠上一个"海"字，如海珠（波斯湾珍珠）、海石榴、海棠等。《唐会典》中曾有记载，历史上唐王朝与多达三百多个国家和地区，进行友好往来，而长安，是当时世界最大的都市，每年经由丝绸之路到达此地的各个国家的人数以万计，而这其中更是有定居中国的，只广州一个城市就以千计数。

安史之乱后，唐朝国力锐减，逐渐开始衰落，此时西藏吐蕃便越过了昆仑山脉，继续北进，侵占了西域的大部；由于中国北方地区战乱不断，丝绸、瓷器的产量不断下降，商人们只求自保，无暇顾及商贸而远行，因此此时的丝绸之路逐步跌向低谷。

六　宋元时期

跟唐代相比，北宋时期的实际疆域面积，已经缩减了太多。由于政府军备力量薄弱，已无力再控制河西走廊地区，而到了南宋时期，西北地区就更是难以涉足，丝绸之路的衰落早已有迹可循，此时海上丝路顺应时代需要而崛起，大有赶超陆上丝绸之路的势头。

到了蒙元时期，骁勇善战的蒙古国，为了扩张领土面积，先后进行了三次向西向南的出征，于是，其疆域大大扩张，再加上朝廷设立驿路、恢复欧亚交通网络等一系列举措的实施，欧亚大陆广大的地域，再度因为国际商队长途贩运活动的积极开展，而焕发了新的生机。

据史料记载，当时在丝绸之路商道上，进行商道贩运贸易的人众多，除了中国商人，还有中亚、西亚及欧洲地区的商人等。欧洲和中亚、西亚的商人主要是运输大量的珠宝、香料、竹布、奇禽异兽、药物等商品来中国进行贸易，或者在来中国途中沿途出售，将贸易获得的收入用于购买中国的茶叶、瓷器、缎匹、绣彩、金锦、丝绸、药材等商品。元代时期，有众多的外国商人和商队，这个有外国史料可以印证，《马可·波罗游记》中曾有记载：经常有"无数商人"汇集在元大都的外城、"大量商人"熙熙攘攘，川流不息。"建有许多旅馆和招待骆驼商队的大客栈，……旅客按不同的人种，分别下榻在指定的彼此隔离的旅馆"。书中提到的不同人种，无疑就是众多的外国商人。《通商指南》也有记录，"……汗八里都城商务最盛。各国商贾辐辏于此，百货云集"。

蒙元时期，丝路畅通，欧亚大陆各种层次的经济交流日趋密切，大量的贸易中心相应形成并得以发展。它们作为东西方国际贸易枢纽，带有强烈的地区性与民族性，与国际贸易有着密切的关系。元大都作为东方国际贸易中心，这一地位的确立无可争议，元代时期的中外史籍几乎都记述了这一点。《马可·波罗游记》中，曾有整整一个章节的内容，都是在详尽描写元大都国际贸易的繁盛场景："凡世界上最为珍奇宝贵的东西，都能在这座城市找到……这里出售的商品数量，比其他任何地方都多"。元朝时期，可失哈耳（又称喀什噶尔，今新疆喀什市），是中国境内的一个丝路重镇，在这里，中国的商人将纺织品销往世界各地，位于河西走廊上的肃州，"山上出产的一种质量非常好的大黄。别处的商人都来这里采购，然后行销世界各地"。另外还有别失八里、哈喇火州等。

元代时期，往来于丝绸之路之上的，大多是以宗教以及文化交流为主要目的，商人不再是这条道路上的主力。这种利用丝绸之路进行互通往来的目的明显变化，这也是丝绸之路的衰落的一个侧面体现。

七　明清时期

明代中期以后，由于造船技术和航海技术的不断进步，再加上当时政府推行闭关锁国的政策，所以，海上船只往来运输，日益替代传统的陆上丝绸之路，成为新的交通方式，由此，昔日繁盛的丝绸之路贸易，开始正式走向衰落。

第 二 章

丝路路线：东中西三段及沿线古城

西汉张骞的"凿空"之旅开辟的、自东向西、贯穿长安与罗马的大陆通道，就是我们通常而言的陆上丝绸之路，它是中国古代文明向西方传播的重要通道，也是连接中西方经济文化交流的纽带。上文提到的草原丝绸之路及西南丝绸之路等，本章将不再进行详述。

公元前后的两汉时期，丝绸之路的走向基本形成，这条丝路将中原、西域、阿拉伯以及波斯湾串联在一起。（这里对西域进行一个说明：狭义来讲，西域就是指汉代西域都护府的辖地，位于阳关、玉门关的西边，葱岭帕米尔高原的东部，昆仑山北部，巴尔喀什湖南部的区域。广义上的西域，除了以上区域外，还包括葱岭以西的罗马帝国及中亚细亚等地，即今天的伊朗、乌兹别克斯坦、阿富汗至地中海沿岸一带。）经过长达几个世纪的发展，丝绸之路继续向西延伸，一直延伸到了地中海地区，并且通过政治、经济、文化的不断交流，丝绸之路逐渐发展成为亚洲与欧洲、非洲各国的友谊之路，学术界一般把这条东西通道分成东段、中段和西段。

第一节 东段丝路

长安，中国历史上第一个被称为"京"的都城，是当今西安的古称，一般被认为是丝绸之路的起点城市，也是中国历史上第一座真正意义上的城市。长安在中国历史上显赫一时,是中国的政治、经济、文化中心,历史上有周、秦、汉、隋、唐等在内的 13 个王朝在此建都,是世界四大古都之一。

因为丝绸之路,长安的宗教文化无处不在。烙印在长安记忆中的,除却儒家的谦和,道家的风骨,还有玄奘自西天取经归来所述的佛教以及大秦的景教、"七寺十三坊"的伊斯兰教。带有不同特色的宗教文化,在长安,与当地的传统文化相互交融,日渐渗透到人们的生活中去,成为当地人文化积淀的一部分。

当时的长安,政治、经济发展齐头并进,因此,理所当然地成了丝绸之路东段最繁荣的中心城市。长安作为连通中外、沟通中原和西域的枢纽之地,交通十分便利。汉长安城规模宏大,远超当时西方的罗马城,是它的三倍多之大。城中分布东、西两个商业区,每个商业区又分为多个市场,东区有三个,西区有六个,可见当时长安城商贸的繁荣。唐代的长安城,是在原本大兴城的基础上改建而成的,它是当时世界上最为开放、最为宏大的城市,光是居住在长安城的外国人士,数量之众,成千上万。现在西安出土的文物中,就有很多当时的外国遗存,例如东罗马帝国的金币、波斯银币等,它们都是当时中外国家交往的见证。

汉武帝建元三年(公元前 138 年),使臣张骞率队出陇西,经匈奴,西行至大宛,经康居,抵达大月氏,再至大夏,"凿空"西域,标志着丝绸之路的正式开通。在丝绸之路正式开通的汉代,中国的首都在长安(今西安西北),到中原来的商人、使者和僧侣,大都以长安为目的地,所以,丝路的东段起点,一般都从长安算起。之后,随着朝代更替和政治中心转移,丝路的起点也在发生着变化,今天的洛阳、开封、北京都曾先后作为丝路起点。

东段丝路自长安至敦煌,较之中西段相对稳定,但长安、洛阳以西又分三线:

(1) 北线由长安/洛阳,沿渭河至虢县(今宝鸡),过汧县(今陇县),越六盘山固原和海原,沿祖厉河,在靖远渡黄河至姑臧

（今武威），路程较短，沿途供给条件差，是早期的路线。这条道路至少从秦代开始，就是关中平原与陇西交往的重要交通线，沿途有较多的戍守、屯垦和驿站，属于军事活动频繁地区，与当时抗击匈奴的形势有着比较密切的关系。

（2）南线由长安/洛阳，沿渭河过陇关、上邽（今天水）、狄道（今临洮）、枹罕（今临夏），由永靖渡黄河，穿西宁，越大斗拔谷（今扁都口）至张掖。张骞出使西域，霍去病北征匈奴，都路经南线。南线补给条件虽好，但绕道较长，逐渐衰落。

（3）中线与南线在上邽分道，过陇山，至金城郡（今兰州），渡黄河，溯庄浪河，翻乌鞘岭至姑臧，又被称为陇关道。这条线路开辟的时间较晚，系公元 32 年东汉政府为征讨陇西一带的隗嚣割据政权在陇山中开辟出来的通道。中线相较于南线，路程短且便捷，后来成为主要干线。

南北朝时期，中国南北方分而治之，各政权互相对立。而在北方的政权，东部与西部也并不统一。在这样的形势之下，南朝宋齐梁陈四朝要想与西域往来，就只能北上绕道，主要是先沿着长江向上到达益州（今成都），然后继续向上到龙涸（今松潘），途中行经青海湖畔的吐谷浑都城，再穿过柴达木盆地到达敦煌，进入丝绸之路的主干道；又或者是直接在南边向西走，越过阿尔金山口，来到西域的鄯善地区，进入丝绸之路的南道。这条道路史上被称作"河南道"或"吐谷浑道"，在今天，人们也把它称作"青海道"。

南北中这三条线路会合之后，便开始沿着东段丝路的河西段行进，即经过张掖，到达嘉峪关、酒泉、瓜州等节点，最后到达敦煌这段线路。汉朝时期，主要是通过河西走廊而到达西域，实现与西域的文化交流；南北朝时期，由于河西走廊不再属于中原政权的统治，因此，南朝与西域的交往只能改道，从今天的青海道进入西域；后来唐朝统一，河西走廊又归唐朝管辖，它的丝路通道主导地位便得以恢复；11 世纪之时，西夏王朝崛起，此前前往西域的河西走廊和青海道均被切断，于是北宋只能另选线路，在北边渡过黄河，穿过河套地区，进而进入西域。到了元朝时期，河西走廊的主导权开始稳定，它才开始成为中西方交往的稳定通道。

第二节 中段丝路

由东段丝路进入西域之后，在西域境内延伸的各条线路即为中段丝路。中段丝路以敦煌为起始，到达葱岭（今帕米尔高原）或者是怛罗斯（今哈萨克斯坦的江布尔州塔拉兹）。西域地区山脉绵延，有北边的阿尔泰山、南边的喀喇昆仑山，中间还有一座天山，这些山脉自然地将西域划分为南北两大部分，然后山与山之间、山脉与戈壁的连接处，便形成了重要的丝绸之路通道。

张骞出使西域，先出玉门关，沿天山南麓西行，绕道大月氏；然后沿着昆仑山北麓东进，返回长安。从此，形成了天山南麓和昆仑山北麓两条通向西域的交通干线。在汉代，称天山南麓的道路为北道，称昆仑山北麓的道路为南道。

从鄯善（今若羌）出发，走南山的北面道路，沿着波河一路向西行，一直到达莎车，这就是中段丝路的南道。沿着南道向西行走，翻越葱岭之后，便到了大月氏和安息国（今伊朗）。从车师前王庭（今吐鲁番）出发，沿着北山，到下一个地点波河，再继续向西，最后到达疏勒（今喀什），这就是中段丝路的北道；沿着北道再向西，翻越葱岭之后，便到了康居、大宛和奄蔡（今黑海、咸海间）。其中，在北道上，有两条重要的岔道：一条是沿着焉耆，向西南方向走，再穿过塔克拉玛干沙漠，最后与南道汇合，到了于阗；另一条岔道则是从龟兹（今库车）出发，向西走，到温宿（今乌什）、姑墨（今阿克苏），再翻越拔达岭（今别垒里山口），来到赤谷城（乌孙首府），最后再向西走，到达怛罗斯。

由于原本的南北两道经过的线路地点中，白龙堆、哈拉顺和塔克拉玛干大沙漠等地，自然条件恶劣，前行困难重重，因此，在东汉时期，原来的北道北面又被开辟了一条新的道路，这条新开的道路被称为新北道，成为隋唐时期的一条重要的通往西域的通道，原来汉朝时期的北道变为中道。这条新北道从敦煌出发，向西北进发，一路经过伊吾（今哈密）、蒲类海（今巴里坤湖）、北庭（今吉木萨尔）、轮台（今半泉）、弓月城（今霍城）、碎叶（今托克玛克），最后到达怛罗斯。隋唐时期把这三条路线依次称南道、中道（汉代称北道）、北道（即新北道），延续至今。

因为汉代张骞的西域"凿空"之旅，丝绸之路中段这条线路正式联通，内地与西域乃至印度、中亚和西亚地区，都开始有了直接的交互往来。①

一 楼兰

从长安往西，经河西走廊，就到达了被称为"沙漠中的庞贝"的神秘古城——楼兰（后名鄯善，今新疆若羌）。楼兰在罗布泊的西面区域，它同样是西域的交通枢纽，古时西出阳关之后，来到的第一站就是楼兰。楼兰的东面就是敦煌，西北方向是尉犁、焉耆，西南方向是且末、若羌。古代"丝绸之路"的南、北两道，就是从这里开始分叉。据史料考证，公元前176年前，楼兰古国建国，然后到公元630年的时候，楼兰却突然神秘地消失了，原来的那片古国一片寂静，实在是令后人费解。

早在2世纪以前，楼兰就是西域一个著名的"城郭之国"，《史记·大宛列传》记载张骞通西域时，既已知道楼兰是个临近盐泽、邑有城郭的地方。那时的楼兰是"丝绸之路"上的一个繁华之邦，政通人和、经济繁荣、物产丰富，是西域重镇。楼兰的交通区位也很重要，古时汉代平叛匈奴、开通丝路、统辖西域，无不与楼兰有着千丝万缕的联系。隋炀帝时，在楼兰设郡，使这里进一步成为丝路上的重要据点；唐代僧人玄奘曾途经此地；到元代，这里仍是丝路的重要通道，当时称"罗布"，直至清代，始称"婼羌"。在这

---

① 杨建新、卢苇：《丝绸之路》，甘肃人民出版社1981年版，第21—44、62—91页。

条重要的通道上,"使者相望于道",商人等各样人群络绎不绝,驼队浩浩荡荡,丝绸之路上的商贸及文化往来,为古楼兰注入了强大的生命力。这里流通着中原内地的茶叶和丝绸,这些商品与西域的珠宝、葡萄以及马等进行交换,造就了楼兰的盛极的繁荣。

二 精绝

从楼兰往西,是"亚洲腹地"——塔里木盆地,这个独特的地区保存了许多早期人类文明遗迹,诸如被西方学者称为"死亡之海中的东方庞贝"——精绝古国。西汉时期,精绝国只是中国西部的尼雅河畔一处绿洲之上发展的一个小城邦国家。《汉书·西域传》上有记载:"精绝国,王治精绝城,去长安八千八百二十里"。精绝国国家发展倚重农业,位于丝绸之路的必经大道上,由于商贸及文化的交流,精绝国在当时很是富庶。到了东汉后期,楼兰古国国力日渐强大,遂将精绝国兼并。到了魏晋时期,又受到魏晋王朝的控制。最终精绝国在3世纪之后永久消失。

尼雅遗址是汉晋时期精绝国故址,位于新疆的民丰县,最早由英籍匈牙利人斯坦因发现,他用尼雅河的名字为这座古城命名为"Niyasite"。尼雅遗址是以佛塔为中心的狭长区域,城内散布着规模不等、残存程度不一的众多房屋遗址、场院、佛塔、佛寺、田地、渠系、陶窑和冶炼遗址等,还出土了佉卢文(最早起源于古代犍陀罗,是公元前3世纪印度孔雀王朝的阿育王时期的文字)木牍、汉简以及汉代铜镜、铜钱、乐器、弓箭、玻璃器、水晶饰物、木雕、丝毛织物、漆器残片等珍贵文物,这显示出这一丝路古国曾经的繁荣以及其在中西交通中的重要地位。

三 龟兹

从楼兰沿丝路中段北道西行,便来到了中国古代西域大国之一,唐代安西四镇之一——龟兹(今新疆库车)。张骞"凿空"西域时,龟兹臣属于汉朝;汉宣帝时,龟兹王绛宾与解忧公主之女结姻；东汉初年，龟兹一度依附匈奴，占据丝路北道，至班超时再次附汉；唐太宗时期，龟兹为安西都护府治所，确立了其在西域丝路上的中心地位；9世纪，龟兹被高昌回鹘攻占，13世纪初，纳入元朝版图。龟兹南与精绝国、北与乌孙接壤，扼守丝绸之路北道中段之咽喉，是古印度、希腊、罗马、波斯、汉唐四大文明在世界上唯一的交汇之处，在世界经济、文化历史上占据着重要的位置。

龟兹的石窟艺术，起源早、水平高，有着"第二个敦煌莫高窟"的艺术评价。中亚的佛教文化与东方的佛教文化在这里交会，同时还结合了罗马、印度、希腊的文化特色，形成了独具风格的龟兹石窟艺术。厚植的文化，还造就了造诣极高的人才。东晋时期从龟兹去往中原的鸠摩罗什，就是一位著名的高僧，他在中国佛教史上，属于举足轻重的人物。龟兹人还有着特殊的音乐天赋，龟兹乐舞就是他们的优秀成果；同时龟兹的冶铁业也是中外有名，它打造的铁器供给周边许多国家。

四 于阗

于阗（今新疆和田）地处丝路南道，是古代西域王国。公元前2世纪，尉迟氏在此建立于阗国，逐渐强盛；到东汉时，于阗国与丝路北道的龟兹以及丝路南道的楼兰已不相上下；唐高宗时，于阗编为唐安西四镇之一，成为丝路南道最重要的军政中心；后附属吐蕃，11世纪初被黑汗王朝攻占，逐渐伊斯兰化。

于阗因位居丝路贸易的重要据点而繁荣一时，且为西方贸易商旅的集散地，东西文化之要冲。于阗国与东方国家的交往沟通中，属于最早获得中原养蚕技术的国家，因此手工纺织业发达，生产的丝绸远销国内外。整个国家优先发展农业和种植业。公元2世纪末，佛教文化传入于阗，大乘佛教在这里发扬光大，于阗也成为其中一个重要的发展中心，当年僧人法显向西一路求法，当他到达于阗的时候，这里早已成为了佛事胜地；从魏晋南北朝一直到隋唐，于阗国一直作为中原佛教的源泉之一而存在。

于阗是藏语发音,是"产玉的地方"的意思。新疆和田有"三宝":丝绸、美玉和地毯。这里面,地毯是从中亚传来的,丝绸是从东边传来的,只有玉石,是真正在和田本地产出的。古于阗人用在东西方人眼中两种具有不同价值的宝物(玉石和丝绸)的交换,赢得了相对的经济繁荣与稳定,促进了东西方文明的相互融合。

五　大月氏

月氏人建立的政权地处中西段丝路的交会处。月氏原是栖居于河西走廊的一个少数民族部落,位于敦煌、祁连山之间。兴起于战国时期的匈奴击败月氏后,迫使其西迁。月氏的小部分人没有西迁,在河西走廊与混进祁连山间的羌族杂居,这些人被称为小月氏;而西迁的大部分月氏,在迁出后,被称为大月氏。西迁的月氏先是占领了西北方的康居(康国),公元前1世纪初,又征服阿姆河南的大夏(巴克特里亚王国),并南下恒河流域建立贵霜王朝。大月氏人的两次迁徙,直接改写了中亚地区的历史。它在迁徙过程中,导致此前已一定程度上希腊化的大夏国就此灭亡,同时塞种人入侵了印度北部,也跟大月氏人的迁徙离不开干系;在这之后,汉武帝又联合大月氏,共同夹击匈奴,因为派遣了张骞出使西域,丝绸之路从此开辟。

在西汉开通丝路后,大月氏和汉朝互有使者往来,保持友好关系。大月氏和安息、罗马有频繁的通商往来,和中国内地也有广泛的文化交流,很多罗马的物产商货,即通过大月氏经由丝路到达长安。这种友好关系一直延续到东汉。在班超经营西域时,亦曾得到大月氏的援助,收复龟兹。3世纪,贵霜王朝分裂,部分大月氏人东迁进入内地。此时期佛教由中亚传入西域和内地,以及犍陀罗艺术向东方的传播,与大月氏人的迁徙活动也有着比较密切的关系。

第三节　西段丝路

西段丝路比东段和中段还要早出现。早在远古时期，两河流域和尼罗河流域就已经出现了远距离的贸易。公元前8世纪到公元前7世纪的一百多年间，当时的亚述帝国统一了西亚，尤其是以美索不达米亚为中心的这片区域，帝国控制了从西亚的波斯到非洲的埃及这片广大地区，由此，以叙利亚为交通枢纽的西亚通道就发展起来了。公元前6世纪的时候，伊朗高原上的波斯阿契美尼德王朝开始崛起。该王朝建立了一个庞大的帝国，疆域面积最东面到了粟特地区和印度西北部，最西面直达埃及。由于帝国领土广阔，为了让各地区加强联系，帝国在境内构建了四通八达的交通线路网，这些线路中，有些就渐渐成了丝绸之路西线的主干道。

自从张骞出使西域，开辟了丝绸之路东段之后，汉朝便开始频繁地遣使到西方各国进行交流，其中汉使最远曾到达了犁轩（今埃及亚利山大港）。罗马人自从征服叙利亚之后，便有了与丝绸之路东部进行贸易的通道，它通过贵霜帝国和安息帝国这条线路，获得了中国的丝绸等商品。到了东汉时期，班超出使，重新将此前隔绝了58年的西域再次连接。公元166年，古罗马的大秦王安敦，第一次遣使者来到东都洛阳，这就意味着中西方的文化交往正式开始。古罗马到中原的这条线路，也是现今21世纪初完整的丝绸之路路线。

西段丝路从葱岭或怛罗斯到罗马这一段，途中涉及南亚、中亚、西亚以及欧洲的区域，范围广阔。因为历史上政权更替、不同国家兴起又灭亡，再加上不同民族之间差异明显，导致丝绸之路的路线时常发生变化，这些变化的路线，在大体上，可以分为南、中、北三条：

（1）南道：最先从葱岭出发，向西进发之后，到达兴都库什山，然后再继续西进，直到进入阿富汗喀布尔之后，再分为两路，一条是继续向西,到达赫拉特,在经兰氏城与中道相会,然后再向西,穿过巴格达和大马士革,到达地中海的东岸城市贝鲁特或者是西顿,再之后走海路,到达罗马;另外一条线路则是从白沙瓦直接南下到南亚。

(2)中道(汉北道):翻越葱岭之后,到达兰氏城,沿城向西北方前进,分为两道,一条线路直接在此与南道会合,另一条线路过德黑兰之后,再与南道会合。

(3)后面新的北道即北新道,也分为两条支线,一条线先一路经由钹汗(今费尔干纳)、安(今布哈拉)、康(今撒马尔罕),然后到木鹿,在这里与中道会合,之后再沿中道西行;另一条线路先经过怛罗斯,然后沿着锡尔河向西北走,中间需要绕经咸海以及里海的北岸,到达亚速海东岸的塔那,然后走水路,到刻赤,最终抵达君士坦丁堡(今伊斯坦布尔)。需要说明的是,里海到君士坦丁堡的这段路线,是唐朝中期才开辟的。①

一 撒马尔罕

传统意义上的中段丝路截止于怛罗斯,此后,丝绸之路进入了茫茫的中亚大草原,来到了今乌兹别克斯坦首都塔什干附近的古城——撒马尔罕。撒马尔罕古称"马拉干达",是中亚传统的政治、经济和文化中心。公元前139年,张骞出使西域时到过撒马尔罕,当时这里被称为康居国。公元629年,玄奘西行亦途经此地。13世纪以后,这里陆续建立起花剌子模王国和帖木儿帝国。

撒马尔罕与雅典、巴比伦、罗马一样有着悠久的历史,长达2500多年,根据古阿拉伯文献的记载,撒马尔罕被称作"东方璀璨的明珠"。撒马尔罕的地理位置十分之重要,它将中国、印度以及波斯帝国都连接起来,是丝绸之路上极为重要的交通枢纽。就连中国在汉唐的史书记载中,都有关于撒马尔罕的描述,将它称为

---

① 杨建新、卢苇:《丝绸之路》,甘肃人民出版社1981年版,第21—44、62—91页。

"康国"和"康居",为繁荣之意。

曾有西方人冈萨雷斯·德·克拉维在撒马尔罕大使馆工作,在公元1403—1405年的时候,他曾记载道:"最好的商品特别是丝绸、缎子、麝香、红宝石、钻石、珍宝和大黄都是从中国运到撒马尔罕的。据说中国人是世界上技艺最高超的工人……中国主要的城市大都(北京)距撒马尔罕有六个月的路程,其中两个月要经过空旷的大草原。"

撒马尔罕古城同时还是个文化名城,城内文物古迹不胜枚举,例如帖木儿家族陵墓就是建于15世纪,"列吉斯坦"伊斯兰教神学院是15—17世纪的优秀建筑,包括兀鲁伯天文台以及比比—哈内姆大清真寺等,都是15世纪的优秀遗存。公元751年,唐朝和阿拉伯帝国发生怛罗斯之战,阿拉伯人在战俘中发现从军的唐朝造纸工匠,于是在撒马尔罕建立了造纸厂,阿拉伯世界的造纸中心就此诞生。

二 波斯

自撒马尔罕继续西行,丝绸之路将途经西亚的木鹿城(今土库曼斯坦的巴伊拉姆阿里城附近)、马什哈德(今伊朗第二大城市)、番兜(今伊朗达姆甘)、德黑兰(今伊朗首都)、阿蛮(今伊朗哈马丹)等地,这一区域在整个古丝绸之路历史上基本都处于波斯帝国的控制之下。波斯凭借其独特的地理区位,成为欧亚的陆桥、东西方的走廊,加之伊朗人自古以来的经商传统,使得这一路线在丝绸之路上处于重要位置,是丝绸之路的商贸中心。

波斯,中国史籍将其称为"安息",它本是欧洲的古希腊语和拉丁语对伊朗的音译称呼。波斯帝国于公元前6世纪中期的时候异军突起,地域广阔,亚、欧、非三大洲都有涉及,统领了这几大洲结合部以及周围的区域。在阿赫门王朝统治的期间,王朝为了巩固自己的统治地位,同时为了加强王朝与各郡的联系,于是开始修建很多御道,规模甚大。这些御道虽然目的是加强波斯帝国境内的商贸沟通，但是在客观上，它们也成了丝绸之路"西段"的一部分，促进了整体交通网络的完善。

古代伊朗与中国的关系源远流长，从中国秦朝时期就有了往来。随着双方友好往来，文化得到了相互传播。波斯文化中的石雕艺术、魔术、乐器、杂技、纹饰尤其是龙纹极大地丰富了中国汉代的文化。中国的瓷器与丝绸举世闻名，包括缫丝、炼铁、制漆、打井等工艺也是水平极高，它们也都源源不断地传入伊朗等西亚的众多国家；而西亚地区盛产的物产（如石榴、葡萄、胡桃、蚕豆等）又是当时中国所没有的，因此也被引入中国。"丝绸之路"为中西双方物品、技艺、文化等交流互惠提供了通道，谱写了新的交流合作的历史。

三 阿拔斯

在经过了中亚大草原以后，丝绸之路将进入一片肥沃的土地——两河流域。在两河流域，有一个盛极一时的王朝——阿拔斯王朝（中国史籍称之为黑衣大食，是阿拉伯帝国的第二个世袭王朝）。在阿拔斯王朝统治期间，伊斯兰教的发展被推向了中世纪的顶峰。750年，之前的倭马亚王朝下台，取而代之的是阿拔斯王朝，该王朝将巴格达定为首都，一直在此地延续到1258年，然后被西征的蒙古旭烈兀灭国。

阿拔斯王朝所处时期正值中国的唐、宋时代。751年，阿拔斯王朝军队在中亚怛罗斯战役中击败唐朝，阿拉伯帝国在这场战役中获得了造纸术，造纸术后来从阿拉伯传往欧洲。继造纸术之后，中国的火药、指南针等发明创造也通过丝绸之路传进阿拉伯帝国，后来通过帝国的西班牙、西西里和法国部分地区传遍欧洲，对西方文明产生了很大的影响。

随着丝绸之路交流的日渐密切，西方的很多文化技艺、宗教等等都被传入中国，除了伊斯兰教的传入，还有阿拉伯帝国先进的航海地理知识、天文历法以及数学等，这些对于促进中国的科学与文化的进步，也发挥着巨大的作用。在众多的文化交流中，尤以瓷器、音乐等方面的相互影响较为明显，有学者认为："正是因为丝绸之路与陶瓷贸易把两地紧密地联结在了一起。"

四 阿勒颇

由巴格达一直往西，古代丝绸之路即将抵达它的终点。就在美索不达米亚与地中海的结合部，一个特殊的亚洲文明古国出现在人们的视野里，这里，便是叙利亚。在叙利亚的许多城市，人们既能轻易地发现古罗马时代的建筑，又能时刻感受到伊斯兰文化的浸染。而作为叙利亚的第二大城市，位于该国北部的阿勒颇就是这样一座古城。这座临近幼发拉底河的城市，早在公元前2000年就已成为中东地区商贸和文化中心，也是世界著名的六城之一。阿勒颇地理位置特殊，区位优势明显，古代两河流域要想到达地中海，就需要通过阿勒颇，后来丝绸之路全面兴盛，这里又成为东西方商贸的一个重要节点，商贸队伍都在此集聚。

阿勒颇多石灰岩建筑，有"白色阿勒颇"之称，城中有许多名胜古迹和清真寺，保留了12世纪建立的宗教学院、城墙和古代军事城堡。它的旧城，历史同样悠久，几乎可以称为世界上建城历史最为久远的城市之一，跟叙利亚首都大马士革的建城历史齐名。其在1986年就引起了世界遗产委员会的注意，他们对这座古城有着极高的评价。

公元1259年，蒙古旭烈兀占领阿拔斯王朝首都巴格达，随后攻克阿勒颇城。旭烈兀在此建立了伊利汗国，虽然远在此地，但是伊利汗国与元朝本部的亲密联系，比蒙古其他三大汗国还要更胜一筹，原因就是丝绸之路的畅通，方便了中西双方的交流。中国的四大发明被更加迅速地传到了西方，同时，我们也学习到了阿拉伯历法、阿拉伯数字以及回回炮等。

五 大马士革

在阿勒颇的西方不远处，又一座古城出现在我们的视野中，它就是今天叙利亚共和国第二大城市和首都——大马士革。

大约在公元前2000年,大马士革建城,目前世界上最早的有人居住的城市,就是大马士革。它在历史上曾被作为伊斯兰的第四圣城,阿拉伯帝国倭马亚王朝将它设立为都城,号称"园林之城""诗歌之城""清真寺之城"。

历史上,大马士革几经兴衰,经受过阿拔斯王朝的严重摧毁,经历过土耳其奥斯曼帝国400年之久的统治,遭受过法国30多年的殖民,但这些都不能掩盖其曾经的辉煌。

由于大马士革的历史十分悠久,因此留存的古迹自然也就数量众多。比如在古城哈马迪亚,就有丝绸之路的历史痕迹,在该古城内的一个市场旁,坐落着一幢四合院木石房屋,在古时,被称作"丝绸驿站"。该驿站上下而建,楼下拴骆驼、进行丝绸交易,楼上供沿路商人打尖住宿。现在叙利亚国家博物馆内,还展出了很多当时来自中国的古瓷和丝绸。这些展出品里面,有一件价值极高,被称为叙利亚的国宝,那就是一尊中国9世纪时候打造的唐三彩陶俑。在当时,丝绸比金子还要值钱,叙利亚的众多商人因为在"丝绸之路"上进行贸易而获得了大量的财富。公元418—422年,叙利亚人荷诺利亚斯,担任罗马帝国的皇帝,他曾全身穿着来自中国的丝绸,同时他也是西方全身穿丝绸的第一人。

六 君士坦丁堡

君士坦丁堡,亦即今天的伊斯坦布尔,传统意义上的古丝绸之路终点城市。在巴尔干半岛的东部位置,君士坦丁堡的战略地位十分之高,它靠近博斯普鲁斯海峡,控制着黑海入海口,是当时欧、亚联通的重要城市。拉丁帝国、拜占庭帝国、奥斯曼帝国以及罗马帝国都曾将君士坦丁堡作为首都。公元前30年前后,世界格局发生了剧烈变化,西方的罗马人征服了埃及,建立了欧亚非大帝国;东方的张骞出使西域各国并开辟了丝绸之路,把握了中国向西拓展的大好时机。此时期,因丝路的串联作用,世界范围内的交流与贸易在东南亚、中国、中亚、西亚、欧洲和非洲之间迅速展开,君士坦丁堡则成为欧亚丝路上名副其实的"桥头堡"。

随着罗马人的加入,丝绸之路这条贸易通道变得更加规则、有序,无数新奇的商品、技术和思想源源不断地传播到丝路沿线各个国家。罗马人一度狂热地迷恋中国丝绸,罗马诗人称赞它比鲜花还美;恺撒大帝就曾穿着中国的丝袍去剧院看戏,掀起中国丝绸热;罗马的贵族妇女们,都争相穿上中国丝织的透明衣裙,将其视为贵族之选;中国丝绸成为罗马帝国最大的奢侈品之一,导致古罗马市场上丝绸的价格猛增,据说曾达到每磅约12两黄金的天价,反映出当时中西丝路贸易的繁盛。

上面所说的这些交通路线,每段都有许多岔道,而且各道之间互相沟通。特别是每条道路经过的大城市,都自然形成以它为中心的交通网,并不一定非沿某一条路线通行不可,这正反映了丝绸之路的实际情况。①

---

① 高亚芳、王力:《一张图表看懂丝绸之路》,中华书局2016年版。

第三章

丝路申遗:"长安—天山廊道路网"及甘肃段遗址

商人熙熙攘攘,商帮络绎不绝,驼队铃声阵阵,远处的昆仑山雪顶银装,戈壁滩一望无际……这是一条充满诗意与希冀的古老丝路。

2014年6月22日,第38届世界遗产大会,在联合国教科文组织的统筹之下,在卡塔尔首都多哈举办,"丝绸之路:起始段和天山廊道的路网"顺利通过评审,这是由中国、吉尔吉斯斯坦和哈萨克斯坦三个国家联合申报的遗产项目。

第一节 "长安—天山廊道路网"概况

公元前2世纪至公元16世纪,丝绸之路的起始段与天山山脉的交通网络一起,共同组成了"丝绸之路:长安—天山廊道路网",它的地位在丝绸之路中最为突出。该路网有着将近5000公里的横跨路距,8700公里的总长,申报的遗产区总面积达42680公顷,加上缓冲区的面积,总面积达234464公顷。作为超大型文化线路,丝绸之路路网第一批申报点包含了中国、哈萨克斯坦、吉尔吉斯斯坦三国境内的中心城镇遗迹、交通遗迹、宗教遗迹、商贸城市和关联遗迹等5类共33处代表性遗址遗迹,其中哈萨克斯坦、吉尔吉斯斯坦境内各有8处和3处遗产点,中国段陕西、河南、甘肃、新疆四省区共22处遗产点。这些遗迹，承载着丝绸之路文化遗产发展的全历程，包括开通、发展、繁荣以及鼎盛时期，这些文明成果，在全人类文明史画上了浓墨重彩的一笔。

"丝绸之路：长安—天山廊道路网"的申遗成功，是世界上第一个以联合申报的形式成功列入《世界遗产名录》的丝绸之路项目。丝绸之路，古老而又悠扬，此次申遗成功，意味着它在人类文化版图中的举足轻重的地位终于获得了认证，同时，它也为中国的遗产名录再添重要成员。借此，这条横贯东西、连接欧亚，镌刻辉煌文明、承载厚重文化，古老而神秘的商贸大走廊、经济大动脉、文化大运河，必将焕发新的生机，书写新的篇章。

中华人民共和国、哈萨克斯坦共和国和吉尔吉斯共和国三个国家，是"丝绸之路：长安—天山廊道路网"广袤地域的见证。此次路网的申遗要素中，有22项在中国境内，包括陕西省：唐长安城大明宫遗址、大雁塔、小雁塔、城固张骞墓、兴教寺塔、汉长安城未央宫遗址、彬县大佛寺石窟等7处；河南省：陕县崤函古道石壕段遗址、汉魏洛阳故城遗址、新安县汉函谷关遗址、隋唐洛阳城定鼎门遗址等4处；甘肃省：玉门关遗址、炳灵寺石窟、锁阳城遗址、麦积山石窟、悬泉置遗址等5处；新疆维吾尔自治区：苏巴什佛寺遗址、高昌故城、克孜尔尕哈烽燧、交河故城、克孜尔石窟、北庭故城遗址等6处。哈萨克斯坦共和国境内有8处，分别位于其阿拉木图州和江布尔州。吉尔吉斯斯坦共和国境内有3处，位于楚河州。黄土高原上的长安，位于丝绸之路的天山廊道东头，继续往西，翻越秦岭和祁连山，贯穿河西走廊，从敦煌的玉门关经过，再向前到达楼兰（今哈密），沿着天山，到达楚河、伊犁河与塔拉斯河谷地。

由于丝绸之路中国境内的沿线存在区域地理多样性的差异，以及文化与历史时期政权归属的不同，将丝绸之路国内廊道按照从东到西的线路，主要分为四大部分。

一 华中

丝绸之路华中部分作为长安—天山廊道路网的起始区域，它以黄河中游的长安，以及丝绸之路的最东端起点洛阳，向西延伸至关中平原和黄土高原，黄土高原沃土在今陕西和甘肃都有分布。

二 河西走廊

天山廊道沿着祁连山山麓向西延伸，即为河西走廊，走廊北面是巴丹吉林沙漠和腾格里沙漠，一路穿过由积雪融水形成的石羊河、黑河与疏勒河，最终抵达敦煌。

三 天山南北

丝路天山廊道主要是沿着天山南北，分为天山南北两路。公元前1世纪，天山北路形成，其主要位于天山北麓的草原和南边的古尔班通古特沙漠之间，穿过阿拉山口或霍尔果斯，再继续向西行进，进入哈萨克斯坦。公元前138年之后，天山南路通道地位逐渐上升，发展成为丝绸之路的主要通道，主要是指天山南麓出发，至塔克拉玛干沙漠以北的绿洲这一段路线。

四 七河流域

七河流域位于天山廊道的最西端。穿越天山，在天山北面、巴尔喀什湖的南面，区域内遍布河流，有锡尔河、伊犁河、楚河和塔拉斯河。

公元前2世纪至公元16世纪，丝绸之路"彭吉肯特—撒马尔罕—鲍伊坎特的廊道"将东亚、西亚与地中海地区、南亚连接起来，是重要的中亚路段，古代粟特商人经常依据此通道往返于中国与中亚地区。穿越费尔干纳谷地之后，便到达了与丝绸之路相连接的"彭吉肯特—撒马尔罕—鲍伊坎特的廊道"，该廊道由东向西延伸6500公里。再继续向西行进，便到达南部的阿姆河廊道，穿过咸海南部之后，就能够到达里海廊道。撒马尔罕（已录入世界文化遗产）就曾是粟特人的都城，位于廊道之中的丝绸之路该路段不仅是丝路商人进行贸易互通的道路，同样也是 8 世纪后，穆斯林朝圣之路。

第二节 "长安—天山廊道路网"评价

自中国汉唐时期起，丝绸之路长安—天山廊道，以长安和洛阳为起点，向西绵延数千公里，到达中亚的七河流域，它沟通了丝绸之路上的诸多国家政权中心，其中最主要的两大中心就是中国的汉唐都城长安和洛阳，以及中亚的七河地区。丝绸之路天山廊道将中国与中亚及欧洲国家连接起来，构成了历史上全段丝绸之路的一大部分，它形成于公元前 2 世纪至公元 1 世纪，公元 6—14 世纪进入繁荣发展阶段，在 16 世纪前，该段一直作为当时重要的商贸通道活跃于历史舞台。整个廊道中大小城镇众多，共同构成了相织交错的贸易路网，贸易通道全长 8700 多公里，规模宏大。此次申遗被提名的 33 处遗址，意义重大，它们不仅反映了丝绸之路的贸易为民众创造了大量财富，丝路更因为商品流通而建造了大量的基础设施，这些活动促进了沿线众多民族文化的交流与传播，促使欧亚两个大陆不同文化的碰撞，典型代表是农业文明与畜牧业文明的交融、定居民族与游牧民族的交融。各个帝国与可汗王国的都城宫殿、贸易居所、驿站、古堡、关隘、佛教石窟寺、古代道路、烽燧、墓葬、长城以及宗教建筑等，在"丝绸之路：长安—天山廊道路网" 33 处遗址中均有代表。

"丝绸之路：长安—天山廊道路网"沿途自然条件恶劣，极端的地理条件为古代丝路商人们进行远距离贸易增添了许多艰难挑战。廊道上最高处海拔高至 7400 米，最低海拔又在海平面以下 154 米，沿途有高山湖泊，也有无垠沙漠；有平川盐滩，也有大江大河；有终年雪山，也有肥沃草原，一路穿越温带沙漠、温带草原、温带森林、绿洲植被和高山牧场，气候从极端干旱区，跨越至半湿润气候地带。大自然的鬼斧神工，在廊道沿途创造了众多雄奇壮观的地貌，为丝路申遗增添了别样色彩，这些都有数千年的历史为证。

"丝绸之路：长安—天山廊道"这条绵长的路网，对于沿线所涉及的国家而言，都有着诸多变革性影响，包括：①为沿线路网城镇发展注入活力。沿线城镇通过丝路贸易获得了财富，交换互市的商品大大开阔了人们的眼界。无论是商人还是政府，为促进商品生产和货物集散兴建基础设施，尤其是道路的修建与监管，都做出了重要贡献。改善了劳动人民的生活水平。②促进了宗教文化的传播与弘扬，大量宗教中心兴起，政治制度的扶持以及富豪个人的捐赠，都大大促进了宗教的发展。③丝绸之路通道上的人员往来，对于不同地区的语言、社会习俗、艺术风格、技术以及宗教信仰等的交流与传播都起了非常大的促进作用。

第三节 甘肃"长安—天山廊道路网"遗产概况

麦积山石窟：位于甘肃省天水市，现存的198个佛教窟龛，建造于5—13世纪，同时还留存有泥塑造像7000余尊，以及壁画1000多平方米，还有舍利塔、瑞应寺等遗存。麦积山石窟的石窟形式，是中国佛殿建筑形象的典型代表，它最早期的经变画，是佛教艺术转折性阶段的作品，麦积山石窟是丝绸之路上的重要遗迹。

炳灵寺石窟：位于甘肃省临夏回族自治州永靖县，始于西秦开凿，现在窟内留存有石刻题记62处，雕像776尊，窟龛185个，壁画912平方米。炳灵寺石窟之所以闻名于世，与其窟内高达27米的171窟大佛密不可分，它还有中国佛教石窟寺内发现的最早的纪年题记["建弘元年"（420年）墨书题记]，位于169窟6号龛。

锁阳城遗址：地处甘肃省酒泉市瓜州县，城址年代久远，约为7—13世纪，据史料考证推测，它可能是唐代时期瓜州城的旧址。

锁阳城的主要遗存包括塔尔寺遗址、锁阳城城址、锁阳城墓群以及农业灌溉渠系遗迹。在城址周围，还分布有2100余座墓葬，这些墓葬以唐代墓葬为主。其中出土文物品类繁多，包括丝绸、钱币、瓷器、驼、三彩马、俑、镇墓兽等。

悬泉置遗址：在甘肃省酒泉市敦煌市与瓜州县交界处，是汉代时期设置的驿置机构，其创建的目的，就是发挥它传递各种邮件和信息的功能，以及接待各国过往使臣、外国宾客、官吏、公务人员等。悬泉置遗址面积达22500平方米，其中考古发掘了4675平方米。遗址以建筑群为主，主要是汉代悬泉置的完整建筑群落遗迹，遗址里出土文物数量众多，达7万余件，主要分为纸质文书、简牍文书、丝织品、帛书、农作物等几个大类。

玉门关遗址：位于甘肃省敦煌市，地处戈壁荒漠，主要包括小方盘城遗址、大方盘城遗址、汉长城边墙及烽燧遗址（包括20座烽燧、18段长城边墙遗址），自东边的仓亭燧起，向西到达显明燧，这些遗迹呈线性分布，围绕小方盘城遗址，分布在宽约0.5公里、长约45公里的区域内。出土文物主要与农业相关，有屯田工具、粮食、漆器、大苣、陶器、积薪等，还包括丝织品、兵器，以及2400余枚简牍文书等。

第四章

丝路甘肃：发展历史、文化交流及精神价值

丝绸之路漫长而悠远，没有尽头，永远是东西方沟通与交流的"对话之路"。甘肃，永远是这条路的咽喉孔道。

河西走廊，自古以来就是通往新疆及中亚的交通要道，是丝绸之路的重要组成部分，它位于甘肃省西部，北部有龙首山、合黎山、马鬃山为界，南部以祁连山为界，西端源于疏勒河下游，向东一路绵延至乌鞘岭，因为位于黄河以西，所以被称作河西走廊。河西走廊东西长约1000公里，南北宽100—200公里，走廊的地势较为平坦，走廊内还有绿洲，水草丰美，物资丰沛。秦汉时期，匈奴一直将这条走廊占据。

第一节 时空中的甘肃丝绸之路

今天，由于交通工具的发达，我们去世界上任何一个角落，都可能朝发夕至，然而，在古代的交通条件下，我们的祖先要想去往西部，无论选择什么样的交通工具，其结果都是要花费大量的时间，而且还要经历众多艰难险阻。"映雪峰犹暗，乘冰马屡惊""黄沙西际海，白草北连天"，这是唐代诗人对当时丝路地理环境景观的生动写照；"上无飞鸟，下无走兽，复无水草"，则是当时西行取经的僧人，亲身体验的艰辛。大漠孤烟与古堡驼铃，在这条路上

千年相伴，戈壁狂风，吹不散往来行者的坚定意念，这是一条充满神奇与震撼的通路，它震颤着每一个后来人的灵魂。为了与外界进行交流互通，我们的祖先不顾艰难险阻，早在2000多年前的西汉时期，就开通了著名的连接东西方文明的"丝绸之路"。

丝绸之路长距离的交通联系建立，沟通了东亚古老的华夏文明中心以及中亚历史悠久的区域性文明中心，并且，丝绸之路对于游牧民族和定居民族、东亚文明和中亚文明的交流具有深远的意义。古代亚洲和欧洲的文明进步，都在丝绸之路的见证下，呈现出文化发展的清晰脉络，重要的历史阶段在这条道路上有迹可循，它还带着突出的多元文化特征，是人类在长途运输、贸易、文化、宗教、技术和民族长期交流与融合的文化路线的一个突出范例。

丝绸之路上那些中心城镇遗迹、商贸城市、聚落遗迹、交通遗迹、宗教遗迹和关联遗迹（简牍、人物、民族文化风情）等代表性遗迹和沿途丰富的特色地理环境因华美而矜持，因富有而远藏。

丝绸之路甘肃段也被称为丝绸之路黄金段。甘肃——这片用陇坂、秦州、金城、河湟、祁连、凉州、张掖、酒泉、敦煌、阳关、玉门关……一串耀眼的明珠连接起的东西长达1655公里的陇右山川，既给人以浩瀚大漠的感发、雄奇山川的砥砺，更让人时时感受到发现它所引起的惊喜。在与大自然的神遇之中，感受交融，穿透彼此，山川、寺庙、风物随时可以进入你的胸襟。这远古文明的重要发祥地，众多民族繁衍生息的摇篮，丝绸之路的咽喉孔道，中原王朝经营西北的战略基地，中西文化交流汇聚的文化空间，不仅可以让你在黄河之畔、西风古道上揭秘历史的沧桑和封尘，又可以让你体会到山河的一片苦心。每个心怀虔诚的朝圣者远道而来，必将得到丰厚的报偿，会收获大漠孤烟、长河落日的辽阔，会体会到一种"尘埃落定"的从容与坦荡。这里是你"绝尘"时恣意驰骋的旷野。她山水形胜、风物流韵、文化层垒，让你舞着绚烂的民族袍衫，跳着热烈奔放的舞蹈，漫着浓情荡漾的花儿，浸透边塞豪迈的诗情，在彩陶、简牍、石窟、长城构筑的跨越千年时空的文化通廊中像风一样自由流动……

一　甘肃丝绸之路的开端

丝绸之路是古代中国与古代中亚、欧洲及非洲文明交流的交通线路总称，古代中国通过这条道路向世界输出文化，同时也通过这条道路，向世界学习借鉴，这是一条互通互惠的道路。丝绸之路甘肃段历史地位非比寻常，且拥有着大量的文化遗存。

西汉建元三年（公元前138年），汉武帝刘彻为了反击匈奴，特遣张骞为使臣，出使大月氏和大宛诸国，正是这次的"凿空之旅"，开辟了通往西域的道路，加强了汉朝与西域各国的联系，也为"丝绸之路"的开辟奠定了基础。元狩二年（公元前121年）之时，汉朝与匈奴在河西的一场大战，匈奴败北，河西走廊开始归属于汉王朝。汉王朝随后在此设立了武威、张掖、酒泉、敦煌四郡，由此，丝绸之路被全面贯通了。汉宣帝时期，又设西域都护府在乌垒城，借以统辖西域诸国，丝绸之路的畅通，进一步得到了保障。

西汉时的丝绸之路，以长安为东部起点，然后穿越河西走廊，走阳关或是玉门关，这两个关门都在敦煌境内，然后再继续西行，到达楼兰。在此后，丝绸之路通道便开始分为两条支线：一条经过鄯善，沿着昆仑山北麓，到达莎车，然后向西翻越葱岭，到达大月氏、安息国等国，这条路被称为南路；另一条支线，称为北路，是走天山南麓这条道，翻越葱岭，抵达康居、大宛诸国。东汉明帝时期，汉王朝攻取了伊吾，于是，依据此地域优势，汉王朝又开辟了一条经过伊吾，往西行的新北道。至此，汉王朝丝绸之路的三条主线基本齐备，丝路的走向，在此时基本得到了奠定。

二　丝绸之路的兴盛

东汉王朝将都城迁到了洛阳，因此，王朝政治中心向东迁移，丝绸之路的起点也就由原来的长安，向东延伸至洛阳。由于政治军事因素的干扰，丝绸之路交通先后三次阻断，后经班超、窦固等人的军事、外交努力，丝绸之路得以恢复畅通，史称"三绝三通"。魏晋南北朝时期，尽管中原战乱不断，但这对于丝绸之路的政治、经济往来没有产生中断影响。到了隋朝，统治者更是将发展丝绸之路、管控西域交通上升到国策层面。大业五年（609年），隋炀帝专门委派了黄门侍郎裴矩远赴张掖，多多吸纳西域的商人来互市。这之后，隋炀帝还亲自来巡张掖，在张掖接见了来自西域的二十七国使臣，更是举办了"万国博览会"，当时的中西交往，局面甚是热烈。接下来便是中国封建社会鼎盛时代的唐朝，唐朝对于西部发展很是看重，其对西域的经营于汉代，就好比青出于蓝而胜于蓝，唐王朝先后在西部设立了安西都护府和北庭都护府，将天山南北广大区域纳入统治范畴，保障了原有丝路的畅通。并且新开通一条北新道，该道取道敦煌北玉门关，一路经过北庭、轮台、伊州，穿越伊犁河之后到达碎叶，进而到达中亚。7世纪中叶，丝绸之路的发展进入全盛时期。长安、敦煌、洛阳等商贸中心，商贾云集，一派国际大都会的繁荣之景，丝绸之路的发展，大大促进了东西方文明的相互交流融合。

　　五代宋元时期，因为经济重心的南移，西北不再是朝廷重视的区域，西北地区民族政权分裂割据严重，再加上水陆交通的发展，大大激发了海上丝绸之路的兴盛，这一切，都使得丝绸之路开始呈现衰落之势。元代一度对中亚、西亚等广大地区实行直接统治，东西驿道的畅通使得丝绸之路再度兴盛，但也只能作为历史古道上的回光返照而已。到了明朝，朝廷实行闭关政策，以嘉峪关为国界，关外不再管辖。此时的中西交往，主要通过水路海洋或河道运输往来。陆上原本的交通干线不再使用，改道哈密，繁华的丝绸之路再无往日的辉煌胜景。清代，西北内陆的诸国活跃，尤以准噶尔部落崛起为盛，再加上此时航海技术的更加进步，曾经热闹的千年丝绸通道，此刻走向了沉寂。

　　丝绸之路自西汉张骞"凿空"开始，以现在的版图来看，从今西安出发，经过甘肃省、新疆维吾尔自治区，越过葱岭，继而进入中亚，或是到达南亚，也可以直达西亚、欧洲及北非。古长安、今西安，是丝绸之路的起点毋庸置疑，由长安出发后，要向西行，必经甘肃，然后再一路沿河西走廊，穿过玉门关，进入西域。因此，丝绸之路的畅通与否，首先最先起决定作用的，就是甘肃省这块区域的局势状况，局势稳定，丝路才能正常行进。甘肃省自古以来，就是多民族的活跃区域，这里有月氏、突厥、匈奴、乌孙、羌、党项、吐蕃、回鹘等部族，他们在这里世代更替。汉代、唐代等等，都是属于中原王朝，对于这些王朝而言，甘肃不仅是边防要塞，同时也是统领西域的重要战略基地。甘肃一带的局势，与其当时所处的王朝实力存在直接的关系。两汉及隋唐时期，国势强盛，军事实力同样强大，当时甘肃一带局势稳定，丝绸之路得以无碍畅行。魏晋南北朝及其后的五代十国和宋代，中原已是十分动荡，甘肃一带更是政权不断更替，因此，丝绸之路几经受阻甚至有中断的危险。由此可见，甘肃一带的发展局势，与在这一地区活动的少数民族政权稳定、以及少数民族政权与中央王朝的关系等都息息相关，密不可分。因此，我们也可以这样认为，丝绸之路甘肃段的畅通与否，从侧面印证了当时中原王朝势力的盛衰。

虽然说某些朝代势力不够强盛，但是各个王朝也都对丝绸之路的发展产生了或多或少的影响，毕竟，丝绸之路的全线贯通不是一日之功，它是各个时期的中原王朝不断寻求向西发展的结果呈现，这其中，能不能将甘肃全境收归自己的管辖，是王朝西域扩张的关键一步。自战国时期起，很多国家就采取修建长城的方式来抵御外敌的侵扰，其后的秦、汉、明等朝代都选择甘肃，作为其长城西端的起始地，长城与丝绸之路在甘肃境内并存，因此，长城对于丝绸之路的保护功能，在这里表现得淋漓尽致。张骞"凿空"通使西域，汉武帝将甘肃全境收归朝廷、在甘肃境内设置了河西四郡，这意味着"丝绸之路"的最终形成。

"陇头流水，鸣声呜咽。遥望秦川，心肝断绝。"甘肃境内有座陇山，登上这座山，再翻越陇关，就算是与关中告别了，然后正式踏上了丝绸之路。走丝绸之路甘肃段碰上的第一条大河，就是黄河，古时跨越黄河并不简单，沿线渡口皆是政府管控的要地。清人许鸿磐的《许氏方舆考证稿百卷》后来就用"自河州以西、北至靖远，皆昔人控扼制胜之地也"来记录甘肃地区在其时的战略地位：他所写的"控扼制胜之地"，就是包括丝绸之路各线道跨越黄河的渡口。我们上文所说的，从长安出发，跨越陇山、渡过黄河、西出玉门关抵达"西域"的这段路程，恰好贯穿了甘肃全境。因此可以说走好甘肃全境，就是走好了中原王朝走向世界的第一程。

三　甘肃段丝绸之路的分布

如今丝绸之路在甘肃境内大体可以分北线、南线和中线。

（1）北线：西汉时期是从长安出发、东汉时期是从洛阳出发，沿着渭河，一直行至虢县（今宝鸡），然后再过一个汧县（今陇县），翻越六盘山，到达固原和海原，之后再沿着祖厉河，在靖远渡黄河，直到姑臧（今武威），至此，北线全程结束。

（2）南线：南线的起点与北线一致，西汉时期是从长安出发、东汉时期是从洛阳出发，沿渭河之后过陇关、上邽（今天水）、狄道（今临洮）、枹罕（今河州），在永靖地区渡黄河，来到西宁，越过大斗拔谷（今扁都口），最后抵达张掖。

（3）中线：前段线路与南线一致，到达上邽（今天水）之后，开始分道而走，行经陇山，抵达金城郡（今兰州），再渡黄河，溯庄浪河，翻乌鞘岭最后抵达姑臧（今武威）。

这三条线路会合之后，再从张掖一同出发，前往酒泉、瓜州，最后到达敦煌。

历史上，丝绸之路甘肃段关于中西交往的见证，主要分为两大部分，分别为陇右段以及河西段。其中陇右段又分为三条道，即回中道：由泾、渭河谷地进入平凉，过萧关口至高平（今宁夏固原），过靖远、景泰西行翻越乌鞘岭，抵达凉州（今武威）进入走廊道。

陇关道：也称大震关道。从长安出发，经宝鸡到陇县，翻陇关（今大震关），经张家川回族自治县到略阳（今甘肃秦安东北）、平襄（今通渭）、金城（今兰州）至武威。秦陇南道：陇关道至略阳后，经秦州（今天水）、甘谷、陇西、临洮、临夏，从炳灵寺所处临津渡口渡黄河，沿湟水谷地西行至西宁、折向西北，越扁都口（古大斗拔谷）至甘州（今张掖），进入走廊道。走廊道就是东起乌鞘岭、西至敦煌的"河西走廊"。丝绸之路甘肃境内，与很多重要节点城市都有关联。进入陇坂，丝绸之路就是一个个的古城、驿站、渡口连接起来的对话空间，他们是闪耀着光芒的珍珠穿成的价值连城的项链。

丝绸之路贯穿甘肃大地，将这些闪亮的地名连接起来的是苍凉的大漠戈壁。然而，这里的大漠戈壁与其说是一种恶性地理单元，还不如说是一种境界，一种雄阔和恢宏的精神家园，在这里，生命显得渺小；"天似穹庐，笼盖四野"，它是大自然赋予万物的一间共同的最华贵的大房子。清风不需钱买，雷电雨雪变幻无穷更是壮阔雄浑⋯⋯大漠四野茫茫，如海的沙丘在少许云雾中波动，故城静穆，河流袒怀，烽燧傲然，构成与人们日常生活之境迥异的阳刚之美，是可以席卷心灵的一种惊心动魄的气势，蕴含着激荡情感的诱惑。置身于此，每个人都会有仰望苍宇探秘历史、扣问谜底的想法。

作为丝绸之路咽喉孔道的甘肃，随着西部大开发，越来越受到世人的关注。甘肃人文景观甚多，这与其作为丝绸之路的交通要道有关，甘肃作为丝绸之路的经略之地，不同民族的习俗与文化在这里交融沉淀。这里地域辽阔，天赐之境，雄浑霸气，戈壁无垠，与广袤的黄土高原以及草原一起，为这条通道上的人们唱着无声的赞歌。五彩的丹霞，为大地染色；沙漠之中还有一眼弯弯的月牙泉水，这些神奇的景观，是上天给予的馈赠，它们为神秘而又艰辛的丝路古道带来一丝心灵上的慰藉。

第二节　甘肃在丝绸之路上的文化交流

丝绸之路上文化交流从未间断，无论是向西还是往东，有史可考的人物就数以百计，这里面包括了有籍贯可考的 65 位西去取经求法的人。据著名史学家梁启超考证，光籍贯为甘肃省的就达十余人，人员数量稳居第一位。西进人物中，张骞、法显、宋云、玄奘、高居诲等，他们不畏前路艰险的精神，早已为世人熟知；东进人物有鸠摩罗什等，他们在丝路上行走，都需要经过甘肃，他们的旅途，不仅是对丝绸之路辉煌历史的见证，同时，他们对丝路的所观所感，都进行了记录，留下了让后世知晓丝路的珍贵史料。例如法显就曾在炳灵寺石窟以及武威的罗什塔中进行题记，让现代人有史可考。

由于丝绸之路也让佛教思想传入了中国，作为丝绸之路重要路段的甘肃段，自是少不了佛教石窟的建设。丝绸之路沿线，有 70 多处佛教石窟，其中最为出名的，当数敦煌莫高窟、天水麦积山石窟以及永靖炳灵寺石窟，它们与洛阳龙门石窟、大同云冈石窟并称为中国五大石窟。将甘肃称为中国早期佛教文化中原化的孕育摇篮，也不为过。目前中国石窟寺中最早的题记，出自炳灵寺，就是炳灵寺的"建弘元年题记"，炳灵寺石窟以及中国其他重要石窟如何分期断代，其线索很多都依据该题记。武威马蹄寺石窟，自成一体，开辟了中国石窟艺术中的"凉州模式"，它的建造，直接影响了其后云冈石窟和龙门石窟的建式，要想探究中国石窟造像艺术的根本起源，大可以在马蹄寺石窟中去寻找。

甘肃河西走廊热闹非凡，往来人马络绎不绝，有来盗宝的西方探险家，也有进行考古的中国学者，正是由于他们的到来，敦煌藏经洞遗书和汉晋简牍才得以为世界所知。其后更是催生了简牍学和敦煌学两门学科，这两门学科的出现，大大丰富了甘肃丝绸之路文化，丝绸之路甘肃段也因此，再次被世界瞩目。①

甘肃地理位置独特，位于黄土高原、蒙古高原及青藏高原三大高原的交会地带，自古以来，无论是军事布防上，还是民间文化交流上，都有其独有的贡献，它作为中亚及欧洲各国与中原交互的咽喉通道，始终发挥着纽带连接的作用。比如，佛教从中亚、南亚沿着丝绸之路向中国的中原传播时，在甘肃段尤其是河西走廊，佛教文化已经在东渐的过程中对甘肃产生了重要的影响，建造了众多的石窟，传播了石窟艺术，敦煌莫高窟正是这种文明交互的典型成果。文明、文化的交流互通，首先是由人来传播的，来源于不同人之间的交流以及不同民族之间的交流，甘肃丝绸之路上的文明互通，也是中华民族多元文化的重要组成部分，是中华博大文化的深耕之作。

一　敦煌文化

敦煌的独特自不必讲，不光是丝绸之路甘肃段，乃至整个丝绸之路，敦煌都是一个重要节点，连通东西的地理位置成就了敦煌。著名国学大师季羡林先生，曾经对敦煌给予过相当高的评价："当今世界历史悠久、自成体系、影响深远的文明只有四个，就是古希腊、伊朗、印度与中国，再没有第五个；而这四大文明汇流的地方只有一处，就是中国的敦煌和新疆地区，再没有第二个。"正如季先生所说，敦煌就是这样一个贯穿东西交通的喉襟之地，以及具有国际盛名的文化汇流之地。

敦煌以莫高窟而闻名世界，莫高窟又名"千佛洞"，位于甘肃省敦煌市东南25公里处鸣沙山的崖壁上。世界文化遗产委员会对作为世界文化遗产的敦煌莫高窟的评价为："莫高窟地处丝绸之路的一个战略要点。它不仅是东西方贸易的中转站，同时也是宗教、

---

① 刘再聪：《甘肃历史文化是丝绸之路文明的灵魂》，《中国社会科学报》2014年9月17日。

文化和知识的交汇处。莫高窟的492个小石窟和洞穴庙宇，以其雕像和壁画闻名于世，展示了延续千年的佛教艺术。"

莫高窟最初开凿于前秦建元二年（366年），至元代（1271—1368年）基本结束，其间经过连续近千年的不断开凿，莫高窟成为集各时期壁画、石刻、建筑、彩塑艺术为一体，世界上规模最为宏大、文化赋存最为深厚、历史最为悠久的佛教艺术宝库。

中国考古史上的一次了不得的成就，就是发掘了莫高窟藏经洞。而说起这个发现，就不得不提到道士王圆箓。1900年，道士王圆箓已经居住在莫高窟内，他有一个想法，就是将那些被遗弃许久的部分洞窟改建成道观，为了这个想法的实施，他开始着手进行莫高窟的清扫工作。当他清扫至现编号第16窟之时，偶然发现，窟内北侧的甬道壁上，竟然有一个小门，将门打开后，一个长宽各2.6米、高3米的方形窟室豁然出现在眼前，这就是举世闻名的现编号为第17窟的"藏经洞"。藏经洞内藏品惊人，保存着大量从4世纪到11世纪（即从十六国到北宋）的历代文书和刺绣、绢画、纸画等文物，达5万件之多。

藏经洞出土文书主要是佛经，此外还有道经、儒家经典、小说、诗赋、史籍、地籍、账册、历本、契据、信札、状牒等，其中不少是孤本和绝本。这些资料，对于深入研究中国和中亚地区的历史，以及研究丝绸之路的文化交流状况，都是重要的参考资料，具有很高的科学价值，由此衍生出一门新的学科——敦煌学，这门学科，主要用来研究藏经洞的文书，以及敦煌石窟艺术。

二 佛教东传

公元前5世纪前后，佛教在古印度诞生，佛教自有它的一套宇宙结构理论，在这个理论里，中国是"东胜神州"，在这个"神州"里，物产丰饶，人山人海，所以印度僧侣们都希望能来此地进行传法。佛教东传，进入中国的线路有三条：其一，就是经过东南亚，进入中国云南等地；其二，经过尼泊尔等国传入西藏，唐代高僧道宣著有《释迦方志》，详细记录了这条路，这条路正是后世所称的唐蕃古道；其三，则是跟丝绸之路相关，沿着丝绸之路向东传播，这也是佛教东传路线中，最重要、最繁忙的一条道路。

丝绸之路甘肃段位于整个丝路的东段部分，是西域直通中原的"门户"与"咽喉"。自汉朝开始，这条道路上的往来之人数不胜数，光是为了传播佛教文化，就有许多，有从中原往印度的取经人，也有从印度东来的传教者，传教者将佛教文化从西域带到了新疆，再沿着古老的丝绸之路一路向东。到达中原。翻越天山后进入甘肃第一站就是敦煌，接着沿着河西走廊往东经过酒泉、张掖、武威抵达黄河岸边，或者穿越乌鞘岭，从兰州境内过黄河，传往临洮、临夏。又或者过景泰，到达黄河岸，再取道平凉、泾川、固原等地，最终将佛教文化传往关中。

甘肃作为丝绸之路的重要路段，自然也是佛教东传进入中原的必经要道，佛教文化在路途中、在经过甘肃段时这个过程中，完成了在中国的本土化。北凉时期的高善穆石造像塔是佛教和中国传统文化相结合的典型。该塔利用一整块的青黑色玄武岩为基石，经过雕凿而成，是在酒泉城南面考古发现的。我们需要注意的是，宝顶的弧面上分明刻有北斗七星，基柱阴刻着一尊药师佛和七尊菩萨像，而在这些佛像的右上方，又依次分刻着八卦符号。作为中国传统文化的象征，北斗七星和八卦符号也出现在佛教的塔上。这说明佛教自东传后，在很大程度上出现了与中国传统文化融合的趋势。

三　石窟文化

石窟，最开始是一种印度的佛教建筑。因为佛教提倡遁世隐修，所以寂静幽深的崇山峻岭是石窟建造的优选。中国的石窟建造艺术是从印度传入，但是石窟的建造反而在中国得到了大力传扬。如今中国现存的石窟群远远超过印度，仅敦煌一处就已发现600多个，丝绸之路沿线是石窟分布最广的地区。

丝绸之路上独特的地理、气候特点，为石窟的开凿和保存提供了有利条件。大多石窟中都有洞窟、塑像、壁画等。石窟的造像和壁画素材，多来源于佛经故事，例如释迦牟尼的生平事迹以及他最为经典的为行善而牺牲前生的故事。除了释迦牟尼，还有其他的人物，菩萨、佛、飞人、花鸟、天王、动物、力士等。千百年来，这些壁画一直受到大西北风沙的洗礼，但其鲜艳的色彩以及清晰的线条仍然留存，这也说明当时的工匠们的艺术手法，是何其的高超。

中国有四大著名的石窟，仅丝绸之路甘肃段上的麦积山石窟和敦煌莫高窟，就占其中的两座。丝绸之路上的石窟寺数目众多、分布广、规模宏大。根据石窟的建造年代分析，在东汉末年，丝绸之路上就开始开凿建窟。在这之后的众多朝代，建造石窟便一直没有停歇，尤其是国力强盛的隋唐时期，开山造窟，如火如荼。之后的宋、西夏、金、元、明等各朝，虽不如前代那么狂热，但也一直在连绵续建。追溯我国石窟建造的历史，在丝绸之路沿线的石窟建设开启年代最早，且经历了较多的朝代更替，其成果也是旷世瞩目的。

深厚的石窟寺建造艺术，是丝绸之路上难得的历史文化遗产，这些石窟寺种类繁多，石窟造像惟妙惟肖，它们也是丝绸之路文明交会的重要展现。

四 民族文化

甘肃的地理位置十分特殊，其狭长的走廊式版图，将蒙古高原和青藏高原、关内和关外明确地进行了区分。较长历史以来，甘肃一直都是多民族交融的区域，不同的民族、不同的语言、不同的文化，在这条美丽的走廊中相互碰撞，互相包容借鉴。早在春秋战国之时，少数民族就发现了河西地区有绿洲这一得天独厚的地理优势，纷纷在此大展宏图，例如其时的乌孙、塞种、羌戎、月氏等民族。秦汉时期，匈奴兴起，他们是北方的游牧民族，骁勇善战，进入了甘肃，很快便控制了丝绸之路的核心区段河西走廊。魏晋南北朝时期，又一个游牧民族鲜卑族兴起，他们大批入住甘肃，在此繁衍生息。唐代，西藏的吐蕃势力日渐强大，今甘肃河西和中南部被他们大举入侵，吐蕃在甘肃一带统治了近百年时间，在他们统治期间，藏传佛教及其文化被传入了甘肃。其后蒙古人西征，统治了包括中亚及欧洲在内的广大疆域，这期间，今甘肃地区迁入了大量来自中亚地区的商人、牧民以及手工业者，他们基本都属伊斯兰教派别，再加上原本迁入的蒙古族，甘肃地区成为名副其实的多民族聚集地。这些少数民族的人们在此共存，在元、明两朝，甘肃就已经基本形成了保安族、东乡族、撒拉族、回族等信仰伊斯兰教的新民族，以及信仰藏传佛教的裕固族、土族等。

从不同的民族文化交融的情况来看，甘肃共存的民族实在是数量众多，在较远年代，可以追溯到的有乌孙、塞种、月氏等族；在之后的历史发展进程中，从北方蒙古高原迁来了蒙古、匈奴、回鹘、突厥、鲜卑等族；南方青藏高原又有吐蕃、吐谷浑、羌等族来甘肃安定；东边的汉族、满族、党项族沿着丝绸之路向西，在甘肃地界开始繁衍生息，西方又迁来了昭武九姓和其他胡人；这些不同的民族在甘肃找到了共同的安家之地，开始在这片土地上世代定居，他们都在丝绸之路上滚滚历史长河中，留下了自己的专属印记。千百年来，各民族用自己的经历，在丝绸之路这段神奇的土地上演绎出了本民族兴衰的历史，绘就了"中华民族多元一体，你中有我，我中有你"的生存、发展格局。古往今来，各个时期的民族共同在这块土地上谱写了辉煌灿烂的华夏文明，而这种相互交流又交融的文化，也是华夏文明源远流长的见证之一，是华夏文明的独特璀璨的重要组成部分。

五 汉简文化

在造纸术发明之前，及之后纸张没有普及的较长时期内，人们都使用简牍记录文字，简牍作为文化传播的一种特殊载体，对于中华文明的传承发展做出了杰出的贡献。20世纪初至今的百余年时间，甘肃的简牍发展一直备受世人瞩目。其中，以汉简为最。甘肃是名副其实的"汉简大省",到目前为止,全国共出土的73600多枚汉简中,只甘肃就有60000多枚,占全国的80%还多。

甘肃的汉简数量众多,达6万余枚,无论直接还是间接,它们都是丝绸之路历史的记录载体。汉简将汉朝是如何开拓河西、如何沟通西域,一一进行了记述,这些极具历史感的谋略,对于我们现代的西部大开发战略,仍然具有时代借鉴意义。更令人高兴的是,由于甘肃汉简详细记载了当时西域各国的各种情况,这些记载,让我们知晓了当时的中国是怎样与中亚、罗马、印度等地区进行中外交流,又是怎样进行商贸往来,是军事扩张还是友好邦交等等。甘肃汉简中,出土的悬泉汉简不得不提。这部分汉简中,不仅涉及的古代国家众多,有于阗、乌孙、楼兰、焉耆、精绝、龟兹、大宛等24个西域国家,还涉及诸多中亚国家与汉朝交流往来的事迹,例如罽宾(今兴都库什山以南阿富汗境内喀尔布河流域)、康居(今哈萨克斯坦南部及锡尔河中下游)、乌弋山离(今伊朗高原东部)、祭越、大月氏(今阿姆河流域)等,他们在当时都通过丝绸之路,跟汉朝来往频繁,关系密切。

比如《康居王使者册》就记录了汉朝与康居的一则交往史实。这份只有293个字的册书,就记载了永光五年(公元前39年)康居王使者一行,到达汉朝之后,所经历的朝贡波折的历史事迹。按照惯例,他们的贡物要由地方官员进行价值评估。在酒泉时,酒泉太守与属吏对康居贡献的骆驼进行了评估,但在评估现场却并没有让康居使者参加,酒泉太守把原本膘肥体壮的"肥"骆驼故意定为"瘦"骆驼,把本来是上好的"白"骆驼评定为"黄"骆驼。这种以肥为瘦、以白为黄的不友好举动最终被康居使者告知汉廷,汉政府得到上诉后,便下达命令逐级追查此事。历史事迹能够被记述得如此生动具体,实在是古代中外文化交往史事研究的幸事。

六 长城文化

甘肃境内长城文化历史悠久,共建有3700多公里的长城。后世所知的明长城，其保存长度最长的部分，就在如今的甘肃境内，长达1700多公里，位于全国第一，而战国、秦及汉王朝修建的长城，在甘肃境内共有2000多公里，居全中国第二位。这些长城蜿蜒分布在省内11个市州、34个县市区，甘肃是名副其实的长城大省及"长城故乡"。

据考证，秦昭王二十七年（公元前280年），甘肃的边防设施开始兴建，甘肃东部沿黄河河套的地方就有秦国当时修筑的长城；公元前213年，秦始皇为了抵御外敌，稳固疆域，开始大力建造长城防御工事，"起自临洮，至于碣石"。到了汉代，汉王朝在河西的疏勒河流域选址，东部与秦长城相连，修筑了数千里的国境防线，一直向西绵延至盐泽，这里面就包括城郭、烽燧和长城。

现今甘肃丝绸之路上，仍有很多保存状况很好的明长城时期的遗迹，其中最为人们熟知的就是嘉峪关，它是明朝时期修筑的万里长城的西部起始点，如今享誉中外。万里长城"西起嘉峪关，东至山海关"，这句话不是没有依据的，明洪武五年修建的嘉峪关，它的修建时间比山海关还要早上9年。

第三节 甘肃丝绸之路的精神和价值

打造丝绸之路经济带的构想提出之时，习近平总书记就对其进行了系统的阐述。丝绸之路两千多年的交往历史证明，沿线国家尽管种族不同、信仰不同、文化背景也不同，但是只要坚持和平共处五项原则、团结互信、平等互利、包容互鉴、完全能够实现合作共赢，共享文明成果，共同发展。历史上甘肃丝绸之路的文化及其交流体现的就是和平、交流、理解、包容、合作、共赢的精神。所以，甘肃丝绸之路在沟通东西方的商业贸易、进行文化交流的过程中，有共同的精神支撑，这些丝路精神，无论是在古代还是在现代，无论是民间交往还是国家经略，都可以借鉴学习。

一 开放性

首先讲开放性，是因为它是丝绸之路精神之中，最为显著的特征。无论在哪个朝代，唯有坚持开放，才能够"放眼看世界"、兼容并包、兼收并蓄，才能够有自信地"走出去"、广纳良才、厚德载物。甘肃纵贯三千里，从古至今，它都发挥着沟通东西方文化的主要通道作用。我们早已熟知了张骞出使西域的"凿空"之旅，而在这之前，周穆王西游拜见西王母的传说，就已经在民间流传；在新时期时代的中晚期，长江中下游居民发明的丝绸传到了西方，西亚地区的冶金术、小麦、绵羊和黄牛的某些种类则通过河西走廊传入了中原地区；同样传入中原地区的还有西域的玉石，"春风不度玉门关"的玉门，正是因为河西走廊的玉石贸易而得名，并一直流传至今。丝绸之路自汉代开始"凿空"，在其后几经发展至畅通。汉唐年代，国力繁盛，多民族的交往互通成果也正是得益于当时国家的开放包容胸怀，这种开阔胸襟，又促进了本民族的进步昌盛。我们举例说明，敦煌作为丝绸之路上的明珠，奉行"广开西域"策略，如此宏大图谋，也使得敦煌文化成为中国、希腊、伊斯兰、印度四大文化体系交流融会的重地。因为开放，中西交往加强，各国使节往返频繁，胡商贩客络绎不绝，汉唐时期河西走廊的敦煌、武威等地也变成了国际性大都会，成了中西文化经济交流的咽喉重镇。因为开放，今天我们才得以欣赏到"马踏飞燕"的超高艺术水准、才能知悉原来历史上还有如"天下称富庶者无如陇右"般的经济盛况，它们都是历史对我们当世的馈赠。

二 多元性

丝绸之路的发展历史，至今已有两千多年，这期间，丝路文化一直传承延续。丝绸之路里程绵延3000里，文化背景甚多，而甘肃段地域狭长，东向融合中原文化，西向又与中亚、西亚乃至欧洲文明相碰撞；再加上又有高原、草原地势，因此既有草原文明，又有高原文明。自古以来，甘肃独特的地理条件决定了它始终在军事、商贸及文化三个大通道之间不停地切换转变，演绎出了丰富多彩的丝路文化，塑造出了多元的甘肃文化品质。文化发展具有历时性，先秦时期开始，各类别文化相继孕育，从早期到先秦后期依次是：大地湾文化、马家窑文化、齐家文化、寺洼文化、辛店文化、沙井文化、西戎文化、先周文化、秦早期文化等；秦汉以来，则又有边塞文化、三国文化、五凉文化、吐蕃文化、西夏文化、伊斯兰文化、藏传佛教文化、红色文化、现代文化等。若从内容属性上划分，则有彩陶文化、青铜文化、黄河文化、石窟文化、敦煌文化、简牍文化、长城文化、民族文化、宗教文化、古城文化、寺庙道观文化、钟鼓塔楼文化、摩崖石刻文化、民间文化、姓氏文化、航天科技文化等。丝绸之路甘肃段各种文化汇聚融合，共同发展，使得甘肃段文化呈现多元性的特点。多元性的精神特点，也是对丝绸之路精神的最佳诠释。

三 包容性

甘肃文化的开放性、多元性，注定了其必然具有包容性。长久以来，甘肃地区多民族汇聚杂居，多种宗教在这里发展，多种文化体系在这里交汇，多种风俗习惯在这里聚合。包容不是同化，也不是消灭，而是你中有我，我中有你，共同发展，并存创新。敦煌莫高窟、榆林窟、马蹄寺石窟、天梯山石窟、炳灵寺石窟、麦积山石窟、南石窟、北石窟等宛若繁星的石窟点缀在丝绸之路的两侧，难以统计的民间画师、建筑工、雕塑师等心甘情愿为石窟艺术奉献终生。这些都是佛教文化与中原传统儒家文化融合共生的结果。"海纳百川，有容乃大"，甘肃文化在极长的历史演进中形成极强的包容性，这些包容性体现在各个方面。如甘肃省内佛教、道教、伊斯兰教、天主教、基督教等五大宗教齐全，"儒门释户道相通，三教从来一祖风"就是甘肃宗教文化包容性的一个缩影。时至今日，甘肃境内，川菜、鲁菜、粤菜、湘菜、闽菜、苏菜、浙菜、徽菜均可见到，蒸、煮、炸、烩、烤、煎、熏、炒、烙、煲样样俱全。可以这样说，中原本土文化和西方外来文化汇集于甘肃，使得甘肃省俨然成为交流融会示范区。

四 共赢性

开放的姿态，包容的气度和多元的格局，确保了甘肃能够开辟出一条互利共赢之路。如今，欧亚大陆桥构建，甘肃再次成为战略要道，甘肃省会兰州则是沟通西北与西南的重要枢纽，无论是能源还是通信传输，甘肃都具有明显的交通区位优势；矿产资源、石油、天然气资源、文化资源都非常丰富，这些都是共建"丝绸之路经济带"不可或缺的力量。比如，2014年由中国、哈萨克斯坦、吉尔吉斯斯坦三国联合申报的"丝绸之路"成功列入《世界遗产名录》，甘肃的麦积山石窟、炳灵寺石窟、锁阳城遗址、悬泉置遗址和玉门关遗址5处文化遗产成为世界文化遗产大家庭的新成员；甘肃与中亚、西亚各国，在历史上就一直友好合作，这也为新时期进一步开拓西北，合作共赢提供了前提条件。目前，甘肃与中亚、西亚等国在众多方面都有着进一步的合作发展，例如中医药合作、能源开发、民族贸易等。在新的历史时期，要重视"反弹琵琶"的思路，甘肃仍需"快马加鞭"，要有"马踏飞燕"的气势，抓住"丝绸之路经济带"建设的契机，加强与周边省份以及邻近国家的内外联动机制建设。在"丝绸之路经济带"建设机遇之中，为实现"共享共赢"而努力，甘肃作为丝绸之路"黄金段"的辉煌定将再现。①

---

① 马东平、金蓉：《丝绸之路甘肃段上的文化交流及其所体现的精神》，《中国西部》2016年第6期。

第二篇

辉煌文化

第 五 章

建都设郡：甘肃各时期行政建制的发展

甘肃古有"秦凉之地"之称。因境内有甘州（张掖）、肃州（酒泉），元代实施行省制时，故以甘肃名之。自远古时期，就有很多民族在这里繁衍生息，甘肃省被认为是中国古代文明的重要发祥地之一。

第一节　夏商周

夏商周时，甘肃就被称为"雍梁之地"。商代不窋带领周部落徙至泾河、渭河流域，改善农耕，促进了甘肃最早的农业发展。商后期，秦先祖在西汉水上游一带建立小方国，后非子受到周孝王的重用，分土为附庸，邑之秦。到了春秋时期，主要是西戎和狄戎等部族居住在甘肃境内，甘肃东部属秦与西戎。后秦国兴起，秦武公征服诸多戎部落，并于公元前688年，在邦戎与冀戎地设置了邦县（今天水）、就冀（今甘谷），这不仅是甘肃历史上最早设立的两个县，同时也是全国置县的开端。在秦穆公与秦献公的共同努力下，秦势力范围不断向西拓展，在秦昭王二十八年（公元前279年）设置陇西郡、三十五年（公元前272年）设置北地郡，这两个郡是甘肃郡一级最早的行政设置。①

第二节 秦

公元前221年，秦统一全国以后，为加强统治，在全国范围内推行郡县制。将全国划分为36个郡（后增至40个）。在今甘肃省境内，完善了所属地区的郡县制度，沿用陇西、北地二郡，完善其辖县。而当时河西地区仍为月氏、乌孙、羌等部族居住。陇西郡郡治狄道（今临洮南），辖境东起陇山，西至黄河及大夏河以东，所辖狄道、临洮、西、冀、枹罕、上邽、下辨道、榆中、绵诸道、成纪、獂道、兰干县、略阳道等地。主要包括今天水、定西、兰州、临夏、礼县、宕县、成县等地区。北地郡郡治义渠（今宁县西北），辖义渠、乌氏、泾阳、泥阳、戈居、安武、方渠、郁郅、朐衍、朝那、富平、阴密、彭阳、鹑孤、直路、除道等县，其中在甘肃境内或治所在甘肃境内的有义渠、泾阳、泥阳、郁郅、阴密、彭阳、乌氏、戈居、安武、方渠等县道。主要包括今甘肃东北部的庆阳、平凉、白银等地。

第三节 西汉

西汉实行郡国并行下辖县制。公元前205年，汉高祖占领北地和陇西地区，并设郡于此。随着西汉王朝统治区域的不断扩大，公元前121年，汉武帝置武威、酒泉二郡，公元前111年分武威郡置张掖郡，分酒泉郡置敦煌郡，武威、张掖、酒泉、敦煌即闻名史册的"河西四郡"。公元前114年，因北地与陇西郡辖境太大，汉武帝将北地郡南部划分出来设置为安定郡；又将陇西郡的北部单独设置为天水郡。而后在平定西南夷以后，在陇南设置了武都郡。后汉

---

① 陈英、高宏：《甘肃历史文化》，甘肃文化出版社2011年版，第1—5页。

武帝为加强中央集权,加大对郡国大使的监管,在公元前106年将全国正式划分为13个监督区——州,称为13刺史部,每州配备1名刺史,定期巡查,甘肃境内的陇西、武威、张掖、酒泉、敦煌、天水、安定、金城诸郡属于凉州刺史部,益州刺史部辖武都、广汉二郡,而北地郡属朔方刺史部,共11郡100个县。公元前81年,汉昭帝又从张掖、陇西、天水三个郡分出两个县建立金城郡。据史书记载,截至公元2年,甘肃已完成10个郡的设立,其中下辖的不仅包括115个县还包括10道(道与县平级,基本上都设置在少数民族聚居地区)。

表2—1　　　　　　　　西汉甘肃郡县变化说明

时代	(氐)	北地郡		陇西郡		(河西走廊匈奴)		
武帝	武都	北地	安定	天水	陇西	张掖	酒泉	
	武都	北地	安定	天水	陇西	张掖	酒泉	敦煌
昭帝	武都	北地	安定	天水	陇西	金城	张掖	酒泉	敦煌
宣帝	武都	北地	安定	天水	陇西	金城	武威	张掖	酒泉	敦煌
平帝	武都	北地	安定	天水	陇西	金城	武威	张掖	酒泉	敦煌

陇西郡,西汉沿置秦制,汉武帝时期,郡治狄道(今临洮县)。王莽时改称厌戎,下辖11县郡道。西汉时期,将秦时原属陇西郡的冀县、兰干县、成纪县、棉诸道划归为天水郡,枹罕县、榆中县,划为金城郡。狄道、临洮县、西县划为秦县,新增县道首阳、予道、大夏、襄武,其故城均在今甘肃境内。

北地郡,郡治马领(今庆城县西北马岭镇),沿袭秦制,王莽时期改称威成,下设包括马领、灵武、富平、直路等在内的19个县道。其中有9个县道故城在今甘肃省境内。将秦朝属北地郡的泾阳县、阴密县、彭阳县、安武县,汉朝时划归安定郡,新置马领、除道、五街、鹑孤、回获、略畔、大要等县道。

天水郡，郡治平襄（今通渭县西），王莽时改称填戎，下设16个县道，故城均在今甘肃省境。

安定郡，郡治高平（今宁夏固原），元鼎三年析北地郡设置，下设包括高平、复累、安俾等在内的21个县道，其中有12个县故城在今甘肃省境。

酒泉郡，郡治禄福（今酒泉县），王莽时改称辅平，下设9个县。辖区包括今嘉峪关市、酒泉市、玉门县还有金塔县。汉朝将酒泉郡设置为"通西北国"。

张掖郡，郡治觻得（今张掖县西北），原为匈奴浑邪王驻牧地，王莽时改称设屏，下设10个县，其中有9个县故城在今甘肃省境。辖区包括今内蒙古额济纳旗、张掖市、临泽县、永昌县及民乐县等地区。设置张掖郡是为了"断匈奴右臂"，断绝羌胡的交通。

武威郡，郡治姑臧（今民勤县西北），原为匈奴休屠王驻牧地，汉武帝开河西，设置张掖郡，宣帝元凤元年至地节三年间分张掖郡东部地设武威郡，下设10个县。辖区为今民勤、武威、古浪、皋兰、景泰、靖远等县。

敦煌郡，郡治敦煌（今敦煌县西），王莽时改称敦得，下设6个县。辖区为今敦煌市、肃北蒙古族自治县、安西县等地。酒泉、张掖、武威、敦煌被称为河西四郡，其设置使河西成为西汉"断匈奴右臂"的战略基地，不仅增强了西汉的防御能力，而且促进了整个河西走廊地区经济、文化的发展，更是为丝绸之路的畅通提供了条件与保障，便利了中国与西方各个国家之间经济文化的交流，在中国乃至世界历史上都有着深远的影响。

金城郡，郡治允吾（今永靖县西），王莽时分金城郡，增设西海郡，郡治今青海海晏。金城郡下设包括允吾、浩亹、令居等在内的13个县，其中9个县的故城在今甘肃省境。

武都郡，郡治武都（今西和县西南），属凉州刺史部。以进一步统治氐部地区为目的设置的。王莽时改称乐平，下设包括武都、上禄、故道等在内的 9 个县道。其中有 6 个县道故城在今甘肃省境。辖区包括今康县、西和、武都、成县、徽县等地区。

广汉郡（今文县），下设 13 县。在今甘肃境内的有阴平县，其他 12 县属今四川省。

属国始于秦朝，实行属国这一行政管理制度是为了加强对归附的少数民族的管理。西汉时，从汉武帝（公元前 120 年），经汉昭帝、汉宣帝总共设置 8 个属国，其中安定属国、天水属国、张掖属国、金城属国、北地属国在今甘肃省境内。西汉时期，除了今羌族人经常活动的甘南地区外，其余地区都有郡县设置。王莽当政时期，虽更改了许多郡县的名称，但没变更郡县的数量。这一时期在甘肃境内的郡县设置，基本上奠定了后来甘肃境内的行政区域划分的基础。

第四节　东汉

东汉时期，政府对甘肃地区的行政管理制度，略有更改但大体沿袭西汉的制度。东汉初年，长期战乱使得各郡县人口大量减少。公元 30 年，光武帝下诏合并郡国。甘肃地区原西汉凉州属县道 124 个，撤并为 105 个。原所属朔方刺史管辖的北地郡划分为凉州刺史所辖。公元 67 年，汉明帝改天水郡为汉阳郡。将汉阳郡移置冀县（今甘谷县城），将安定郡移置临泾（今镇原县），将北地郡移置富平（今宁夏吴忠市西南）。献帝时期，将河西四郡从凉州划出，另设雍州。东汉中期，郡国、属国的数量增加，属国相当于郡，是少数民族的管理区。汉安帝时增加了张掖居延属国、广汉属国和南安郡、新平郡、西平郡、西郡等，张掖居延属国后改为西海郡，阴平道改为阴平郡。

广汉属国，设属国都尉，治在阴平道（今甘肃文县），下领 3 道。

凉州，治陇县（今张家川回族自治县），辖 12 郡国，98 县、道、候官。

陇西郡，治狄道，辖11县道，枹罕、白石、河关3县西汉属金城郡，东汉改属陇西郡。

汉阳郡，西汉天水郡，公元74年汉明帝时期更名。辖13县道，上邽、西二县原本归属陇西郡，东汉时期将其改辖为汉阳郡。东汉建武八年时期又设置了显亲县。

武都郡，辖7县道，其中5县道在今甘肃境。金城郡，西汉昭帝时设置，辖10县道，其中6县在今甘肃境。

安定郡，西汉武帝时设置，辖8县，其中4县在今甘肃境。汉献帝兴平元年（194年），将安定鹑孤、右扶风漆县两地划分出来，设置新平郡。

北地郡，辖6县，其中3县在今甘肃境。郡治富平，今宁夏吴忠市西南黄河东岸。

武威郡，辖14县。张掖郡，辖8县。酒泉郡，辖9县。敦煌郡，辖6县。

东汉中期以后，汉安帝增设广汉属国、张掖属国、张掖居延属国，地位与郡相当。灵帝分汉阳郡置南安郡、分安定郡置新平郡。汉献帝分金城郡置西平郡，分张掖郡置西郡，改张掖居延属国为西海郡，改阴平道为阴平郡。甘肃的建制在东汉末几经变动。东汉中前期，甘肃地区属于凉州，汉献帝时，分河西四郡为雍州。188年，灵帝赋予了刺史更多的权力，改刺史为州牧，并将其设置为郡的上一级地方政权。213年，全国14个州合并为9州，凉州与司隶校尉合为雍州。陇右、陇东、河西均属雍州。220年，河西四郡属凉州又重新从雍州划分出来，同时分置了陇右属秦州。但秦州分置时间较短。东汉时期。其政权由初期的郡县二级制，演变成了州、郡、县三级制。①

---

① 汪受宽：《甘肃通史（秦汉卷）》，甘肃人民出版社2009年版，第330—338页。

第五节　魏晋南北朝

三国时期，甘肃大部分地区属曹魏管辖，针对河、陇长期失控的局面，为完善其管理，曹魏恢复了凉州行政建制，设置了秦州。凉州，治武威郡姑臧县，辖敦煌、酒泉、武威、西海、西平、张掖、金城7郡。金城郡（今兰州），领5县，辖区比汉代缩小，包括今兰州市区、榆中、永登、永靖、青海省民和县及循化等县；安定郡（今镇原县南），领5县；武威郡（今武威县），辖7县；张掖郡（今张掖县西），辖3县；西郡（今永昌县西北），辖2县；酒泉郡（今酒泉），辖9县；敦煌郡（今敦煌市西），辖11县。秦州（今天水）治冀县，陇西郡（今陇西县南），辖4县；南安郡（今陇西县东南），辖3县，辖区包括今武山、定西、榆中及漳县等县；汉阳郡（今甘谷县东），辖7县；广魏郡（分汉阳郡置，今清水县南），辖3县。汉阳广魏二郡辖区相当于今庄浪、甘谷、通渭、清水、天水、静宁、礼县等地。凉州西平郡隶属于今青海，西海郡隶属于今内蒙古额济纳旗；今环县、华池、庆阳、合水、正宁等县为羌胡等少数民族活动区。蜀汉在甘肃境内辖有武都郡、阴平郡，二郡辖区大部分在今陇南地区，包括陕西省略阳县、四川省南坪县、平武县的部分地区，属益州。

西晋时期，将安定郡改属雍州，河西地区仍属凉州，辖金城、武威、张掖、西郡、酒泉、敦煌、西平、西海等八郡。其中，西平在今青海，西海在今内蒙古。又将渭河流域及其以南地区设置为秦州，辖南安、陇西、天水等郡。

东晋十六国时期，甘肃境内先后建立过五凉（前凉、西凉、北凉、后凉、南凉）、大夏、二赵（前赵、后赵）、三秦（前秦、后秦、西秦）、仇池等政权。

前凉，张轨创建，原据凉州。至张骏时兼有陇西郡，张祚时建立五州，凉州辖武威、武兴、晋兴、广源、张掖、酒泉、建康、西郡、须武等地；河州辖金城、兴晋、南安、武始等地；沙州辖晋昌、临松、祁连；定州辖武乡、安故等地；商州辖凉兴、延兴、敦煌；秦州辖陇西、广武、天水等地。辖区主要为河西走廊地区及青海西宁与内蒙古额济纳旗，极盛时辖兰州、陇西、天水。

西凉，李暠所建，辖凉州。领有敦煌、凉兴、晋昌、晋兴、大夏、广武、安西、酒泉、凉宁、建康、祁连、会稽（今酒泉县南）、广夏、河湟、西平、西海、新城等郡，此外还在敦煌城外，侨置武威、武兴、张掖三郡。辖区主要在今酒泉地区和青海省西宁、内蒙古额济纳旗地区。

北凉，沮渠蒙逊所建，辖凉州。领有张掖、金山、敦煌、晋昌、广武、滚河、临池、西平、乐都、温川等郡；秦州，领有昌松、武威、番禾等郡；沙州，领有酒泉、凉宁、西郡、建康、高昌等郡。辖区以今张掖地区为主，后兼有河西和青海西宁、内蒙古额济纳旗、新疆哈密至吐鲁番部分地区。

后凉，吕光所建，辖凉州。领有武威、昌松、张掖、西安、敦煌、晋昌、建康、祁连、临松、陇西、临池等郡。其河西地大致与北凉相当，极盛时一度据今之陇西、渭源、演县、岷县等地。

南凉，秃发乌孤所建。设凉州，领有晋兴、武兴、乐都、西郡、武威、广武、浪河、番禾、西平等郡。其辖区主要在今武威及青海省西宁地区。

前赵，刘曜所建。辖雍、秦二州。在甘肃境内领有南安、陇西、天水、武都等郡，包括今定西、陇西、天水，陇南、平凉、庆阳地区，主要领有的地区均在宁夏回族自治区及陕西省境。

后赵，石勒所建。辖雍州、秦州。在今甘肃境内领有安定、赵平、陇东、陇西、南安、天水、武都等郡，包括今定西、陇西、天水、陇南、平凉、庆阳以及宁夏回族自治区西海固地区。

前秦，苻健所建。辖雍州，在甘肃境内领有平凉、安定等郡；秦州，领有陇东、天水、略阳等郡；南秦州，领有武都、仇池、阴平等郡；凉州，领有武威、张拔、西郡、西海、西平、酒泉、敦煌、高昌、凉兴、晋昌、金城、武始、南安、陇西、兴晋、广武等郡；包括今河西地区和兰州市、定西、陇西天水、陇南、平凉、庆阳及青海西宁、宁夏西海固、内蒙古额济纳旗、新疆哈密至吐鲁番地区。

后秦，姚苌所建。设雍州，在今甘肃省领有赵兴、平凉、安定等郡；秦州，领有略阳、广武、天水等郡；凉州，领有武威、敦煌、张掖等郡；河州，领有金城、武始、陇西等郡；南秦州，领有仇池、武都、阴平等郡。其辖区与前秦基本相同。

西秦，乞伏国仁所建。辖秦州，领有武阳、武城、武始、甘松、安国、略阳、白马等郡；东秦州，领有南安郡；河州，领有金城、大夏、东金城等郡；北河州，领有陇西、广宁等郡；凉州，领有武威、建昌、晋兴等郡。其辖区主要在今兰州市及天水、定西、陇南、武威地区。

大夏，赫连勃勃所建。在今甘肃省境内领有秦州（今天水市），凉州（今泾川县北），约相当于今天水、清水、镇原、平凉、崇信、泾川、灵台、宁县等县区。

成汉，李特所建。辖地以今四川省成都市为中心。在甘肃境内领有阴平郡，包括今文县，兼有成县、武都县部分地区。

仇池，杨茂搜所建。曾领有武都、阴平、二郡之地，大致包括今西和、礼县、徽县、成县、两当、武都、文县和今四川省之广元、平武及陕西省之略阳等县。

北朝时期拓跋魏灭夏后，吐谷浑乘机占据金城、枹罕、陇西等郡。至拓践氏灭北凉，逐吐谷浑，取仇池，近二百年的北中国始得统一，进入北朝时期。在今甘肃省境内置秦州，领有天水、汉阳、略阳，辖区相当于今陇西至天水河流域地区；梁州，包括曾分置的南秦、南岐、东益等州，领有南天水、南汉阳、武都、武阶、修城、仇池、固道、广化、广业、广长、洛丛（聚）等郡，大约相当于今甘肃省陇南地区和陕西省略阳县、四川剑阁、青川县；泾州，领有新平、安定、平凉、平原等郡，辖区约相当于今甘肃省平凉地区和陕西省长武、彬县；幽州，领有赵兴、西北地、襄乐等郡，辖区相当于今甘肃省庆阳地区；河州，曾领有武始、临洪、金城等郡，辖区相当于今兰州、榆中、广和、临洮、岷县、卓尼、临潭等县；渭州，曾领有陇西、南安、广宁等郡，辖区相当于今甘肃省定西地区的陇西、滑源、武山、漳县；凉州，领有武安、昌松、泉城、武威、临松、东泾、梁宁等郡，辖区相当于今甘肃兰州、武威、榆中、张掖及内蒙古额济纳旗。北魏初期，在今甘肃酒泉、新疆哈密地区曾置敦煌镇，领有乐戎、酒泉军、晋昌戎、伊吾戎等。后期也曾置有部州、瓜州。部州，领3县。约辖今永登西部及青海省乐都地区。瓜州，北魏太武帝置镇，魏明帝改镇为州，称义州，魏庄帝改瓜州，领有敦煌、效谷、寿昌、常乐、会稽、玉门等郡，辖区与敦煌镇基本相同。

西魏时期，立国时间较短，州多且小。在今甘肃省曾设置泾州、宁州、显州、蔚州、云州、燕州、幽州、桓州、朔州、原州、会州，即今平凉、庆阳和陕西彬县、宁夏固原一带。秦州、北秦州、渭州、河州、鄯州部分地区；滑州，领陇西、广安郡，辖区相当于今陇西、渭源、漳县；河州，领武始、金城、枹罕；部州，领4县，辖区相当今兰州、永登、临夏、临洮、岷县和青海省西宁、乐都、民和等地；凉州，领武威、昌松、番和郡；甘州，州领4县，另领酒泉1郡，辖区主要在今武威、张掖和酒泉部分地区；瓜州，领敦煌、会稽、常乐、寿皇（昌）、玉门等郡，并下辖今酒泉地区西部；成州，领潭水、仇池、汉阳郡；岷州，领同和郡；武州，领武都、孔提、白水、武阶、万郡、武阳、卢北等郡；邓州，领邓宁、昌宁、广化、广业、修城、盘头、两当等郡，成、岷、武、邓四州辖区约相当于今陇南地区。

北周沿袭西魏建制，但稍有变动。在今甘肃置泾、宁、幽、原、会、秦、渭、交（北秦州改）、河、部、凉、甘、瓜、成、洮（挑阳郡改）、岷、文、邓、芳、凤、康，新置灵、垒（在今选部县西北）、弘（在今临潭县西）、旭（在今临潭县）等州，领郡与辖区大致与西魏相同。①

第六节 隋

　　隋统一以后，继承北周的余绪，对甘肃进行了有效统治。583年，隋文帝废郡为州，608年，隋炀帝又改州为郡，实行郡县二级制。在甘肃境内设有会宁郡治凉川（今靖远县），辖区为今靖远、会宁、定西等县；陇西郡治襄武（今陇西县南），辖区为今陇西、渭源、通渭等县；天水郡治上邽（今天水市），辖区为今天水、甘谷、秦安、清水、张家川、庄浪、静宁等县市；平凉郡治平高（今宁夏固原县），辖区为今平凉、环县及宁夏海原、固原、西吉隆德、泾源等县；安定郡治安定（今泾川县西北），辖区为今镇原、华亭、崇信、泾川、灵台等县；北地郡治定安（今宁县），辖区为今宁县、正宁及陕西长武等县；弘化郡治合水（今庆阳县），辖区为今甘肃环县、庆阳、华池、合水及陕西吴起等县；金城郡治金城（今兰州），辖区为今兰州、榆中、永靖、临洮等县市；枹罕郡治枹罕（今临夏东北），辖区为今临夏、广河、和政和青海化隆东部等县；临洮郡治美相（今临潭），辖区为今临潭、卓尼、岷县、碌曲、迭部等县；武威郡治姑臧（今武威），辖区为今皋兰、景泰、永登、古浪、武威、民勤、永昌等县及内蒙古额济纳旗；张掖郡治张掖（今张掖），辖区为今张掖、山丹、民乐、临泽、高台、肃南、金塔、酒泉、嘉峪关等市县及内蒙古阿拉善右旗西部；敦煌郡治敦煌（今敦煌西），辖区为今玉门、安西、敦煌、肃北、阿克塞等县；汉阳郡治上禄（今西和西），辖区为今西和、礼县等县；宕昌郡治良恭（今宕昌东），辖区为今宕昌、舟曲等县；武都郡治将利（今武都），辖区为今武都、康县、文县等县；同昌郡治同昌（今四川南坪），辖区为今迭部、舟曲县南部及四川南坪、松潘等县；河池郡

---

① 赵向群：《甘肃通史（魏晋南北朝卷）》，甘肃人民出版社2009年版，第34—40页。

治梁泉（今陕西凤县东，）辖区为今两当、徽县、成县及陕西凤县、留坝等县；顺政郡治顺政（今陕西略阳），辖区为今成县东南部及陕西略阳县。581年，隋文帝置兰州总管府，由此兰州之名始见于史册。①

第七节 唐

唐初将郡改为州，唐玄宗时期又改回郡，唐肃宗时又改回州，唐大体上实行的是州、县二级制。627年，唐太宗将全国划分为10道，唐玄宗又增加了5道，共15道。天宝年间在边境设置节度使，并在少数民族地区设置州县及都督府。甘肃由陇右道、剑南道、关内道三道管辖。关内道，治安定（今泾川北），领泾州等5县，辖区为今镇原、泾川、灵台等县；陇州治济阳（今陕西陇县），领5县，辖区为今华亭县及陕西省陇县、千阳等县；宁州治定安（今宁县），领7县，辖区为今宁县、正宁等县；原州治平高（今宁夏固原），领3县，辖区为今平凉、静宁县及宁夏同心、固原、泾源等县；庆州（今庆阳），领8县，辖区为今华池、庆阳以及合水等县；西会州治会宁（今会宁），领2县，辖区为今景泰、靖远、会宁、定西县及宁夏海原、西吉等县。陇右道领秦州治成纪（今天水），领6县，辖区为今甘谷、秦安、清水、庄浪、天水、静宁等县；成州领3县，治上禄（今礼县南），辖区为今礼县、西和、成县等县；渭州治襄武（今陇西东南），领4县，辖区为今漳县、陇西以及武山等县；兰州治金城（今兰州市），领3县，辖区为今兰州市、永登、皋兰、榆中、临洮、康县等县；河州治枹罕（今临夏东北），领3县，辖区为今和政、广河等县；武州治将利（今武都东南），领3县，辖区为今武都、

---

① 尹伟先、杨富学、魏明孔：《甘肃通史（隋唐五代卷）》，甘肃人民出版社2009年版，第35—43页。

康县等县；洪州治临潭（今临潭），领2县，辖区为今临潭、卓尼等县；岷州治溢乐（今岷县），领4县，辖区相当于今岷县；垒州治合川（今迭部），领合川1县，即今迭部县；宕州治怀道（今舟曲西北），领2县，辖区相当于今宕昌、舟曲等县；凉州治姑臧（今武威），领3县，辖区相当于今古浪、武威、永昌等县；甘州治张掖（今张掖），领2县，辖区相当于今肃南、高台、张掖、山丹等县及内蒙古额济纳旗；肃州治酒泉（今酒泉），领3县，辖区相当于今嘉峪关、玉门、酒泉等县市；瓜州治晋昌（今安西东南），领2县，辖区相当于今安西县；沙州治敦煌（今敦煌西），领2县，辖区相当于今敦煌、肃北、阿克塞等县及新疆维吾尔自治区阿尔金山山脉南北地区。

剑南道领扶州治同昌（今四川南坪东北），领4县，辖区相当于今甘肃省舟曲县及四川省南坪县；文州治曲水（今文县西南），辖区相当于今文县。此时的夏河、碌曲、玛曲等县为吐蕃与吐谷浑所据，尚未纳入唐朝版图。

第八节　五代两宋

五代十国时期，在甘肃河西出现了瓜、沙归义军曹氏政权，甘州回鹘政权，凉州以西凉六谷族（吐蕃族）为首的蕃汉联合政权，称河西三政权。东部地区的灵、盐、鼓、泾、原、环、庆、宁、溜、秦、成、阶、文等州则主要为梁、唐、晋、汉、周、蜀等中原王朝相继据有。其辖区主要在今庆阳、天水、平凉以及武都等地区。

北宋一直处在较为尖锐复杂的民族斗争中，实行路、府、州、军制，把全国划分为15路。甘肃全境属秦凤、永兴、利州3路管辖。陕西永兴路在甘肃下辖庆阳府，领庆、宁、环三州；陕西秦凤路在甘肃下辖秦、成、凤、阶、渭、泾、原、会、熙、河、岷、巩、兰等州；利州路在甘肃下辖文州。

北宋初，西夏管辖河西，并在此设置甘肃军司（驻甘州，今张掖），甘肃一名首次出现在历史上。卓啰和南军司（庄浪）、西寿保泰军司（景泰东）、西凉府（武威）、甘州军司、宣化府（今张掖）、黑水燕军司及肃州（今酒泉）、平西军司及瓜、沙州等。辖当今皋兰、永登、庄浪、天祝、景泰、古浪、民勤、武威、永昌、民乐、山丹、张掖、临泽、高台、肃南、酒泉、金塔、嘉峪关、玉门、安西、敦煌、肃北、阿克塞等市县。

1127年，金人南下，占领开封，宋朝南迁。南宋在甘肃仅保有陇南地区的西和、成县、武都、文县等地。金灭宋后，金在甘肃境内设有凤翔路（原宋秦凤路），下辖德顺州（原宋德顺军）、平凉府（原宋渭州）、秦州（与宋同）等，辖区与宋同。庆原路（原宋永兴路），下辖庆阳府（原宋庆阳州）、宁州（同宋）、环州（同宋）、原州（同宋）、泾州（同宋）等，辖区与宋同。临洮路，下辖临洪府（原宋黑州）、洮州、积石州、兰州、巩州、会州、河州等，辖区与宋同。河西地区仍为西夏所有。

第九节　元

元朝实行行省制，全国建立11个行中书省，简称行省，下设路、府、州、县四级。元初，置巩昌统帅府，下辖临洮、平凉、庆阳以及秦、宁等十五州。其后全部隶属陕西行省。1281年，分置甘肃行省，统辖河西及宁夏之地，兰州以东则仍属陕西行省。甘肃设省始于此。选取甘州（今张掖）、肃州（今酒泉）两个地名的首字联合对其命名，称为"甘肃"，简称甘，由此确定甘肃这一省名。此外，甘肃省境大部分处于陇山以西地区，秦曾在此设陇西郡，唐设陇右道，因此又简称"陇"，甘肃省名自此确定下来。当时甘肃全境分属甘肃行省和陕西行省管辖。陕西行省下辖兰州、泾州、平凉府、巩昌府、庆阳府、宁州、定西州、河州、秦州、西和州、金州、环州、成州、会州等地区。泾州（治今泾川），领2县，辖区相当于今灵台及泾川等县；庄浪州初为路，大德八年降为州，辖区相当于今庄浪县西北部、静宁县东南一角之地；巩昌府（治今陇西），领5县，辖区相当于今陇西、武山、甘谷以及漳县等县；平凉府（治今平凉），领3县，辖区相当于今崇信、华亭、平凉及宁夏回族自治区泾源等县；临洮府（治今临洮），领2县，辖区相当于今临洮，渭源等县；庆阳府（治今庆阳），领1县，辖区相当于今庆阳、合水、华池及陕西省定边、吴起等县；秦州（治今天水），领3县，辖区相当于今清水、天水以及张家川等县；宁州（治今宁县），领1县，辖区相当于今宁县、正宁等县；定西州（治今定西，《新元史》作安定州），至元三年（1266）并定西、安西、通西入州，辖区相当于今定西县地区，镇原州（原州），领4县，辖区相当于今镇原县地；西和州（今西和），领1县，辖今西和县地区；环州（治今环县），领1县，辖区相当于今环县及宁夏盐池等县；兰州（治今兰州），领1县1司，辖区相当于今兰州市及永靖县地区；金州（今榆中），领1县，辖今榆中县地区；静宁州（治今静宁），领1县，辖区相当于今静宁、庄浪县及宁夏隆德、西吉等县；会州（治今会宁），领1县，辖区相当于今会宁、靖远等县；徽州（治今徽县），领1县，辖区相当于今两当、徽县等县；阶州（治今武都西），领2县，辖区相当于今康县、武都等县；成州（今成县），领1县，辖今成县地区；河州（治今临夏东），领3县，辖区相当于今和政、广河、临夏等县；洮州（今卓尼东北），领1县，辖今卓尼县地区。脱思麻路下辖岷州（今岷县），约当今岷县地区；铁州（今岷县东北），辖今岷县东北部；礼店文州蒙古元帅府，辖今礼县东北部。

甘肃行省下辖沙州路、肃州路、甘州路、永昌路。甘州路（治今张掖），元初时称为甘州，至元元年将其改为甘州总管府，至元十八年立行中书省，以实现对西诸部的管辖，辖区相当于今甘肃肃南、张掖、高台及青海省祁连县部分地区；永昌路（治今永昌），辖区相当于今景泰、永登、永昌、古浪、武威、皋兰等市县；肃州路（治今酒泉），至元十七年（1280）升为肃州路，辖区相当于今嘉峪关、酒泉、玉门等县市及青海省祁连县和昆仑山南部、疏勒河、托来河流域地区；沙州路（治今敦煌），1277年立，后升为沙州路，辖区相当于今敦煌、阿克塞、安西、肃北市等市县及新疆阿尔金山南北大部、青海省柴达木盆地大部及昆仑山以北大部地区；山丹州（今山丹城），辖今山丹县地；瓜州（治今安西西南），1291年，迁居民于肃州，仅存空名，辖今安西县。

第十节 明

1376年，明朝将行省改为布政使司，将甘肃分为三部分，东部由陕西布政使司管辖，河西由陕西行都指挥使司管辖，庆阳东北部由北直隶延庆州管辖。陕西布政使司在甘肃下辖庆阳府、平凉府、巩昌府、临洮府、洮州卫、岷州卫、靖房卫；陕西行都指挥使司在甘肃下辖甘州前、后、左、中、右五卫，以及山丹卫、凉州卫、庄浪卫、镇番卫等。

庆阳府（治安化，今庆阳），领5县，辖区相当于今合水、庆阳、宁县以及正宁等县；平凉府（治今平凉），领3州7县，辖区相当于今平凉、华亭、崇信、镇原、灵台、庄浪、静宁及宁夏海原、固原、西吉等县；巩昌府（治今陇西），领3州14县，辖区相当于今天水、漳县、会宁、秦安、陇西、定西、礼县、武山、清水、武都、成县、康县、两当、文县等市县；临洮府（治今临洮），领2州3县，辖区相当于今兰州、永靖、榆中、东乡、临夏、和政、广河、临洮、康乐、渭源、夏河及青海省贵南、贵德、尖札、同仁、循化等市县；洮州卫（治今卓尼东北），1371年，置军民千户所，属河州卫，1379年升为洮州军民指挥使司，属陕西都司，辖区相当于今临潭、迭部以及玛曲等县；岷州卫（治今岷县），洪武四年置岷州千户所，属河州卫，1378年七月升为卫，属陕西都司，辖区相当于今宕昌、岷县以及舟曲等县；靖房卫（今靖远），属陕西都司，辖区相当于今靖远地。

1393年，陕西行都指挥使司将其治所由今庄浪迁至张掖。领12卫和4个守御千户所。甘州五卫（今张掖），领前卫、后卫、左卫、中卫、右卫，辖区相当于今张掖、临泽、民乐、兰州等市县及青海省祁连县以北地区；肃州卫（治今酒泉），辖区相当于今酒泉、嘉峪关、金塔等市县及青海省红水下游托来河流域地区。山丹卫，辖今山丹县地；永昌卫，辖今永昌县地；凉州卫，辖今武威县地；镇番卫，辖今民勤县地；庄浪卫，辖今永登县地；镇夷守御千户所，辖今高台西北部；古浪守御千户所，辖今古浪县地；高台守御千户所，辖今高台、肃南等县及青海省梨园河以南地区。

第十一节　清

清代沿袭明制，1664年，将陕西分为左、右布政使司，陕西右布政使司驻巩昌（今陇西），自此陕甘开始分省。1667年，将陕西右布政使司改为巩昌布政使司。1669年改巩昌布政使司为甘肃布政使司，治所由巩昌移驻兰州，甘肃正式建省（辖甘、宁、青地区），实行省、府、州、县四级制。分置以后的甘肃省统治8府6直隶州1直隶厅61县。8府包括兰州、宁夏、甘州、巩昌、庆阳、平凉、西宁以及凉州；6直隶州包括肃州、固原州、泾州、阶州、安西州以及秦州；1直隶厅为化平厅。兰州府（治今兰州），领2州4县，辖区相当于今兰州市、景泰、皋兰、榆中、永靖、东乡、广河、康乐、临洮、渭源、和政、临夏、夏河等市县及青海省循化、同仁等县；平凉府（治今平凉），领1州3县，辖区相当于今静宁、庄浪、平凉、华亭、环县（西部）及宁夏回族自治区泾源、西吉、海原、固原、隆德等县，巩昌府（治今陇西），领1厅1州7县，辖区相当于今定西、会宁、通洞、陇西、甘谷、漳县、武山、临泽、卓尼、岷县、碌曲、迭部、西和等县。

庆阳府（治今庆阳），领1州4县，辖区相当于今环县、庆阳、宁县以及正宁等县；甘州府（治今张掖），领 1 厅 2 县，辖区相当于今肃南、山丹、民乐、临泽、张掖、高台等市县及青海省祁连县地。凉州府（治今武威），领 1 厅 5 县，辖区相当于今武威、永登、古浪、天视、民勤、永昌等市县及青海省冷龙岭以北地区；泾州直隶州（治今泾川），领 3 县，辖区相当于今崇信、灵台、镇原、泾川等县；秦州直隶州（治今天水），领 5 县，辖区相当于今天水、秦安、张家川、礼县、微县、两当、清水等市县；阶州直隶州（治今武都），领 2 县，辖区相当于今成县、文县以及康县等县；肃州直隶州（治今酒泉），领 1 县，辖区相当于今高台、金塔、酒泉、嘉峪关等市县及青海省祁连山南至托来河流域地区；安西直隶厅（治今安西），领 2 县，辖区相当于今敦煌、玉门、安西、肃北、阿克塞等市县及青海省东部托来山南至疏勒河以北，西部乌益达坂山至土尔根达坂山以北，新疆维吾尔自治区阿尔金山以北胡卢斯台地区；化平川直隶厅（治今平凉），同治十一年割平凉府、州、县属地置厅通判，领 4 县。辖今平凉、华亭及宁夏回族自治区固原、隆德县等县。①

第十二节　近现代

辛亥革命以后实行省、道、县三级制，将皋兰设为甘肃省的省会，全省包括 7 道 76 县。1912 年，将甘肃布政使司改为甘肃都督府。1916 年更名为甘肃省。

中华人民共和国成立后，甘肃行政区辖兰州、白银、天水、金昌、嘉峪关 5 个市；定西、平凉、酒泉、张掖、陇南、武威、庆阳 7 个行政公署；临夏、甘南 2 个自治州。下辖 75 个县、市、自治县以及 11 个市辖区。如今，辖 12 个地级市、2 个自治州、17 个市辖区、4 个县级市、58 个县、7 个自治县，将兰州定为甘肃的

---

① 郭厚安、陈守忠：《甘肃古代史》，兰州大学出版社 1989 年版，第 26—40 页。

省会。

甘肃大约在700多年以前就已建省，而县的建立要比省的设置早很多，春秋时期出现萌芽，距今已有2700余年的历史。历史上，甘肃曾建立过13个政权或国家，甘肃的疆域的演变也随历代政权更替不断变化。自古至今，甘肃一直处于少数民族与汉民族各自半包围的状态，使得甘肃历史文化既与中原王朝在政治、经济与文化上保持一致，又与周边少数民族联系密切，形成了别具特色的甘肃历史文化。

第六章

佛陀之光：甘肃汉传佛教、藏传佛教及主要寺院

佛教作为世界三大宗教之一，产生于公元前6世纪至公元前5世纪的古印度北部地区，其创始人是迦毗罗卫国（今尼泊尔境内）的王子乔达摩·悉达多，后被尊称为"释迦牟尼"，意思是释迦族的圣人，并被誉为"佛陀"，意为觉悟者。佛教的基本教义包括四法印、缘起、四圣谛、八正道等，它注重解释和探索人生的终极问题和世界本源及其如何发展的问题。佛教在印度大致经历了原始、部落、小乘、大乘、密教等发展时期。印度孔雀王朝阿育王时期，即约公元前3世纪，佛教开始传播开来，并逐渐发展成为一个世界性的宗教。

第一节 佛教在中国的传播

约东汉年间，佛教开始传入中国。《三国志》卷30中记载"哀帝元寿元年（公元前2年），博士弟子景卢，受大月氏王使伊存口授《浮屠经》。"这是目前已经发现的有关佛教传入中国最早的史料记载。大致可以将佛教在我国的传播路线分为三条：西北的丝绸之路、东南的海上丝绸之路以及西南的"滇缅道"。佛教自从在中国出现之后，逐渐与中国传统文化融合发展，受中国历史文化的影响，实现了本土化与民族化的共同发展。魏晋隋唐时期逐渐形成了

中国式的佛教宗派体系。佛教在传入我国的过程中由于传入途径、传入时间、传入地区不同，而且受不同社会历史背景和民族文化的影响，因此传入中国的佛教又大致形成了三个不同的体系，即汉语系佛教、巴利语系佛教和藏传佛教，又被称为汉传佛教、云南傣族等少数民族地区的上座部佛教和藏传佛教。

佛教在西北地区的传播时间较早，影响最大。佛教在西北的传播最早起于今新疆。公元前2世纪，佛教传入于阗，先后在塔里木盆地地区形成了两个佛教大国——于阗和龟兹。佛教文化对党项、羌、突厥、鲜卑以及女真等多个北方民族产生了不同程度的影响。佛教在西南"滇缅道"的传播独树一帜，7世纪前后佛教传入青藏高原地区，经历了激烈的佛苯之争后，逐渐与青藏高原的本土宗教——苯教相融合。在11世纪时，形成了独具特色的藏传佛教文化，并成为整个青藏高原乃至蒙古高原地区最主要的宗教。丝路西行，为佛教东进提供了桥梁。甘肃处于连接西域丝绸之路的前沿之地，又与青藏高原相连接，优越的地理位置，使得佛教在甘肃的传播不仅时间早，影响范围大，而且形成了鲜明的地域性与民族性特征。敦煌、武威、张掖都是佛教早期传播的重地，留下的大量佛塔寺窟讲述着曾经佛教在甘肃千百年繁盛的历史。同时，甘肃也是藏传佛教较早的传播之地，河湟地区更是藏传佛教传承历史中的下弘之路。甘肃作为多个少数民族汇聚的地区，藏传佛教在多个民族文化中占有重要地位，是藏族、蒙古族、裕固族和土族等少数民族的基本宗教信仰，至今依然深深影响着这些民族的文化生活。①

第二节 甘肃汉传佛教的发展

汉传佛教在甘肃主要流传于汉族之中。甘肃是佛教在中国传播最早的地区之一。十六国时期，甘肃河西地区是北中国的文化中

---

① 杨文炯：《传统与现代性的殊相》，民族出版社2002年版，第2页。

心，佛教在西北最为兴盛。凉州（今武威）作为五凉之都，政治稳定，经济发达，汇集了众多的西域僧人。凉州城内还有专门翻译佛经的场所——闲豫宫。后西晋永嘉南渡，北方动乱，政权更迭频繁。西秦、前秦、后秦、前凉、后凉、西凉、南凉、北凉、北魏、西魏以及北周等割据政权分别在历史上统治过甘肃或甘肃的一部分。这些政权大多倡导佛教，促使了佛教在甘肃各地的兴盛。前凉都城姑臧（今武威），广招名僧，建寺译经，佛教在凉州盛极一时，使河西走廊地区的佛教得到了较快发展。石勒建立后赵政权以后，重用高僧佛图澄弘扬佛法。甘肃东部庆阳、平凉等地的官吏和百姓也逐渐信仰佛教，当时在陇原地区建有893所佛寺。后凉吕光则供养鸠摩罗什十六七年，在凉州建立精舍，讲经说法，翻译佛经。西秦统治苑川（今榆中）、金城（今兰州西）、枹罕（今临夏）一带，麦积山、唐述窟（炳灵寺）成了佛教的中心。西凉时期，有梵僧昙无谶译经弘法。沮渠蒙逊建北凉后，更是将昙无谶奉为国师，并主持翻译《大般涅槃经》等十多部经书，凉州成了当时甘肃佛教和佛经翻译的中心。北魏统一北方，对佛教更加推崇，大批僧人经过河西走廊往来于印度和中原之间，佛教在中国得以进一步兴旺发达。此时，甘肃各地修建了大量寺院，开凿了众多石窟。敦煌莫高窟于前秦建元二年（366年）开始开凿；永靖县炳灵寺石窟建于晋初；天水麦积山石窟、安息榆林窟、肃北5个庙石窟、西河北法镜寺石窟、庆阳北石窟、泾川南石窟也均是此时开始开凿的。此时，西行取经译经活动极为兴盛，大乘佛教逐渐取代了小乘佛教的地位，甘肃出现了禅宗、净土宗、涅槃宗等佛教宗派。北魏道武帝皇始年间，设立僧官制度和专门管理佛教的机构，重视对数量激增的僧人和大量石窟寺院的管理。

隋唐统一，长期的纷乱和战争结束了，为文化发展奠定了稳定的政治基础。此时，汉传佛教形成了众多的宗派，佛典翻译也发展到极盛时期，甘肃的佛教随之得到了进一步的发展。隋代大力宣扬佛教，广建寺院和佛塔。601年，隋文帝下诏在天水麦积山和敦煌建舍利塔，并派人到莫高窟开凿佛窟。后隋炀帝西巡半年，从今天甘肃南部到达河西走廊，所过州县若有大的寺院均赐钱修建。唐代除了武宗灭佛外，历代皇帝均崇佛。此时，佛教寺院遍布甘肃各地，佛教宗派更是广为流传。当时甘肃的佛教宗派主要有三论宗、华严宗、禅宗、净土宗和密宗等，信奉禅宗、净土宗、密宗的人数居多，张掖大佛寺和凉州接引寺此时都是净土宗寺院；而在武威、秦州、河州等地则盛行密教。

唐之后藏传佛教兴起，汉传佛教在甘肃地区逐渐呈衰落之势，但在五代至北宋前期，河西陇右地区在归义军控制之下，秦陇一带的佛教方兴未艾。西夏控制甘肃地区时，也大力提倡佛教，甘肃境内原有佛窟得到继续开凿。到了元代，统治者信奉藏传佛教，萨迦派领袖成为元帝师，藏传佛教在东乡县的红塔寺传播日盛，很多汉传佛教寺院改为藏传佛教寺院，此时汉传佛教在与藏传佛教的融合之中继续发展。明朝建立后，积极推行汉传佛教，甘肃宗王重道教的同时也崇佛教，使得甘肃汉传佛教得以恢复和发展，特别是王公贵族颁赐印制的大藏经，更是甘肃佛教文化的珍宝。清代皇帝基于多重原因，积极扶持藏传佛教，汉传佛教没有得到很大的发展。中华人民共和国成立后，普遍实行宗教信仰自由政策。在新中国成立初期，甘肃共有汉传佛教寺院200多座。1957年9月，成立了中国佛教协会甘肃分会。

第三节　甘肃藏传佛教的发展

一　藏传佛教的发展

藏传佛教是传入西藏地区的佛教与西藏原始苯教相融合而成的，是中国佛教的一个重要支派，同时也是世界佛教中自成体系的一个派别。7世纪以前，苯教作为藏民本土宗教，在藏区的政治宗教生活中占据统治地位。佛教传入西藏，迎合了新兴的封建中央集权国家发展的要求，得到以赞普为首的封建上层的支持。从7世纪前叶到 9 世纪 40 年代，藏传佛教在激烈的佛、苯之争和一定程度的汉印佛教之争中不断形成与发展。到 9 世纪前叶，佛教取代了苯教的政治地位，因而引起了有着深厚民间根基的苯教势力的极大不满，以达玛赞普为首的苯教掀起了规模空前的灭佛运动，这场灭佛运动进一步激化了佛苯冲突，并使其达到了矛盾的最高潮。9 世纪 40 年代到 11 世纪中叶，佛苯之争的激烈冲突趋于结束，开始了长期磨合、借鉴与融合的过程。佛教放弃了上层路线，走向民间。达玛赞普灭佛后，吐蕃王朝解体，西藏长期处于内乱分裂状态，苯教势力逐渐衰落，新的社会秩序的建立需要安定的社会环境和发达的经济作为后盾。于是，佛教西藏地区找到了再度流传的时机。在各地割据封建主的大力支持下，佛教在西藏地区得到了广泛传播，这也标志着藏传佛教的形成，从此它成为藏民主体文化和西藏地区占统治地位的文化。

11 世纪初，唃厮啰政权在西北河湟地区兴起并延续了百余年之久，直至 1130 年被金所灭。唃厮啰政权为佛教在甘肃的广泛传播提供了广阔的空间和优越的条件。从 11 世纪至 15 世纪，藏传佛教获得了巨大的发展。这一时期藏传佛教体系化，各个教派出现，其中较大的教派有宁玛派、噶当派、萨迦派、噶举派（又分为香巴噶举、塔布噶举）、格鲁派，还有希解派、觉宇派、觉囊派、郭扎派、夏鲁派等小教派，政教合一制逐步形成。15 世纪初格鲁教派兴起，藏传佛教得到复兴，格鲁派成为至今在藏传佛教中占主导地位的教派。从 12 世纪以后，藏传佛教广泛传播，先后传播到云南、青海、蒙古、新疆等地区以及不丹、锡金、尼泊尔等国。

宋朝为了利用佛教统治吐蕃，1084 年在岷州吐蕃地区建造了广仁禅院，包括赵醇忠、包顺、包诚等在内的当地吐蕃首领都曾大力支持修建寺院。河州的积庆寺、显庆寺、国门寺、广德禅院等也相继建成于此时。元朝，藏传佛教受到元朝皇室的支持，萨迦派八思巴时期，甘肃藏区萨迦派盛行，寺院林立。明朝建立后，对藏族和藏传佛教实行"多封众建，以分其势"的政策，先后在藏区封了 3

大法王、5个王和各级僧官。明代宗景泰三年（1452）封大崇教寺的高僧班丹嘉措为大智法王，班丹嘉措是甘肃藏族唯一受封的法王。明代大力支持广建寺院，当时甘肃藏区著名的寺院主要有：洮州地区的圆城寺（侯家寺）、恰盖寺、阎家寺（岔道寺）以及马闹寺；河州地区有弘化寺、普冈寺以及显庆寺；河西地区有石崖寺、庄浪寺、大通寺；临洮地区有宝塔寺、圆通寺以及正觉寺；平凉地区有巩昌寺、景云寺以及圆光寺等。大崇教寺、圆觉寺、法藏寺都是明朝敕令建造的。清朝政府，出于多种原因考虑，支持藏传佛教，甘肃藏传佛教继续发展，康熙四十九年（1710）建造了拉卜楞寺，格鲁教派在甘肃势力大增，成为主要教派，后新修的寺院皆属格鲁派。民国时期，甘肃的藏传佛教在藏族、蒙古族、土族和裕固族中仍然兴盛。①

二 甘肃藏传佛教的主要派别

（一）宁玛派

宁玛派是藏传佛教中的一个派别，其历史最为悠久。"宁玛"源于藏语，是"旧"的意思，因该派以吐蕃时期译传的旧密咒为主要的传承弘扬内容，故称"旧"；宁玛派的法统是在吐蕃时期佛教的基础上发展而成，与后弘期出现的其他教派相比其历史更为悠久，故称为"古"，又称"旧译密咒派"。它是最早传入西藏地区的密教，从原始苯教中汲取了很多内容，另外，该教派重视寻找和挖掘古代朗达玛灭佛时藏匿的经典。该教派僧人习惯戴红色僧帽，因此又被称为红教。宁玛派刚成立时尚未建成固定的寺院，也没有形成僧人组织以及系统性的教义。直到16、17世纪，才建成属于自己教派的初具规模的固定寺院，之后又得到了第五世达赖喇嘛的大力支持。宁玛派的传承方式主要分为经典传承和伏藏传承两部

---

① 刘基：《华夏文明在甘肃（历史文化卷）》（下），人民出版社2013年版，第584—590页。

分。14世纪后,伏藏传承逐渐取代经典传承,经典传承逐渐消失。伏藏是前弘期时莲花生等密教高僧埋藏的密教经典法门,后弘期时被发现并挖掘出来弘传于世。宁玛派以九乘三部为其主要教法。

(二)萨迦派

萨迦派中的"萨迦"源于藏语,可译为灰白色的土地,由于该派的主寺——萨迦寺建寺于灰白色的土地之上而得此名。由于该教派寺院围墙是由红、白、黑三色花条绘制而成的象征文殊、观音和金刚手菩萨的画像,故又称花教。萨迦派内有血统和法统两支传承。元代以后,萨迦派内增加至5个支派,即又增加了察尔、贡噶和俄尔。萨迦派主要是通过款氏家族进行世代相传。13世纪中,萨迦派掌握了较大的政治权力,在历史上出现了著名的"萨迦五祖"。1267年西藏建立地方政权,实现了萨迦派的政教合一,并取得了元中央王朝的大力支持,萨迦派势力进一步增强,其寺院及势力不仅影响到康区还影响了安多等各个地区,还在很大程度上影响了元朝皇室。与此同时,萨迦派内部的矛盾愈演愈烈,1324年,萨迦寺分成都却、拉康、仁钦岗、细脱4个拉章,各自统领自己的属民和土地。1351年,帕竹噶举派的大司徒绛曲坚赞取代了萨迦派在西藏的掌权地位,萨迦势力日渐衰落。萨迦派在显教方面注重翻译经论和辩经。

(三)噶举派

噶举派属于藏传佛教中的一个分支,包含支派最多。"噶举",源于藏语,意思是"口授传承",可大致理解为噶举派传承金刚持佛亲口所授密咒教义。创立者有先后两人。前者为琼布朗觉巴,后者为玛尔巴译师。由于该教派的僧人只穿白色僧衣,因此该派又名白教。这一派包含很多支派,大致将其分为达波噶举和香巴噶举两大传承。达波拉结创立了达波噶举系统,但渊源却可以追溯到玛尔巴、米拉日巴师徒。达波拉结是米拉日巴的上首弟子之一,1121年,在达布建冈布寺,收徒传法,逐渐形成独特的风规,而成"达布噶举派"。后来,达波拉结的众多门徒发展出更多的支系,因此民间又称其为有"四系八支",在藏区各个地区均有分布,至今犹存。琼波南交巴创立了香巴噶举系统,因此也称琼布噶举。由于琼波南交巴在后藏地区建立了很多寺庙,并于此传法讲道,故称"香巴噶举派"。噶举派以月称派中观见为主要学说,重密宗,以口耳相传为主要的传授方法,曾吸收噶当派教义。修习上,噶举派注重修身,主修大手印法。

（四）噶当派

1056 年,噶当派创建。藏语中的"噶"有佛语的意思,"当"可译为教授,大致可解释为用佛的教诲来引导凡人使其接受佛教道理。噶当派的奠基人,是古格时期从印度迎请过来的著名佛教大师阿底峡,噶当派的主寺是热振寺。该教派以修习显宗为主,提倡先显后密。在噶当派传承过程中,主要形成了三个主要支派：教授派、教典派和教诫派。各个支派分别有本派别所依托的典籍和教义。13 世纪晚期,一位名叫泗丹惹迟的噶当教典派僧人,把噶当派的纳塘寺搜集保存的大量藏译佛经编订成《甘珠尔》和《丹珠尔》。这就是藏文《大藏经》最早的编纂本,在佛教历史上具有重要影响。由于噶当派具有教理系统化、修持规范化的特点,因而对其他派别产生了或大或小的影响。噶举、萨迦派中的很多重要僧人都曾主张学习噶当派。而格鲁派更是直接在噶当派的基础上建立起来的,因此又被称为"新噶当派"。另外,藏传佛教中一切大论的讲说,全都是在噶当派基础之上发展起来的。15 世纪时格鲁派兴起后,由于格鲁派是在噶当派教义的基础上发展而来的,因此原本属于噶当派的寺院,都逐渐发展成为格鲁派的寺院,噶当派从此在藏区隐灭。

（五）格鲁派

格鲁派中的"格鲁"一词可翻译为善规,主要是指该派倡导黄教传世人——宗喀巴大师。又因该派认为其教理以噶当派为基础,故称新噶当派。由于此派僧人只戴黄色僧帽,因而又称为黄教。格鲁派特点突出,管理严格,因而后来发展迅速,逐渐发展成为藏传佛教中的重要派别之一。该派奉宗喀巴大师（1357—1419年）为祖师。宗喀巴于1402年和1406年分别写成《菩提道次第广论》和《密宗道次第广论》，为创立格鲁派奠定了理论基础。1409年正月，宗喀巴在拉萨大昭寺首次举行祈愿大法会，同年又在拉萨东北兴建甘丹寺，并自任住持，这意味着格鲁派正式形成。活佛转世制度的采用是格鲁派走向兴盛的转折点。格鲁派的佛教理论是在阿底峡所传的龙树的中观应成派思想的基础上发展起来的，提倡缘起性空。缘起，隐藏含义为待缘而起，可以理解为一切法的产生皆有缘由；性空则是自性空的略写，一切法均无自性，从缘而起，这便是缘起性空。修行上贯彻"止观双运"的修行方法，止观兼重，即提倡止住修和观察修这两种轮次修习。格鲁派认为，修止就是把心置于一境，如果能够得到轻安的感觉，即是止的本体；修观就是通过思维而得到轻安之感，此为观的本体。修习时需要止观相互配合，由止至观，由观至止，二者反复交替运行，才能实现涅槃。格鲁派认为戒律为佛教之本，因此重视一切微细教法，要求僧人以身作则，依律而行。在显、密两宗的关系上，格鲁派则主张先显后密的修习次第并提倡显密兼修的方法。格鲁派寺院内组织严密。一般将较大的寺院由札仓、寺院以及康村三级组成，分级进行管理，各级的执事人员实行任期制，各司其责，对于重要的事务则需要会商决定，有着系统的佛教教育体系、健全的学经制度以及严格的学位制度，规定显密并重，先显后密，注重戒、定、慧三学并习的学经程序。同时格鲁派寺院还重视医药、文法、历算、修辞等学科，对藏族思想文化的发展起过重要的作用。

三　藏传佛教的特点

兼容并蓄的教义教法。藏传佛教大小乘兼学，显密双修，在教义方面，藏传佛教兼容了显宗和密宗的理论和主张，以密宗为主。修习次第上主张先显后密，并吸收了苯教的某些特点。藏传佛教与汉地佛教相比具有一个明显的特点，即传承各异、像设繁多、仪轨复杂。显宗说过在一切唯识、有部、中观以及经部这四宗中，中观是最为发达的。龙树一系的论典以"正理聚六论"为中心，由于受到宗喀巴的大力提倡，中观应成派月称所著的《入中论》最受推崇，成为中观论著的代表作。《现观庄严论》与《入中论》两书汉文未译，而龙树的《大智度论》藏文未译，这是藏传与汉传佛学的一大不同之处。一般将西藏密教分为事部、行部、瑜伽部以及无上瑜伽部等四部，而各宗派大都将无上瑜伽部的各种教授视为其主要的修行法门。

藏传传教还有一大特点，即"政教合一"。历史上，藏传佛教的众多派别都与一定的政治势力（包括地方势力集团或家族势力）相结合，形成政教合一制度，教依政而行，政持教而立，相互依存。早在10世纪后期藏传佛教形成的初期，就出现了集教权与政权于一身的人物。格鲁派兴起以后，形成了一套完整的寺院组织，政教合一体制完善定型。1959年西藏民主改革时废除。

大致可以将藏传佛教的传承方式分为两种：一是师徒传承方式，如宁玛派、噶当派以及噶举派；二是家族传承方式，如萨迦派，以昆氏家族为基础的家族传承方式为主。但最具特色的还是活佛转世制度。活佛转世是藏传佛教的宗教领袖传承制度。其以佛教灵魂不死、生死轮回的理论为主要依据。达赖和班禅分别是格鲁教派的两大活佛转世系统。

藏传佛教主要在讲道院或者修道院传习和修证。较大的寺院都有规定学制。各派各寺的规定不完全相同。如格鲁派的哲蚌寺郭莽札仓规定：因明五年，般若四年，中观两年，俱舍四年，戒律一年，这一过程必须循序而进。戒律学完之后统称噶仁巴（经学士），其出路有三：（1）少数申请应试格西学位；（2）自由讲学或闭关修持；（3）入密宗学院继续深造。显宗最高学位是格西（意为"善知识"）学位。学完了以显宗的五部大论为主课的全部课程以后，学僧即可申请参加一次辩论，等候考"格西"。考试方法是辩论，获得格西学位后，才可以进专修密宗的上密院或下密院学习，进行艰苦的修炼，然后依年龄资格，依次晋升，最后就成为甘丹赤巴（甘丹寺的首席委员，由上、下密院轮流产生）的候选人。七年一届，任满后，授予"赤苏"称号。甘丹赤巴具有转世资格，地位仅次于达赖和班禅。①

第四节　甘肃主要的佛教寺院

一　张掖大佛寺

张掖的大佛寺，原名为迦叶如来寺，建立于西夏永安元年（1098），明永乐九年（1411）敕名宝觉寺，清康熙十七年（1678）敕改宏仁寺，由于寺内藏有体型巨大的卧佛像故名大佛寺，又名睡佛寺，1996年被列为第四批全国重点文物保护单位。

大佛寺占地面积大约23000平方米，坐东朝西，现仅存中轴线上的大佛殿、土塔以及藏经阁三处。大佛殿规模宏大，殿高33米，面阔9间。二层，为重檐歇山顶。在殿门的左右两侧各镶有一块六平方米的砖雕，左为"登极乐天""西方圣境"，右为"入三摩地""祇园演法"。殿内有31具木胎泥塑佛像，为西夏遗物，其佛像栩栩如生，视之若醒，呼之则寐。其中藏有一尊长达34.5米的卧佛，被认为是佛祖释迦牟尼的涅槃像，也是中国现存最大的室内卧佛像，他安睡在大殿正中高1.2米的佛坛之上，佛身长34.5米，肩宽7.5米，耳朵长4米，脚长5.2米。毫不夸张地说，大佛的一根中指上就能平躺下一个人，一只耳朵上能容下八个人并排而坐。在卧佛身后还有十大弟子群像，旁有优婆塞、优婆夷及十八罗汉等塑像。殿内四壁为《山海经》和《西游记》壁画。藏经阁内珍藏有六千多卷佛经，为明英宗所颁赐，至今保存完好，其中最为珍贵的是以金银粉书写的经文。藏经阁面阔21.3米，进深10.5米，单檐

---

①　刘基：《华夏文明在甘肃（历史文化卷）》（下），人民出版社2013年版，第593—596页。

歇山顶。寺后有一33.37米高的土塔，土塔原名弥陀千佛塔，为砖土混筑密宗覆钵式塔，为张掖五行塔之一，其一、二层台座四隅各建一小塔，独具特色，为国内罕见。

二 拉卜楞寺

拉卜楞寺，地处甘肃省甘南藏族自治州夏河县，藏语全称为："噶丹夏珠达尔吉扎西益苏奇具琅"，其大意可以解释为具喜讲修兴吉祥右旋寺。简称扎西奇寺，世人通常称为拉卜楞寺。拉卜楞寺源于藏语，是"拉章"的变音，可以解释为活佛大师的府邸。被认为是藏传佛教格鲁派六大寺院之一，世界将其誉为"世界藏学府"。清康熙四十八年（1709年），由第一世嘉木样阿旺宋哲大师创建。康熙五十三年（1714年）建立"拉章"（即嘉木样佛宫），"拉章"音变为"拉卜楞"，意思是寺院最高活佛府邸。拉卜楞寺目前保留着全国最好的藏传佛教教学体系，被认为是甘南地区的政教中心。

寺院坐北向南，占地总面积大约为86.6万平方米，建筑面积40多万平方米，有90多座主要殿宇，其中包括6大学院、16处佛殿、18处昂欠（大活佛府邸）、僧舍及讲经坛、法苑、印经院、佛塔等，具有明显的藏族特色，房屋不下万间。拉卜楞寺宗教体制的组成以闻思、医药、时轮、吉金刚、上续部及下续部六大学院为主，是全蒙藏地区建制最为健全的寺院。其中心为闻思学院，又被称为大经堂，包括前殿楼、前庭院、正殿和后殿共数百间房屋，占地十余亩，其结构为藏式和古宫殿式混合而成，顶上有铜山羊、鎏金铜瓦以及幡幢、法轮、宝瓶等装饰物。它以显宗为主，比较重视研究和学习由印度佛学家所著的五部大论（《释量论》《般若论》《中观论》《具舍论》《戒律论》）。全寺所有梵宇，很少使用金属，基本上都是将当地的土、木、石以及苘麻作为建筑材料。整体建筑结构下宽上窄，近似梯形，外石内木，有"外不见木，内不见石"之说。根据不同的功能和等级，分别将各庙宇涂上红、黄、白等土质颜料，阳台房檐挂有彩布帐帘，大中型建筑物顶部及墙壁四面置布铜质鎏金的法轮、宝瓶、阴阳兽、金顶、幡幢以及雄狮等。部分殿堂还融合了汉人的建筑文化,建有宫殿式的屋顶,上覆绿色琉璃瓦或鎏金铜瓦。

拉卜楞寺内珍藏有大量的民族文物和佛教艺术品,其数量超过1万件。各殿堂内高超过8米的檀香木雕或铜制鎏金的大佛就有十六尊。各种质地的中小型佛、菩萨、法器等数不胜数。寺内还珍藏有历代嘉木样大师的衣物和其他生活用品,又有帝王册封和赠赐的金敕、封诰、印鉴、大幅匾额、珍珠塔以及海马牙等。[①]

三 白塔寺

白塔寺,始建于元代,距今已有750多年的历史,藏语称其为夏珠巴第寺,又名白塔寺,被认为是藏传佛教凉州四寺(白塔寺、海藏寺、莲花山寺、金塔寺)之一,地处甘肃省武威市城东南20公里的武南镇白塔村。公元1247年,西藏萨迦派宗教领袖萨迦班智达·贡噶坚赞(简称萨班)与蒙古汗国皇子、西路军统帅阔端为解决西藏归顺问题,在武威白塔寺举行了著名的"凉州会谈",双方达成一致,同意西藏归顺蒙古汗国,并颁布《萨迦班智达致蕃人书》,结束了西藏近四百多年的混乱局面。因此白塔寺被世人认为是西藏正式纳入中国版图的历史见证地。现存白塔寺由塔院、寺院以及塔林等建筑共同构成。寺院四周建有围墙,东西420米、南北430米,墙基宽3.1米,边长26.75米、残高5.1米。有4座城门,8座烽墩。有塔林、白塔寺遗址、萨班灵骨塔、凉州会谈纪念馆等。[②]

[①] 拉卜楞寺·甘肃省文物局门户网,http://www.gsww.gov.cn/Web_Detail.aspx?id=2646。

[②] 中国武威门户网,http://www.ww.gansu.gov.cn/cyww/lyjd/65647.htm。

第七章

乐舞蹁跹：甘肃各时期乐舞艺术的发展

音乐和舞蹈这两种艺术形式，在众多艺术形式中历史最为悠久、内容最为丰富。在早期发展阶段，音乐和舞蹈凭借一个人自身的能力就可以创造生产，内容形式也多表现在由人的本能而引发的一种生理性宣泄。人类表达思想感情的最原始方式也是通过肢体动作的传递或者有节律的呼喊等实现精神交流。可见，音乐与舞蹈的关系是相辅相成、相互依存的，两者有机结合进而孕育产生并且服从统一的韵律和节奏。音乐与舞蹈不同于绘画和雕塑，文物考古不能直接再现物质性遗存，只能通过乐器实物与壁画等其他类型载体，感知当时的发展状况。

第一节 先秦时期

一 乐器

按质地划分，中国古时候的乐器可以分为八大种类，也就是所谓的"八音"，即木、石、金、土、革、匏、丝、竹。"八音"中的"土"主要是指陶制乐器，如"埙"，"埙"作为中国特有的、历史最悠久的吹奏乐器，其吹奏出的旋律深沉肃穆，依靠口风的俯仰缓急与滑音的变化来实现演奏。浙江余姚河姆渡文化遗址中出土了距今约7000年的最早的陶埙，此陶埙只有吹孔，没有音孔。最具代表性的是甘肃玉门火烧沟四坝文化遗址中出土的距今约3700年的埙，共挖掘出土规格不一、形制有别的埙20多件，陶色以颜色淡红为主，有的绘以黑红相间的纹饰，其形状大多呈扁圆体，中空，还有一些类似宽体鱼形。埙高5—9厘米不等，埙宽5—7厘米不等，埙的吹孔直径0.5—0.7厘米不等，另有3个按音孔，形制上略小于吹孔。火烧沟四坝文化遗址出土的埙乐音纯正清晰，已经能发1、3、5、6四个完整音（即中国古代传统五声音阶中的宫、角、徵、羽）。

笛这种乐器的起源相对多元，在西北地域的传统观念中，笛一般被用来指称羌笛，正如唐代诗人王之涣《出塞》中所写的"羌笛何须怨杨柳，春风不度玉门关"。四川羌族现今使用的众多乐器中，羌笛仍是比较流行的类型。再如骨笛，也是比较有代表性的一种传统乐器。在中国史前文化遗址的临夏州莲花台辛店文化遗址窖穴内，曾发掘出土了保存相对完整的长条圆管形骨笛（总长5.7厘米，管径长1.7厘米，中通，笛身磨光，中间穿一音孔）。

鼓是一种敲击乐器，在诸乐器中居主导地位，被视为众音之长，以其满亮、质朴、深沉、深厚、有力的音响著称。鼓是"八音"中的"革"与"土"的结合体，陶鼓是其早期形式，陶鼓单面蒙皮，最早可上溯到黄帝时期甚至更早时期。在天水秦安大地湾三期文化遗址中出土的陶鼓，泥质橙黄陶，腹饰交叉细绳纹。均呈桶状，高约65厘米，径约20厘米，直口圆叠唇，深直腹，平底，敲口端颈部通常附有3个倒钩纽，呈角状，主要用以绷紧革面。马家窑文化时期，陶鼓制作艺术实现了显著的发展，且此时还出现了彩陶鼓。于甘肃永登地区出土的彩陶鼓技艺最为精湛：泥质橙黄陶，全长37厘米，由一大一小的两端器口和细长的圆筒状中腔组成。大端口径约为22厘米，呈钵状；小端形口径约为12厘米，似一折肩罐。大端腔沿下均匀地分布6个固定革面的角形突翘围绕成一周，大小两端器腹各有一同向的用于系绳系挂的扁条式拱形耳。

中腔饰宽带纹，呈斜向，小端肩腹部饰以变形旋纹，口内沿饰锯齿纹。小端已不封闭，除了能起共振作用外，还在佩挂时调节平衡，使蒙革面始终处于适合敲击的位置和角度，单面鼓的形制已定型。

甘肃马家窑文化遗址中不仅盛行陶鼓，还出土了一种摇击乐器——陶铃，该陶铃造型匀称，器表细腻光滑，纹饰繁丽，声音清越。陶铃在古代时期是用于合奏的乐器，是一种规格不大的封闭器，壁薄，中空，内置碎石或砂粒、陶丸，有柄，可执柄摇动以发声，器表多饰以彩饰。陶铃的形制大致可以分为两种，一是呈葫芦形，则于其上端设一似蔓之曲柄；二则呈扁体罐形，上端设拱形提梁。

二 舞蹈

史前时代人们过着以群居为主的生活，舞蹈尤其是集体舞蹈，伴随着音乐，曾活跃于社会生活的各个领域。古时举行礼仪、祭祀神灵、庆祝丰收以及治病驱魔等活动，都需要歌舞来营造氛围、为群体聚会烘托热烈的场面，因此其也逐渐发展为舞蹈的主要表现题材。在甘肃河西地区的许多岩画中，以及各种文化类型中出土的彩陶纹饰中，均有能够反映甘肃地区史前舞蹈的绘画作品。如马家窑文化彩陶盆，出土于武威新华乡磨嘴子遗址，其高约14厘米，口径约29.5厘米，盆内壁饰有两组舞蹈人像，每组9人，动作整齐协调。在玉门四坝沟文化遗址中，也曾出土过有舞蹈纹的彩陶器。双大耳彩陶罐，出土于酒泉市丰乐乡干骨崖遗址，其为泥质红陶，施红色陶衣，于其腹部绘有黑彩绘6组舞人纹，每组3人。彩陶纹饰常以群体舞蹈场景作为题材，表明了舞蹈在社会生活中的具有重要地位。[1]

---

[1] 祝中熹：《甘肃通史（先秦卷）》，甘肃人民出版社2009年版，第474—479页。

第二节 秦汉时期

一 音乐

秦国的音乐艺术以简易乐器伴奏加纵情歌唱的豪放风气，在民间极为流行。秦国的音乐艺术继承了甘肃区域古老音乐的传统并受其影响，进而形成了秦国自己的音乐艺术特色，其繁荣发展也代表了春秋战国时期西北地区音乐艺术的风格和水平。

在传世和近世出土的秦国的历史文物中，乐器占据很大的比重，尤其是敲击乐器。秦人的敲击乐器以笛著称。秦国地处边陲，与周边少数民族交往频繁，因此其敲击乐器多是在吸收少数民族乐器的基础上加以改进而成。以秦代的传世和近世出土的青铜器为例，如秦子编钟和秦公编钟、编镈，再如秦桓公时的编钟、秦武公时的编镈、编钟等，都是形制恢宏、铸大堡子山秦陵所出石磬作、精美的含铭重器。考古学家还发现，为了显示秦国崇尚音乐的传统，有的陵区还专门设立规格较高的乐器祭祀坑。当时不仅国君陵墓，就连很多普通贵族的墓葬中也能发现很多编钟。著名的秦始皇陵，在其封土附近的建筑遗址内，曾出土秦二世时期的"乐府钟"实物，佐证了秦时期已经有相关乐府机构设立的史实。在秦武公钟、镈及秦景公石磬铭文中，都包含对乐曲动人旋律和乐器优美音质的描述和赞美，反映了秦国宫廷音乐的兴盛程度。汉承秦制，秦代乐曲乐器的发展，为汉代乐府制度的兴盛奠定了基础。

二 乐舞

秦统一六国以后，促进了各地乐舞文化的交流。朝廷设有专管乐舞的大乐令，有专任采集民歌的乐府令，有象征天下一统的巨型天子乐器宫悬。秦皇和秦二世都极爱欣赏乐舞，秦始皇作有《祠水神歌》，博士作有《仙真人歌》等。汉武帝时，陇西人宫廷乐师李延年改编西域乐曲《摩诃兜勒》，创制了武乐《汉横吹曲二十八解》，包括《出关》《陇头》《黄鹤》等28首乐曲。这些乐曲极具西北地域特色，整体风格以大气豪放为主，是秦汉时期比较流行的乐舞形式。

秦汉时期居住于甘肃的羌人和匈奴，更以乐舞著称。羌人的乐器羌笛，引起古代文人墨客无数的遐想。匈奴是一个能歌善舞的民族，其乐器有胡笳、琵琶、鞞鼓与胡簇等，其舞蹈称胡舞。匈奴人的娱乐形式还有摔跤、走马、斗骆驼等。《东观汉记·南匈奴单于传》中记载，匈奴人"走马、斗橐驼以为乐事"。《后汉书·五行志一》中记载，东汉"灵帝好胡服、胡床、胡坐、胡饭、胡箜篌、胡笛、胡舞，京师贵戚皆竞为之"。①

第三节　魏晋南北朝时期

一　音乐

魏晋南北朝时期，中国文化呈多元化的发展趋势，中国音乐舞蹈等艺术形式也开始多元发展。这时期有大量西域艺术成果先传入河西走廊，后由河西走廊传入内地。传入和内传的时间集中在十六国和北朝。首先是音乐，它包括乐曲和舞曲。因舞曲往往伴以舞蹈，故也并称为乐舞。隋炀帝大业年间（605—618年），官方集中南北音乐之大成，定为《九部乐》。《九部乐》中的《西凉乐》源于河西走廊，而其余乐部也多与河西有关。

永嘉之乱爆发，大量中原乐工逃到河西，使《清乐》得以在凉州保存下来。苻坚（字永固）灭前凉后，又将这份文化遗产带回关中。《清乐》几经辗转，若非河西保存，早已散佚不传。《西凉乐》以"西凉"为乐部之名，是后凉至北凉期间由河西人改造《龟兹乐》形成的乐部。它是中西合璧之作，其中有许多关陇民间音乐成

---

① 汪受宽：《甘肃通史（秦汉卷）》，甘肃人民出版社2009年版，第435—436页。

分。《龟兹乐》是吕光从龟兹获取的西域百戏杂技之一,后来从河西流传到中原,被北魏入主中原后获得,经北朝多有变化,到隋朝时分成三部。隋大业六年(610)又加入了高昌乐曲,形成了完整的《龟兹乐》,而《龟兹乐》至少在河西荡漾了十多年才流入中原。

二 舞蹈

在汉魏隋唐相当长的时期内,宫廷演出以舞乐为主。尤其是庆典或祭祀,都要求"声歌之节,舞蹈之容",即载歌载舞或笙箫歌舞以增添气氛。因此,凡发端于西域而经河西保存和内传的乐部中,一些是专为舞蹈伴奏的曲目。演奏者被称为"乐伎",而舞蹈者被称为"歌舞之伎"。至于宫廷宴乐,歌舞相和更是一样也不能少。于是,当《龟兹》《西凉》《清乐》等乐部在北朝传播蔓延开来时,同这些乐部相伴的各种舞蹈也随之而来。汉魏以后的《章赋之舞》《武始之舞》《大韶之舞》《大武舞》,以及被刘裕"悉收南渡"后改《正德舞》而成的《前舞》、改《大武舞》而成的《后舞》,甚而在南方和北方都常见的《巴渝舞》《胡旋舞》等,或见于贵族官邸,或见于民间闹市。其参与表演的人数或多或少,或男或女,视舞蹈表现内容和庆典规模性质而定。北齐,继承北魏礼乐制度,皇家和民间最喜欢的还是经由河西走廊传入中原的乐舞。被北齐追谥为文襄帝的高澄和其后北齐诸帝都喜爱西域乐舞。民间也因此上行下效,蔚然成风,积渐成习,连北齐的政风和世风都被"胡戎之乐"潜移默化了。经由河西改造传播的西域乐舞因其乐曲雄浑优美和声调高亢激越,北周统一北方后依旧久传不衰,在隋唐之世更是备受社会各界喜爱。自周至隋,管弦杂曲多用《西凉乐》,共有数百曲。①

---

① 赵向群:《甘肃通史(魏晋南北朝卷)》,甘肃人民出版社2009年版,第454—458页。

第四节 隋唐时期

一 音乐

隋唐时期，河西音乐取得了很大的成就，在发展过程中将中原风格与西域特色相结合，中原王朝也通过不断汲取河西音乐的特色来丰富自己的音乐。而两汉时期，古代的雅乐成为帝王举行大典时常用的乐舞，永嘉之乱后，逐渐消失。永嘉之乱后，汉魏乐府被分散到各个地区，有的在凉州，还有的渡江而南，而在各族的大迁徙过程中，西域漠北的音乐大量流入，产生了很多具有不同地方特色的音乐。隋朝初年，文帝将七部乐定为正式的燕乐，分别是文康伎、国伎（西凉乐）、安国伎、高丽伎、天竺伎、龟兹伎和清商伎。炀帝即位之后，对其进行改革，定安国、康国、龟兹、清乐、疏勒、西凉、天竺、礼毕与高丽为九部乐。唐朝初年沿袭隋朝的九部乐。到唐太宗时去礼毕，增燕乐；贞观十六年（642），平定高昌后增加高昌乐，自此形成了唐朝的十部乐。而七部乐、九部乐和十部乐中均包括来自甘肃的西凉乐。可见当时西凉乐普及力度之大，是管弦杂曲创新的基础。

（一）大曲

大曲是唐代文化事业繁荣发展的典型象征，在中国音乐戏曲史上处于承上启下的地位。上承汉晋以降的"相和大曲""清商大曲"，同时又融入了西域传入的传统胡乐，下迄宋元戏曲。法曲属于唐代大曲，是其中的一个重要品种，初唐盛极于世，《霓裳羽衣曲》的出现是其走向巅峰的标志。据记载，《霓裳羽衣曲》是在西凉节度使杨敬述于开元年间所进献的天竺乐曲《婆罗门曲》的基础上改编而成的。《婆罗门曲》是佛教乐曲中的一种，是由西域传到河西地区的。传入河西后受到大众的喜爱，并纷纷对其进行了改编，逐渐发展成为一种西凉乐舞。唐玄宗听到后感叹不已，亲自为其润色并提名①。

凉州是中西文化实现融合发展的地方，河西则是中原与西域音乐融合发展并对其进行创新的绝佳场所。在今存的唐代大曲中，凉州大曲是其中地位最为重要的。凉州音乐是在西凉乐的基础上发展而成的，其被认为是西北音乐的杰出代表。凉州音乐既融合了胡乐的特点，又保持了中原音乐的本色，但它又不同于其他音乐，因此它听起来既具有浓厚的异国情调，又不缺少亲切熟悉的中原风格②。甘州大曲的产生，略晚于凉州大曲。赞美甘州大曲的唐代诗文数不胜数。此外，唐代流行于酒泉地区的小曲，被称为《酒泉子》。唐代燕乐调也是在天竺乐、康国乐、龟兹乐、安国乐以及西凉乐等基础上发展而来的，这些音乐中有些直接产自河西，有些则通过河西而东渐，因此河西被认为是中原音乐的源泉之一。河西是中原文化吸收外来文化并对其改造的第一站，也是最重要的一站。

（二）乐器

随着河西音乐作品的大量出现，河西成为引进外来乐器及外来演奏形式的重要地区。鼓吹乐中的横吹、北狄乐等形式都与河西地区有密切关系。河西音乐是通过众多乐器来表现的，据不完全统计仅莫高窟壁画中出现的乐器就有44种4000余件，可分为气鸣乐器、弦鸣乐器和打击乐器。气鸣乐器有埙、排箫、竖笛、笔策、角、贝、笙、风笛、铜角、横笛；弦鸣乐器有五弦、琵琶、阮、葫芦琴、筝、琴、箜篌、胡琴；打击乐器有腰鼓、毛员鼓、都昙鼓、答腊鼓、羯鼓、节鼓、檐鼓、齐鼓、鼗鼓、鸡娄鼓、大鼓、军鼓、手鼓、扁鼓、鼓、方响、铙、钹、拍板、钟、锣、串铃、金刚铃。其中有很大一部分乐器都引自国外或其他少数民族地区，如琵琶、羌笛、羯鼓、胡角等。虽然引进不同的乐器有先后之分，但在唐代，这些乐器的演奏水平都得到了明显的提高。

---

① 郝毅：《西凉乐舞史》，甘肃省文化艺术研究所编印1989年版，第89页。
② [美] 谢弗：《唐代的外来文明》，吴玉贵译，中国社会科学出版社1995年版，第38页。

二　舞蹈

舞蹈是与音乐相辅相成的艺术形式。隋唐延续汉魏的传统，在宫廷演出，尤其是祭祀或庆典的时候，一般采取舞乐配合的表演形式，被称作"乐舞"，用来烘托气氛。在唐代的宫廷和民间，广泛流传着由河西地区传来的胡旋舞、拓枝舞和胡腾舞等曲调欢快、节奏活泼的西域乐舞。唐代，按照舞蹈的演出风格，将舞蹈分为软舞和健舞两类，软舞优妩柔婉，节奏舒缓；健舞刚健雄强，节奏明快，胡旋、拓枝、胡腾等舞都属于健舞，也是唐朝最流行的舞蹈。而唐教坊曲"立部"中的庆善舞就是在西凉伎的基础上改编而成。《庆善舞》属于室外军旅乐舞，前有战车，后列战阵，还有马车出场。这种乐舞不仅可见于酒泉、嘉峪关魏晋墓出土的画像砖上，而且还以活的形式保存在河西地区民间社火"地蹦子"中。

经由河西传入中原的波斯狮子舞也在隋唐时期大放异彩。狮子舞在唐朝以前由波斯传入龟兹，后又传入河西，到唐代再由河西流传到长安与凉州的剑舞、弄丸、百戏等，被合称为《西凉伎》，是宫廷乐舞的重要组成部分。当时，不管是宫廷宴会还是迎送使节，还是庆功祝捷等大小型仪式中，大都将西凉伎表演的狮子舞作为最主要的表演节目之一。

唐朝脍炙人口的《破阵乐》《龟兹乐》《安舞》《太平乐》，被称为"周隋遗音"，也是《龟兹乐》和《西凉乐》的余韵。特别是《庆善舞》专用《西凉乐》，表明河西地区在创造、保存、传播乐舞艺术及其成果上的卓越贡献以及隋唐文明与河西走廊的密切关系。

敦煌千佛洞壁画中的乐舞，就分布在大小不等的 200 多个洞窟之中的壁画上，其中有大小型乐队 500 余组，乐伎 3000 余人，各种乐器 44 种，共 4000 余件，舞姿各异，更是举不胜举。这些乐舞壁画，历经北魏、北周、隋、唐、五代、北宋、西夏、金、元九个朝代的不断修建完善，真实地反映了中外音乐文化在甘肃这块广袤大地上进行融合、互鉴、演变以及演奏的历史过程。

（一）乐舞

在敦煌莫高窟、瓜州榆林窟等石窟中，保存有大量隋唐至五代时期的舞蹈壁画，都是当时舞蹈场景的再现，不仅反映了当时的编舞水平，还具有极高的历史研究价值。通过壁画可以看出唐代舞蹈广取博采、高度发展与中西各族乐舞相互交流融合发展，深刻地反映了当时的社会现象。隋唐时期的舞蹈壁画，金碧辉煌，璀璨夺目，舞蹈形象昂扬俏丽，生动逼真。击鼓、舞巾、弹琵琶而舞，多姿多彩，形态各异。随着时代不断变迁，再加上各个地域及民族传统文化不同，敦煌佛教艺术及其舞蹈壁画在各个时期特点与审美特征也表现出不同的风格。早期敦煌舞蹈壁画，无论舞姿或服饰都带有不少印度、尼泊尔风韵，同时又不乏北方游牧民族的强悍精神。随着时间的推移，中原汉风对其影响不断增强。到了中期的隋唐时代，虽然仍旧提倡多元舞蹈共同发展，然而大唐舞风的地位愈显重要。如隋唐敦煌壁画中的飞天以及伎乐天都是很好的代表，他们身披肩绕长长的巾带，长绸成了翱翔云天的翅膀，表现出变化万千、多姿多彩的美妙舞姿。

（二）伎乐

在浩如烟海的敦煌壁画中，有相当数量的反映音乐艺术方面的绘画，尤其是经变画中与音乐相关者更是随处可见。在敦煌莫高窟77个西夏窟中，已知有伎乐图的洞窟为11个，其中有伎乐图的壁画17幅；在安西榆林窟的西夏窟中，有伎乐图的洞窟2个，其中还有伎乐图的壁画2幅。唐时期的经变画数量最多，在每一经变画中一般都有规模宏大、形式多样的伎乐队。一幅经变画中通常有一组乐队，小部分为两组，甚至还有一些有三组的，每组乐队的乐工人数不等，少的仅有二人、四人，多的则有十数人甚至二十余人，以六、八、十、十二和十六人组成的乐队最为多见。每个乐队中所用的乐器又各有不同，有的以弹拨乐器为主，有的以打击乐器为主，也有的以吹管乐器为主，更有各种乐器混合组成的情况。其乐队的构成形式也不一样，较普遍的呈"八"字形，中间是舞伎跳舞，乐伎分坐于两边演奏；有的呈"一"字形，舞者可在乐队的前面或穿插在中间舞蹈。不仅是中原与西域乐舞艺术广泛交流的历史见证，还有一些反映民间世俗舞蹈的图像，反映了当时社会舞蹈生活、民间表演艺术与民族生活习俗。这些世俗性舞蹈，有的出现于经变画的副题屏风画中，有的在佛传故事画中，逐渐形成一种固定的情节、固定的构图方式，虽然寓意为佛教的主题内容，但描绘的都是世俗人情、民间社会风貌，舞蹈的构图虽然简单，但清新活泼，富有浓郁的民间情调。

（三）曲谱

在敦煌遗书 P.3038《长兴四年中兴殿应圣节讲经文》的背面，存有二十五首曲谱，包括《品弄》《倾杯乐》《伊州》《水鼓子》《西江月》《瀛府》《长沙女引》《撒金砂》《心事子》《胡相间》《急曲子》《慢曲子》《又曲子》等。舞谱在中国有着漫长的历史，各时代自有记录舞蹈的方法。敦煌莫高窟藏经洞（第17窟）发现的《敦煌舞谱残卷》，为研究唐代的舞谱提供了极为珍贵的资料。在辽远的历史长河中，敦煌舞谱与原始"八卦舞谱"以及后来的《德寿宫舞谱》，明清以来的舞蹈、戏曲身段谱都迥然不同，属于中国唐五代时期一种特有的记谱体系。

敦煌舞谱，从舞蹈和诗词的结合来看，应发端于中原，流传到敦煌，经过敦煌艺人的再创造而成，唐代中原乐舞多用图谱，如唐代《破阵乐》舞图，同时也有文字舞谱，如《霓袋谱》，敦煌残卷属文字谱。安史之乱后艺人星散，有人流落敦煌，重理旧业，把中原地区高度发展的舞蹈文化带到了西部边陲，和当地艺人共同研磨，创造了舞谱。《敦煌舞谱残卷》的整理研究发现，其抄写的格式及内容，开头标明该谱所用的曲调名称（谱名）；中间为序词，通常由一段提纲性的说明文字所组成，简单地说明该谱的节奏和节拍；最后为字组，它是由"合""舞""挪""据"等谱字按一定的节拍、节奏要求排列组合而成的字谱。①

（四）乐器

石窟壁画中出现的西夏乐器有琵琶、古琴、筝、竖箜篌、碎叶曲项琵琶、凤首一弦琴、笙、排箫、横吹、笛、铜钹、蜂策、锡杖、小金铃子、腰鼓、答腊鼓、拍板等②。石窟壁画中的这些乐器表明甘肃敦煌地区，在西夏时期便已拥有很多类型的中国古代乐器。在众多乐器中，琵琶是使用最为普遍的乐器，属党项羌传统乐器。在莫高窟第61窟的甬道中，有女子斜抱弹奏曲项四弦琵琶，无相无品，无两仪（月牙），手弹而非木拨，并于弹拨处画莲花，皆中原琵琶所未见。榆林窟第10窟壁画中所画的坐式飞天所拉的嵇琴，又名奚琴。宋代的奚琴用竹片轧之与以马尾为弦两种并用。榆林窟第3、第10窟的嵇琴为马尾弓，与陈旸《乐书》中的奚琴图相似，但琴杆、琴头、千金、码与弓的造型均有改进，是莫高窟、榆林窟中唯一出现的拉弦乐器。大约11世纪时，马尾胡琴在西北地区开始流行。榆林窟第3窟的凤首箜篌和扁鼓为世界所罕见，十分珍贵。莫高窟第400窟北壁《东方药师变》壁画中，乐队呈双层横线排列，无舞伎。乐队前排是拍板、横笛、笙、腰鼓；后排是琵琶、笙、筝、竖笛。南壁《西方净土变》壁画中，有一组八人童子伎乐。"童子伎乐舞"中八个童子按"八"字形排成，分别演奏拍板、横笛、笙、腰鼓、筝、竿策、竖笛以及琵琶等乐器。

---

① 尹伟先、杨富学、魏明孔：《甘肃通史（隋唐五代卷）》，甘肃人民出版社2009年版，第419—434页。

② 孙星群：《西夏辽金音乐史稿》，中国青年出版社1998年版，第68页。

第八章

马背文明：甘肃境内的
古老民族及其历史

自古以来，甘肃就是连接东西方的重要通道，同时也是多个民族的发源地与聚集区。在史前，丝绸之路贯穿东西，在广袤无垠的西部大地上，曾经生活着许多古老的少数民族，他们生活在马背之上，叱咤风云，创造了丰富多彩的马背文明，在甘肃的文化历史上留下了深深的历史烙印。

第一节　戎人

戎，发祥于西北地区，并世代居住于此，是较为古老的民族。在商周时期，是西北地区实力比较强大的一个民族。他们头披长发，身穿兽皮，常常在如今甘肃的陇西、陇东一带活动。有原戎、绵诸之戎、洛川大荔戎、翟戎以及西落鬼戎等。戎生活主要以放牧为主，但他们同时也掌握了较高的农耕技术。他们长期与华夏民族杂居，而且他们之间还维持着良好的姻亲关系。周先祖西迁至庆阳一带，与当地的戎部落和谐共处，在戎部落的影响下，周先祖积极调整和变革社会结构，为后来的繁荣昌盛奠定了坚实的基础；周平王东迁，也是为了能够依靠和利用戎的力量；在春秋时期，秦人在陇右起家时，其统治者和大多数的居民都出生在戎，那些拥有戎族血统的士兵，在战争中英勇奋战，所向披靡，戎族作为一支强大的政治力量在战争中发挥着重要的作用。后来，古老的戎族在长期与其他民族的融合共存中逐渐汉化，逐渐与华夏民族融为一体。虽然戎作为一个民族已经在历史的长河中消失了，但是戎族的血脉却一直在历史传承中生生不息。

第二节 羌人

古羌人以牧羊闻名于世，他们不仅是华夏族的重要组成部分，而且对中国的历史发展过程和中华民族的形成都产生过广泛而深远的影响。"羌"，字为人戴羊头的形象，解释为"西方牧羊人也"，是古代人们对居住在祖国西部游牧部落的一个泛称。从文字上考究，羌是一个以牧羊为主的牧业民族。羌人自称为"弥"，意为"人"或"民"。古羌人主要活动于今青海的黄河、洮河，四川岷江上游一带等地以及甘肃。史书记载，在殷商时期，羌为其"方国"之一，被称为"羌方"，首领是"羌伯"。他们当时不仅与汉人交好，而且还担任着商朝的官吏，社会地位很高。他们中有些人过着居无定处的游牧生活，有些人则从事农业生产。周时，羌之别种"姜"与周的关系非常密切，很多羌人融入华夏，羌人逐渐成为周朝军事同盟中的一支重要力量。春秋战国时期，羌人建成义渠国，其领域主要包括今宁夏、甘肃东部、河套以南地区以及陕西北部，有力地促进了中原诸国的合纵连横，与秦国进行了170多年的战争。以羌人为主要成分的诸戎逐渐与当时的秦国融合。而居住在青海黄河上游、湟水流域和甘肃的羌人的生活状态依然是"少五谷，多禽畜，以射猎为事"。汉将以河湟洮岷流域为中心的诸羌称为西羌。这里的羌人将无弋爰剑奉为始祖，他们人口众多，部落繁杂。除爰剑支系以外，还有20余种。这一地区主要为高山草甸，以游牧为业，将羌人塑造成十分能忍耐寒苦的性格。在地势较低的河谷与盆地区的羌部落则兼营农业。从秦汉时期到南北朝时期，西羌一直停留在"不立君臣，无相长一"的社会发展阶段上。西羌是种姓家支制度，种落酋豪的诸子诸孙都有继承权，从而将种族社会不断分化为较小的家支，始终未能发展至部落或区域性联盟。这种"强则分种为酋豪，弱则为人附落"的家支制度，造成西羌社会不断地自我削弱。由于诸羌以氏族血缘为纽带，且种姓不断分化，为了维系巩固家支的传承，逐渐产生了初步的父子联名的习惯。在十六国时期，羌人首领建立了后秦，他们采取招抚流民、设立学校、提倡儒学等措施，加快了社会经济发展和羌人汉化的进程。

羌人因主要从事畜牧业，服装基本采用皮革或毛毡制成。他们习惯上身穿小袖左衽短袍，下身着小口长裤，脚穿长靴。披发于后，或垂于肩，或垂于背。在居住方面，羌族牧民在春、夏、秋三季转徙牧场时都居住在帐篷里，冬季则住在各校场的平顶土屋之中。羌族的土屋，一般会用柳树枝编成围墙，外涂草泥，上架屋顶，屋内有火塘可以用来取暖和煮饭。

羌族实行族外婚，禁止近亲通婚也只在男性父系中实行，对女性母系则没有这种限制。羌族也会实行收继婚，加上羌人重视生育，羌族的首领普遍多妻。在严酷的自然环境中，这种婚育制度保障了种姓的繁衍。羌族是泛神论者，他们相信天地万物皆有神灵，流行占卜等原始宗教巫术，常用的占卜方式有炙羊胛骨、鸟卜等。羌族最看重祭天，每隔3年，同族就要相聚一次，在野外杀牛羊祭天。羌族认为动物皆有灵性，常以动物作为部落的图腾，羌族种落以动物命名的有牦牛、白马、黄郑、参狼等。羌人祭神常以牛、羊、狗，偶尔也有人祭现象。从羌人世系明确、详尽的记载可以看出其对祖先是十分崇拜的，尤其是那些生前强有力的、对共同体有贡献的酋豪，其名字往往成为部落的名称。

火葬是羌族文化内涵之一。火葬的方式主要有两种：一种是"燔而扬其灰"；另一种就是先焚后葬，将骨灰放入瓦罐，或置于崖穴，或埋入地下。分布在今甘青一带的氏羌先民的寺洼文化和火烧沟文化中，还有火葬遗迹存在。羌族也有土葬现象。在古氏羌族系居住的岷江上游发现了石棺葬，古西戎居住的陇右一带还有崖葬遗迹。在寺洼文化遗址中，陪葬物中都有成对羊角，这表现出了对羊的尊崇。

魏晋以后，羌人内迁，羌族建立的后秦姚氏政权曾大力提倡佛教，组织过大规模的译经活动。北魏孝文帝改革后，北方诸民族汉化步伐加快，羌人普遍采用汉族姓氏，如邓、梁、姚、董、舍、雷、彭等，他们信奉佛教，与汉、胡一道建立寺宇，并在其内形成造像树碑之风。其经济、文化与汉人逐渐趋同，至唐中叶羌族已完全融合于汉族之中。羌族是参与创造甘青地区新石器文化的土著部族。羌族与姜同为一族体，母系氏族社会，以女系为族统，故最初的姓氏旁往往加上女字旁，"姜"字从女，尚带有母系氏族社会的色彩，应为早期的族姓。此外，姜姓部族又是羌族社会中文化水平最高、发展速度最快、融入华夏文明最早的部落，对中原王朝产生了深远的影响。

第三节　党项人

党项族是古代羌族的一个支脉，南北朝时期，传统羌区处于吐谷浑的统治之下。周隋之际，宕昌羌、党项羌在松潘草地到黄河河曲一带兴起。在南北朝时期，宕昌羌主要分布在白水之北，渭水以南，洮河以东地区。其政治中心在宕昌城，即今甘肃省宕昌县西。其社会组织是一种不断分化的血缘部落，基本上还处于氏族社会末期阶段。隋末唐初逐渐强盛起来，占地"三千余里"，以姓氏为部落名称，其活动范围也逐步扩大，东及松州（今四川松潘北），西抵西突厥领地，南邻春桑、迷桑诸羌（在今青海果洛藏族自治州），北接吐谷浑（在今青海北部与甘肃南部一带）领地。他们按照分衍出来的家族各自结成部落，人数多少不等，少的不过千余骑，多的达到五千余骑，分别独立，不相统一。著名族姓有拓跋氏、米擒氏、费听氏、颇超氏、野利氏以及细封氏等，其中势力最强的为拓跋氏。党项风俗同西羌、宕昌羌类似，他们过着无徭役、无法令，不知稼穑、土无五谷的原始游牧生活。

隋朝初期，党项部落开始请求内附，隋唐政府陆续在今青海、甘肃南部地区设立州府来安置这些来附的党项部落。唐朝初，受到新崛起的吐蕃扩张的压力，唐朝初年，他们离开世居地青藏高原，向甘肃东部、陕西北部迁徙。唐朝时将其原本设立在陇西地区的静边州都督府迁移至庆州（今甘肃庆阳），加上其下辖的二十五个党项州，也都一道随之迁徙。8世纪中叶，吐蕃夺取河西、陇右之地，唐朝又把一部分党项部落迁至银州（今陕西米脂）以北、夏州（今陕西靖边北白城子）以东地区；静边州都督府也迁置银州。还有大批的党项部落迁徙至绥州（今陕西绥德）、延州（今陕西延安）一带。居住在庆州一带的称东山部；夏州一带的称平夏部；平夏地区的南界横山一线，唐人谓之南山，居住在这一区域的，被称作南山部。这些内迁的党项部落很快就参与了中原地区的政治军事活动，他们利用唐末五代时期的分裂局面，建立了夏州割据政权，并逐步发展成为与宋、辽鼎立的西夏政权，于公元1038年正式建立大夏政权，控制了整个西北地区。在西夏党项统治的200年间，河西地区局势相对稳定，经济在一定程度上得到了恢复与发展，为西夏文字的创制和西夏文化的繁荣奠定了坚实的基础并创造了灿烂的西夏文化。[①]

第四节　匈奴人

匈奴是个历史悠久的北方民族，最初常常在蒙古高原一带活动。殷商时期，民间称其为鬼方，又称犬戎。"匈奴"一词，汉语可直译为"人"或"人民"。单于是其首领，其地位与中原的国王相当。据记载，夏王朝的遗民是匈奴的先祖，而后向西迁徙，在其

[①] 刘基：《华夏文明在甘肃（历史文化卷）》（下），人民出版社2013年版，第539—541页。

过程中逐渐融合了月氏、楼兰等多个部族。唐虞以上有山戎、猃狁以及獯鬻，他们大都地处北蛮，披发左衽，随畜牧而转移。从春秋时期开始，匈奴人就不断南下骚扰。在秦末汉初时，逐渐成为称霸中原以北的游牧民族，其实力十分强大。公元前215年，匈奴被蒙恬逐出河套以及河西走廊地区。西汉前期，匈奴的势力增强，屡次进犯边境，严重威胁了西汉的政权，并进一步实现了对西域的控制，活动在河套平原以西、贺兰山前后，休屠部和浑邪部活动在河西走廊一带。后为汉武帝所败，退居漠北分裂为五部。浑邪王杀休屠王，并将其众降汉。公元前53年，南匈奴首领呼韩邪单于率众向西汉投降，由此维持了汉与匈奴60余年的和平。后来，这部分的匈奴部落就以属国的名义活动在汉王朝西北边塞附近。匈奴势力从河西撤退，一定意义上而言是丝绸之路产生和发展的前提。东汉时期，匈奴再次分裂为南、北匈奴。公元50年，南匈奴呼韩邪单于入居云中、西河二郡，分其部众在缘边八郡之地，此前游牧于汉塞下的属国部落或归南单于统治，并入居缘边各郡塞内。公元48年，南匈奴醢落尸逐鞮单于率众向光武帝投降，被安置在河套地区。汉匈关系得以和解。北匈奴则坚持与汉为敌，经常发动对汉与南匈奴的战争，后战败向西逃窜，影响了欧洲历史的发展。

而蒙古高原南部的南匈奴在东汉末年到三国时期率部众，向南迁徙，遍布今甘肃、陕西、山西、河北北部等地，与汉族杂居，并与汉族或其他民族融合。其中与汉族融合的，称为"屠各"，又称屠各胡、休屠各或者休屠等。到了曹魏晋初，塞内屠各部众极其昌盛，分布颇广，并在十六国时期的民族互动中扮演着重要的角色。虽然匈奴作为一个民族在民族融合的大浪潮中消失了，但匈奴在鼎盛时期所创造出来的畜牧经济和草原文化，对古代东方及古代欧洲社会历史都产生了重大的影响。甚至到今天丝路沿线的许多地名中，仍然保留着许多匈奴词语。河西走廊地下的许多古代遗址中都蕴藏着大量具有匈奴文化特征的文物珍品，在丝绸之路的文化沉淀中渗透着浓厚的匈奴文化色彩。这象征着这个古老民族在人类发展史上所留下的痕迹永远挥抹不去，也是滋养当今地域文化的一条根须。①

第五节 月氏人

大月氏在中国历史和世界历史上均是具有重要地位的古老民族。匈奴发迹、佛教东传以及汉通西域等，都与大月氏联系密切。

商代"伊尹朝献商书"中已出现过月氏，当时月氏分布在周朝的正北方。研究表明，月氏说的是一种塞克语或者是东伊朗方言，其语言属于印欧语系。月氏人活动范围广阔，从天山的中部一直延伸至贺兰山甚至到黄土高原，但其主要在河西地区活动。月氏主要从事畜牧业，他们以多马著称，随畜迁徙，与匈奴有相同的习俗，曾是草原游牧行国之长。但月氏人又不仅仅是游牧民族，他们过着筑城定居与游牧相结合的生活，这与吐火罗人比较相似。月氏人在河西留下了许多的地名，大都可以用吐火罗语来解读，因此西方历史学家认为大月氏就是古希腊文献中所提到的吐火罗人。春秋时期，月氏势力逐渐增强，月氏人经常到陇西一带活动，与秦国进行物物交换。秦穆公时期，月氏成了秦与西方各族物货交流的中介。战国时期，月氏的势力进一步发展，不仅将居住在敦煌一带的乌孙赶走，而且还实现了河西地区的统一，正式建立昭武城。西域的商队经常去昭武城做生意，同时昭武城也是中国丝绸由康国的商队转往西域与欧洲甚至非洲的中转站。可以说，月氏是最早将中国的物质文明传到中亚甚至欧洲与非洲的古代部落地区的民族。

秦始皇统一全国后，月氏的势力得到进一步增强，此时的月氏已经拥有"控弦十余万"，是当时强大的游牧民族，后来又在民乐永固一带修建了都城，因此月氏实现了对河西的有力统治。公元前177—前176年，月氏被匈奴冒顿单于打败，被迫向西迁移至今伊

① 刘士超：《穿越苍凉：永恒的丝路文明》，旅游教育出版社2005年版，第95—101页。

犁河流域。月氏西迁时间有两种说法：有人认为是在公元前3世纪末，还有人认为是在公元前174—前161年匈奴老上单于时。中国史籍中将这一部分西迁的月氏称为大月氏，大月氏在伊犁河流域没有停留多久，受到匈奴怂恿的乌孙便"西攻破大月氏"，大月氏只能被迫离开伊犁地区继续向西南迁徙，最终在阿姆河流域定居下来。1世纪中叶，大月氏在阿姆河流域建立了自己强大的王朝——贵霜王朝。并创造了高度的物质文明和灿烂的文化艺术。公元100年前后开始信仰佛教，广泛地撰写、翻译、校对和讲授佛经理论，迅速普及了佛教艺术，孕育了著名的犍陀罗佛教艺术。后佛教传入中原，与大月氏有密切的关系，对中国佛教艺术有着极其重要的影响。但有一小部分老弱病残不堪颠沛之苦并不能西迁，这些月氏人往东南迁至今甘肃、青海一带，与当地的羌族杂居，被称为小月氏。当时匈奴掌握了甘肃与青海的管理权，小月氏人中也有部分融入匈奴，被称为匈奴别部卢水胡。其他的小月氏人逐渐被同化，消失在民族融合中。

第六节　卢水胡

在河西的历史中，卢水胡是一个几乎被遗忘的古老民族。据推测是汉魏以来由月氏、匈奴、羌等不断迁徙、错居而逐渐融合形成的，因始居卢水而得名，散居各地的种人也均以"卢水胡"见称。张掖临松、湟中卢水、武威一带被认为是卢水胡的发源地。汉末三国时期，卢水胡不断向蜀郡西北部、陇右、关中等地区迁移和发展。陇东一带的卢水胡，初见于十六国时期。从匈奴分化发展而来的杂胡部落，其社会组织与风俗习惯与匈奴大致相同，经过魏晋南北朝的民族迁徙杂居，到隋唐时期完全融入汉族之中。西晋末年直到十六国时期，卢水胡迅速壮大，建立北凉，热心文化事业，鼓励点校经籍，讲学授业，著书立说，崇尚佛教，一度促进了河西文化艺术的繁荣昌盛，成为五凉文化和佛教艺术传播的中心地区。中原动乱，河西居安，中原文化在此地得以保持完好，后又反哺中原。河西卢水胡政权灭亡后，之前在河西的学者大量东迁，这对北魏初期整个中原大地的学风产生了重要影响。北凉承前启后，使河西文化为开启北魏、北齐、隋、唐制度奠定了基础。

第七节　乌孙人

乌孙是中国西北部的一个游牧民族，兴起于公元前2世纪到公元前1世纪。原游牧于河西走廊一带，后在难兜靡做首领的时候，乌孙遭到临近的月氏人的猛烈攻击，乌孙部落四散，牧地丧失，其子昆莫猎骄靡被匈奴单于所收养。从此乌孙残余部落依附于匈奴，在河西过着寄人篱下的生活。长大成人的猎骄靡骁勇善战，统领父亲遗留的土地与属民替匈奴征战，屡战屡胜。此时的月氏已失去鼎盛时期的光辉，从河西走廊一带迁移至伊犁河流域。猎骄靡借助匈奴冒顿的威力西征伊犁，赶走月氏，报了杀父之仇。乌孙留居伊犁河流域。势力逐渐强大后伺机摆脱匈奴的控制。恼怒的匈奴曾经出兵袭击乌孙，却未能获胜，从此乌孙脱离匈奴而独立，建立起了自己的政权。公元前119年，张骞再次出使西域，虽未能说服乌孙东迁故土，但受到了乌孙的盛情款待，从此便与遥远的中原帝国建立了亲密友好的关系。

第八节　鲜卑人

1世纪末，匈奴西迁，世居大兴安岭以北的鲜卑族占领了漠北匈奴故地，留居当地的10余万匈奴人也自号鲜卑，被鲜卑同化。著名的鲜卑首领檀石槐统一鲜卑各个部落，建立起强大的游牧汗国，国境的西疆达到敦煌，因此有一部分鲜卑人迁移到甘肃境内。东汉时期，随着匈奴的衰弱，鲜卑席卷了北方草原。到曹魏西晋初，鲜卑已取代匈奴成为北方民族的代表。当时鲜卑族被分为东、中、西三部，活动在西北地区的西部鲜卑主要有陇西乞伏鲜卑、河西秃发鲜卑和青海吐谷浑鲜卑三部。

秃发鲜卑属北部拓跋鲜卑，其始祖与北魏同源。大约在曹魏黄初元年（220年），拓跋鲜卑首领拓跋诘汾卒，其长子匹孤率部众脱离拓跋部，约于219—256年之间，从塞北阴山、河套南下，沿黄河两岸，顺贺兰山脉东麓南下，一直到达河西、陇西以北——今内蒙古额济纳旗至宁夏北部游牧。魏甘露元年至景元四年（256—263年）前后，镇西将军邓艾都督陇右诸军事时，又迁秃发等部鲜卑数万人至河西陇右雍、凉二州之间，后迁居于河西走廊东部及青海湖以东，与汉、羌等族杂居。其主要游牧地范围十分广阔，西至湿罗，东至麦田、牵屯，北接大漠，南至浇河。大致相当于今甘肃平凉西北的牵屯山、靖远北的麦田城以西至青海湖，腾格里沙漠、巴丹吉林沙漠以南至青海黄南地区。魏设护羌校尉加以监领。河西鲜卑种落甚多，除了秃发部外，其他可考的部落还有乙弗鲜卑（出于辽东）、契翰鲜卑、意云鲜卑、折掘鲜卑、车盖鲜卑、思盘鲜卑、北山鲜卑、麦田鲜卑等，而以秃发部为共主，共同组成了部落联盟。在南北朝割据政权纷争的时候，河西地区的秃发鲜卑也悄悄兴起，以湟水流域为中心建立起南凉政权，与他的兄弟部落遥相呼应。

陇西鲜卑是指在今甘肃陇山以及六盘山以西、黄河以东一带活动的鲜卑诸部。其中乞伏鲜卑族的势力最大最强。乞伏氏原居于漠北地区，大概是在东汉中后期从漠北南迁至阴山，在迁移过程中，乞伏（如弗）、出连、斯引、叱卢4个部落逐渐结合在一起，他们以乞伏氏为首领。由于联盟中的叱卢氏即高车12姓中的吐卢氏，所以一般认为乞伏鲜卑是原居于今贝加尔湖一带的丁零（南北朝时称高车）南下与鲜卑融合后所形成的。大约在西晋泰始初年（265年），乞伏佑邻率户5000，南迁于夏缘（今河套南），部众稍盛，约有5万。然后西迁至乞伏山——今贺兰山东北抵黄河的银川一带。魏晋之际，曾一度加入河西秃发鲜卑部落联盟。乞伏鲜卑部落联盟之外，陇西鲜卑还有鹿结部、吐赖部、勃寒部、莫侯部、仆浑部、匹兰部、提伦部、裕苟部、悦大坚部、密贵部、叠掘部、越质部叱、豆浑部、大兜国等，均活动在陇山以西的陇右一带，或分或合，统称为陇西鲜卑。十六国时期，陇西地区的乞伏鲜卑顺势脱离前秦，以金城为中心建国西秦，成就了一时辉煌。而与西部汉民杂居并友好相处的河陇鲜卑，在漫漫历史长河中逐渐融入当地的其他民族当中。遗留在汉族姓氏中的宇文、慕容、拓跋等复姓，至今还纪念着遥远的鲜卑祖先。

吐谷浑鲜卑是辽西慕容鲜卑的一支。曹魏时期，鲜卑慕容部在辽东一带活动，到了西晋初年，慕容鲜卑在首领涉归的率领下迁至徒河青山（今辽宁义县）一带，史称辽西鲜卑。慕容涉归死后，其庶长子吐谷浑率部西迁，大约向西经阴山（今大青山），历时20余年始顺河套南下越陇山（今六盘山）；永嘉之末，进入今临夏地区，征服了当地的羌族。其活动地域广阔，东南至四川松潘，西至黄河河曲，北至黄河地区。吐谷浑的儿子吐延即位之后，以父亲吐谷浑之名统领各部，当地人称之为野虏，意为外来的北方民族。到阿豺时，部落渐强大，又改称阿豺虏。此后汉文文献沿旧称称其为吐谷浑，羌人以及后来的吐蕃都用新称称其为阿豺虏。十六国时期，吐谷浑与周边的赫连夏、西秦以及南凉发生混战。北魏统一北方之后，吐谷浑的活动中心向西迁移，以青海湖为中心，吸收整合了赫连夏、西秦以及南凉余部及乙弗鲜卑等，西部鲜卑最终统一于吐谷浑，成为其核心部落，统治境内的羌、汉、氐、西域胡等，逐渐融合形成了吐谷浑族。

吐谷浑等西部鲜卑主要从事畜牧业，境内有城郭而不居，随逐水草，以庐帐为屋，此时期鲜卑族制造穹庐的技术有所进步。作为游牧民，吐谷浑善于养马，所牧养的青海骢在历史上十分有名，其他有特色的牧畜还有蜀马、牦牛等。鲜卑游牧民主要以肉酪为食，境内羌、氐、汉族均有人从事农业，因此可以出产大麦、蔓菁等作物。早期鲜卑族喜欢骑射，因此其服装主要以左衽为特征，袍服较窄，口小。吐谷浑掌握丝绸之路青海道后，由于受到西域的影响，其服饰也有了很大的改变，男子通服长裙，戴帽子或羃离。妇人习惯将金花作为首饰，辫发萦后，缀以珠贝。传统的鲜卑帽为圆筒形，亦即著名的乌丸帽，据说，鲜卑吐谷浑部曾向刘宋进献过乌丸帽。鲜卑发式以髡头和辫发为主要特点，无论是男子娶妇还是女子出嫁都要髡发。即剃去头顶周围的发，留顶发之大部分，垂辫于后。如今嘉峪关魏晋壁画墓中还会出现男子髡首、后脑留发的形象，这想必是与鲜卑有关。

鲜卑的婚姻主要是实行一夫一妻制氏族外婚制，但仍保留着较为原始的抢婚风俗。抢婚实际上也是一种试婚制，是婚前男女自由交往的表现。婚前男女要先髡头，婚后新郎还要到妻家服役一段时间。这种风俗延续到吐谷浑时期，鲜卑还实行收继婚制，父卒，妻其群母，兄亡，妻其诸嫂。在丧葬习俗方面，鲜卑各部之间还是有所差别的，东部鲜卑"俗贵兵死，殓尸以棺，有哭泣之哀，至葬则歌舞相送。肥养一犬，以彩组细牵，并取死者所乘马衣物，皆烧而送之，言以属累犬，使护死者神灵归赤山"。陪葬引路神犬是乌桓与东部鲜卑特有的葬俗。北部鲜卑似有秘葬习俗，总的来说，鲜卑族的丧葬习俗表现出浓厚的鬼神信仰，一般为土葬，有陪葬习俗。吐谷浑还有丧服制，葬讫而除。

早期鲜卑崇信萨满，有祖先崇拜和鬼魂不灭的观念，"敬鬼神，祠天地日月星辰山川及先大人有健名者"。同匈奴一样，鲜卑亦祭天。

唐朝初，吐蕃兴起，松赞干布统一西藏各部后，开始向北发展，吐谷浑被迫两属于唐、吐蕃之间。670年，吐蕃军队在青海湖南击败唐朝大军，遂占有吐谷浑大部。亲唐的吐谷浑可汗被迫迁徙至今宁夏地区。吐谷浑作为政权的历史结束，留在原地的吐谷浑以吐蕃小邦王子即附庸的名义出现在吐蕃文献中。此后两部分吐谷浑部落还有一些历史活动，后来建立的西夏政权中就有吐谷浑部落的成分。留在故地的吐谷浑则融入吐蕃之中。吐谷浑作为一个民族产生于丝绸之路，受丝绸之路文化交流的广泛影响，所形成的民族特点，体现着鲜卑、汉族及其他丝路民族的特点，成为促进古代各族人民友好交往的重要使者。①

第九节　回鹘人

初唐时期，大批回鹘部众内附，唐太宗将他们安置在甘、凉二州，从此开始，"甘州回鹘"越聚越多，连漠北回鹘汗国灭亡后留下的遗民也纷纷迁来，势力逐渐强大，一度试图建立自己的政权，统一河西走廊，成为控制丝路咽喉的一支重要的军政力量。在短暂的平静中，"甘州回鹘"熄灭了连年战火，维护了丝绸之路的畅通，在大规模养马的同时，利用绿洲资源发展农业，推进了河西地区经济的发展。公元1028年，这个割据政权被元昊击破，回鹘可汗自焚殉国，数万回鹘部众翻越祁连山，流亡到青藏高原，渐渐融入西藏的民族之中。

考古研究发现，甘肃境内几支重要的青铜文化都与这些狩猎部族间有着密切的关系。他们在艰苦的环境中自强不息，创造出了灿烂而辉煌的马背文明。他们的精神对后代西部精神文明产生了潜移默化的影响，维系着具象的经济文化传播之路的同时，也维系着抽象的民族特质传播之路。

---

① 刘基：《华夏文明在甘肃（历史文化卷）》（下），人民出版社2013年版，第535—546页。

第 九 章

商旅往来：甘肃丝路商贸的发展及其影响

丝绸之路，不同于其他的商道驿站，它既是一条艰险的沙漠之路，一条漫长的军政屏障，又是一条沟通东西中外的文化之路。它承载着古代政治与军事双向融合、物质和精神文明的双向传播的历史使命。从一定意义上讲，丝绸之路是南来北往的商人和东征西伐的兵卒一步步走出来的。特殊的自然环境与崎岖漫长的路程决定了丝路贸易的中转性，丝路沿线的城郭变成了大大小小的商品集散地，使其经济迅速活跃，文化飞快发展。贸易是国家与国家之间交往的媒介，是丝绸之路绵延千年的主要活动。在漫长的历史发展过程中，商贾在"丝绸之路"上不断努力，用自己的生命、青春与信念，推动了丝绸之路的发展。

第一节 汉前丝路商贸的萌芽

远古时期，欧亚大陆间就已经出现经济文化之间的交流，在两河流域、尼罗河、印度河流域和黄河流域以北的广漠草原，存在着一条由很多不太连贯的小规模贸易路线相互衔接而形成的草原之路。这条路就是丝绸之路的雏形。丝绸之路早期主要交易并不是以丝绸为主要的交易物资，大约在公元前15世纪就有商人在丝绸之路周边地带购买玉石或者其他手工艺品，出售带去的海马、海带等特产，与中亚地区的商人进行小规模的贸易。商人们逐渐开始把马、骆驼及一些适合在干旱环境下长距离运输的动物当作贸易工具，这就有力地促进了贸易规模的扩大，贸易物资的种类也变得丰富起来。同时，欧亚大陆腹地上有着肥沃的土地和广阔的草原，这就能为商队以及充当交通运输工具的牲畜保障了水、食物和燃料等一些生活必需品的供给，为商人与牲畜不断进出欧亚大陆提供了天然的保护条件。公元前5世纪前后，河西走廊开始开辟，这为中国对西方的商贸交流提供了便利的条件，西域地区在这一时期出现了许多新兴国家如鄯善、龟兹等。但这种交流与公元前1世纪繁荣的丝绸之路上的交流仍有差距，并且也没有持续下来。后来，游牧民族的势力不断增强，他们同定居民族之间的矛盾也日渐激烈，这就大大影响了文化贸易交流，使得这种交流仅存在于局部地区之间。

乌氏倮是秦国陇上的一个商人，以贩卖牛羊为生。在公元前216年，他向秦国政府索要了一批丝绸，并用这批丝绸同他所在的部族首领交换牛羊。然后他的部族首领再用这些丝绸，同盘踞在河西走廊的月氏人和塞人交换他们从中亚、西亚以及罗马人那里交换过来的黄金。河西走廊一带的月氏人和散居中亚北部的塞人，经过常年的游牧生活，成为中原与西域各国间最古老的丝绸贸易商，而东西方之间辗转的丝绸贸易通过乌氏倮实现了最终的贸易往来，大月氏也从中西交通的中转站逐渐发展为了中西贸易的中转站。77年后，匈奴的兴起直接阻挠了与中国进行丝绸贸易的月氏和塞人的贸易行为，汉政府为保障和维护这条丝绸之路能够安全和畅通的进行贸易，不得不通过国家的力量来打击匈奴。

第二节　西汉丝路商贸的开辟

公元前139年，张骞率领一百多名随从从长安出发，经过大夏（今阿富汗），在其市集上，看到了很多产自大月氏的毛毡以及大秦国的海西布，甚至还看到了汉朝蜀布和筇竹杖。据此可以推断，在张骞通西域之前，丝绸之路已经开始开展贸易活动。公元前119年，作为中郎将的张骞，第二次受命出使西域。历经4年多的时间，张骞和他的副使到达安息（今伊朗）、康居、大月氏、身毒（今印度）、大夏、大宛等地。西汉武帝时期沿丝绸之路修筑长城及沿线道路，设立亭障，又在今甘肃境内设立了河西四郡，并在通往今天新疆和中亚西亚的版图上设立了四大"西域都护府"，将丝绸之路的交通和贸易纳入国家管理范围之内，不仅能够保障丝绸之路的安全还能为商旅提供食宿便利。从此，从长安通向西亚、中亚以及罗马的丝绸之路实现了正常的贸易往来，中国和西方商人在这条欧亚的主要贸易通道上进行贸易往来，丝绸之路得到了进一步的发展。汉武帝接受了张骞的建议，招募了一大批身份低微的商人，并鼓励这些商人利用政府支持贸易的政策与配给的货物到西域各国发展商业。正是汉武帝派出的这批具有冒险精神与贸易头脑的商人，逐渐发展成为汉与西域经济贸易与文化交流的媒介，他们中大部分人后来都成了富商巨贾，这很快就吸引了大量的内地商人开始在丝绸之路上从事贸易活动。从此之后，这条连接东西方经济文化交流的丝绸之路，开始进入大发展大繁荣的时代。

公元前106年，汉武帝派到安息的使团，实际上是中国第一个远征伊朗的丝绸商队。这个队伍具有使者和商人双重身份，他们携带大量丝绸，与诸国交好，沿路还顺便采购了一些奇珍异宝。而古代中亚地区锡尔河、阿姆河流域，均在今乌兹别克斯坦境内，在两大流域地区有一个叫粟特的民族，他们特别擅长经商。那里有安、康、石、伐地、火寻、曹、河、米、史九国，被称为"昭武九姓"。在西汉时期，"昭武九姓"就开始在中国进行商贸往来，是丝绸之路上最早开展商业贸易的人群之一。粟特不仅会贩卖地方特产、促进货物流动，而且还将西域的习俗文化也带到了中国。石国人的舞蹈、米国人的歌唱、曹国人的琵琶都赫赫有名。当时在敦煌、凉州一带盛行的"西凉乐舞"就是胡汉文化艺术结合的典范。

当时国际贸易的中心市场主要分布在长安、河西走廊、鄯善、洛阳、龟兹、于阗、轮台、疏勒以及吐鲁番等地。西汉王朝曾专门设立官职管理中国的外交和商务。长安的"蛮夷部"专门为外使和外商提供住所。朝廷还指定官员用黄金、丝绸与外商交换骆驼、马、宝石、毛制品、药剂、璧玉、珊瑚、琉璃、香料等特产。经过审批，私商也可以与外国人直接进行贸易往来。中国输出的主要是金银、丝绸、铁器、漆器、药材等产品，其中丝绸和漆器是最畅销的。

东汉时期政府不仅注重修筑道路，还在丝绸之路要冲上设立了不少邮亭，既提供信息传递功能又为商旅提供住宿功能。古罗马人非常喜欢中国的丝绸，无论是商人还是国使都跋山涉水到中国来换取丝绸。公元100年秋冬交会之际，马其顿商人梅斯奇迹般地出现在洛阳，震惊了东汉朝野，这是最早的欧洲来华使团。汉和帝隆重接见了梅斯，并赐给他金印紫绶。公元166年，罗马皇帝安敦的使团以谈判丝绸贸易为目的来到中国。罗马商团大规模来华，促进了西方对东方的了解。后来由于西域内部矛盾激烈，汉哀帝以后的政府逐渐放弃了控制西域。失去政府管制的西域，内部矛盾变得更加激烈。后期与匈奴不断发生战争更使出入于塔克拉玛干的商路难以通行，当时的中国政府为避免西域的动乱影响到本国，因此经常关闭玉门关，这些因素最终使得丝绸之路东段天山北南路的对外贸易陷入半通半停状态。

第三节　北魏至隋丝路商贸的发展

在汉亡后与隋唐之前这段时间，虽然战争频仍、国家出现分裂，但丝绸之路仍然处于重要的地位，各代也颇为重视丝绸之路的经营。公元445年，波斯使节满载地毯、宝石还有香料而来，与中国互通有无。北魏统一中国北方后，丝绸之路再度畅通。很多外国商人和使节纷至沓来，北魏政府特地在都城洛阳城外伊河、洛河之间的御道东，设立接待外国商人、使节的四馆——金陵馆、燕然馆、扶桑馆、崦嵫馆，其中崦嵫馆是专门用来接待来自西方的使节和商人的。此外北魏政府不遗余力地发展丝绸之路，打通了经蒙古鄂尔多斯沙漠南缘至姑臧之路。北魏又在御道设立专门供外商侨居的场所，称为"四里"。其中"慕义里"专门供来自西方的侨居者使用。此外，北魏政府还在洛阳开设"四通市"，专门供西方商人进行贸易。这些场所的设立，为来华外商的生活和商务活动提供了便利的条件，有力地促进了中外贸易的发展。

曹魏控制河西后，敦煌太守仓慈采取了打击豪强大族、保护中外商人等一系列措施，以保证丝绸之路贸易能够畅通无阻。因此才能为贸易往来创造公平、有序的中外贸易环境，由此外商的权益能够有效保护，丝绸之路的贸易往来又恢复了昔日的昌盛局面。

隋初，丝绸之路上的贸易往来主要集中在河西地区，隋炀帝曾亲自出巡河西，热情款待西域各地王公和商人，鼓励胡商到内地贸易。为胡商提供从河西到内地的沿途交通费用以及食宿费用，并应外商要求在洛阳举办中外商品交易大会，全面展示隋代中原异彩纷呈的文化和先进的物质文明，由此吸引了很多外商前往洛阳、长安等地进行贸易。隋炀帝也特别重视发展丝绸之路，对逗留在张掖、酒泉一带的胡商"啖以厚利，导使入朝"，为愿意来洛阳做生意的外商给予优厚的待遇。大业五年，隋炀帝西征，从山扁都口一直到张掖，历尽千辛万苦，最终平定陇右河西的吐谷浑之乱，实现丝绸之路的畅通无阻，促进了我国与西方商业贸易的进一步发展；且曾在张掖设过两次大会与西域伊吾、高昌等27国首领、使者和商人会见。同时，为确保丝路咽喉重镇伊吾的安全，派大将裴矩和薛世雄建伊吾城，常驻河西专门管理中外贸易。大一统时代的到来又迎来了丝绸之路贸易的繁荣发展。

第四节　唐代丝路商贸的繁荣

随着唐朝（618—907年）的建立，西域的军事要塞和关口被重新建立起来。唐朝通常被认为是一个对外开放的时代，这时，来自世界各地的商人纷纷开始在唐朝的都城长安建立商铺，对纷繁多样的外国奢侈品和奇珍异宝的兴趣爱好开始从宫廷蔓延至民间。在长安定居的外族人如回鹘人、突厥人、粟特人、吐火罗人、阿拉伯人和波斯人建起了他们自己的寺院，西汉时大鸿胪专门负责接待到达长安的外国贡使及商人，在长安街还设有蛮夷邸以用来专门接待外国人。从敦煌径直穿越罗布泊盐滩到达吐鲁番，沿途一直存在沙尘暴的威胁且路途遥远，南来北往的商人不得不在驿站或城镇等候结伴，组成商队再出发。西域商人称这种商队为"喀拉凡"，一个"喀拉凡"的人畜数目多则几百上千，少则五六十。向导是商队的领导者，主要负责引路和叩关，还需要负责管理商队和旅途的安全，有权向每个商人收取一定的报酬。骆驼被称为"沙漠之舟"，也是商队运输的主力军。几千年来，贸易往来一直将巴克特里亚双峰骆驼作为最主要的运输工具，驼队也成了中国北方丝绸之路上一道极为常见的风景，并一直延续到20世纪中叶。

  唐代为促进贸易往来，在从长安经河西到西域的广大地带，兴修驿道，遍设驿馆，以便为过往的商人和使者提供食宿和牲畜的草料。唐前期，陆上丝绸之路的贸易发展得如火如荼。唐朝国力强盛时，各国均向唐大量进贡，其实质是各国与唐进行的商品交换。唐朝的丝绸之路贸易与之前相比，实现了进一步的发展，影响范围进一步扩大，已"达到西海"。朝贡于唐代开始兴起，是进行贸易往来的一种特殊形式。唐朝廷专门设置礼宾司，专门用来接待四方使者。据记载，外国的贡物，名目纷繁复杂，西北方向诸国所贡，主要有石蜜、药物、龙脑香、琥珀、金锁等；南方诸国贡物，主要有珍珠、胡序、沉香、象等；东方诸国的贡物，主要有金甲、金银、金漆、马、铜等。由此可见，四方诸国所贡之物，大多为异方物。唐为进贡的使者提供驿马、程粮以及食宿，并回赠大量的丝绸，数量不等。除了以贡赐方式进行贸易之外，唐与诸国的其他贸易也相当活跃。众多来华经商的胡人中，波斯商胡是最具有特色的。波斯商胡的活动范围广阔，遍及南北各地。盛唐时期的丝绸之路最为繁荣，往来商旅熙熙攘攘的，每个店肆里边，不仅准备有酒饭供商旅专用，而且提供毛驴供客人乘骑。这两千里路程，不仅是唐王朝对西域和中亚实行控制的通道，也是当时各国进行贸易往来和文化交流的重要动脉。"兴胡之旅"是这条动脉最为活跃的风景。兴胡是六朝以后汉人对西域胡商的统称。他们怀揣通行证，赶着毛驴，将京师的丝绸源源不断地销往阳关之外。河陇大地，胡商遍布，商旅往来，形成大大小小许多的商业中心。大批外商来华进行贸易往来时，将各国货币带于此地。近些年来，中国陆续出土了阿拉伯金币、东罗马金币以及波斯银币，在域外还有唐代铜钱出土，盛唐对外贸易的活跃程度显而易见。

中唐以后，植茶事业日渐兴盛。以吐蕃、突厥及回鹘等游牧为主的民族及中亚各国纷纷表现出来对茶的偏爱，由此茶叶的需求愈演愈烈，这在很大程度上刺激了茶叶市场的迅速发展。茶商开始接踵而至，茶马互市也在五代宋初出现在河西走廊。他们把骏马、麝香、水银、朱砂、牛黄、珍珠、土金、犀玉、珊瑚、香料、羚羊角、犀牛尾等珍贵物品长途贩卖到中国，换一些丝绸、茶叶、漆器、金银器和粮食，促进了互市城镇的活力，对远离内地的边塞地区的经济文化的发展起到了较大的推动作用。

第五节　元代丝路商贸的中兴

唐末以后，中亚和新疆地区战争频繁，扰乱了西北丝绸之路的继续发展，使得对外贸易逐渐衰落。

整个13世纪，成吉思汗及其子孙，南征北战，征服了欧洲、亚洲的大部分地区。元代继续推行宋以后的对外政策，实施了钞票制度、驿站制度还有官营手工业制度，鼓励对外贸易，因此由于战争扰乱而衰落的丝路贸易，再次繁荣起来。边境贸易，指的是在蒙古统一国家之前，蒙古游牧部落已经开始与北方邻近民族和地区发生商品交换。在商品交换中,很多商人还与蒙古贵族建立了友好的交换关系,有些还参与了蒙古帝国的创业活动。他们中有些人通过经商为蒙古人筹措军饷,还有些人作为蒙古使者出使中亚。蒙古西征后,与西域建立了更加紧密的经济联系。在蒙古民族中,中原农业经济文化首先影响到其上层统治阶级,因此对于粮食、丝织品等的消费显著增加。为鼓励商人前往漠北地区开展贸易活动,元政府甚至不惜以重利引诱商贾置谷帛用物,不但会发给金银牌符给北上经商的色目商人以使其乘驿优惠,而且还"特免收税以优之"[①]。从内地销往漠北的商品不仅有粮食、饮料,还有丝织品等。蒙古草原的牲畜、筋角以及毛皮也常常会被南运至中原。直到元朝末期,还与漠北进行过大规模的绢马交易。在朝贡贸易方面,蒙古西征,在蒙古草原以西的地域形成了察合台、钦察、伊利诸汗国,到元代诸汗国已纷纷掌握了各自独立的政权。在元帝国与诸汗国之间的经济交流过程中,除了有专门的商队进行贸易外,还会通过赏赐或者进贡的方式来实现朝贡贸易。诸汗国向元帝国所献的贡品通常均为特产品或者其他奢侈品,如西域的玉器、珍宝、大珠、水晶、文豹、狮虎、药物,还有特产的佩刀等。元帝国则以金银、钞币、缎帛、绣彩以及东北特产猎鹰等作为回馈。从本质上来说,每一批使者都是一支庞大的商队。在成吉思汗西征之前,中亚腹地范围内的国际商队贸易已粗具规模。成吉思汗为了征服亚欧大陆,通过借助西域色目商队的经商活动来筹措军饷。他曾多次派遣商队前往中亚各地,与其他国家开展贸易往来。经历了三次西征及南征后,蒙元帝国版图扩展至更大的范围。另外,驿路的开辟建设以及欧亚交通网络的恢复,都为国际商队在欧亚广大地域范围内再度展开长途贸易活动提供了便利条件。欧洲、中亚和西亚的商队沿着新辟丝路或丝路古道辗转来华,中国的一些商人也会驱赶着骆驼远去中亚或欧

[①] 汪敬虞编:《中国近代工业史资料(第二辑 1895—1914 年)》,科学出版社 1957 年版,第 44—45 页。

洲开展贸易。

大量中外史料都可以看出，在当时漫长的东西方陆路商道上从事商队贩运贸易的，有欧洲的波兰、捷克、奥地利、热那亚、君士坦丁堡、意大利威尼斯、俄国、佛罗伦萨等地的商人，还有中亚、西亚的阿拉伯、波斯等国家①。其中包括萨拉森回教徒商人以及中国色目商人，等等。欧洲和中、西亚商人一般都携带大批金银、珠宝、药物以及香料等商品来中国或在沿途直接出售，他们所购买的主要是中国的缎匹丝绸、茶叶、枸杞、瓷器、麝香等商品②。由于从欧洲到中国的路程十分遥远，加上沿途自然气候条件和地理条件特别艰苦，有时还会发生盗劫。因此，商人如果需要进行长途贩运，通常会等候结伴，必须组成数十人以上的商队才出发，而且需要沿路雇用翻译，携带足够的料草、食品等。元代来中国的外国商人、商队数量众多，这一点可以在著名的《马可·波罗游记》中进行查证。

第六节　明代丝路商贸的转折

明代人们习惯将天山南北的广大地区称作狭义的西域，蒙古族和维吾尔族等少数民族聚居在此。自元朝灭亡后，这片地区被分裂为大小不等的封建割据政权，大者称国，小者称地。广义的西域是指中亚西亚地区，与明王朝关系比较密切的割据政权是撒马尔罕，即世界史上著名的帖木儿汗国，以及从帖木儿汗国分裂出来的哈烈（今阿富汗）。其次有鲁迷（今土耳其）、沙哈鲁（今埃及）、俺的干（今安集延）、天方（今阿拉伯）等国家或地区。明代与广义的西域即中亚西亚各国和地区的关系是建立在各国的贸易往来关系之上，其中最主要的是与撒马尔罕（即帖木儿汗国）通商贸易的关

---

① （清）雷以诚：《清史列传》，商务印书馆 1930 年版，第 435—456 页。
② 王之春：《国朝柔远记》，中华书局 1961 年版，第 11—12 页。

系。永乐年间，这种贸易关系发展达到巅峰。明王朝着手经营河西地区的经济之后，曾遣陈诚五次出使西域，一方面动员国家的力量与民间的资本，再一次鼓励加强与西域各国的贸易，尤其是丝绸之路贸易往来，东西方贸易迎来又一次兴盛。另一方面促进了明王朝与西域的联系，使得明永乐年间，成为明代与西域进行经济文化交流的最佳时期，这有力地促进了丝路贸易的恢复和发展。

西域和中亚西亚各国相继派出大规模的使团朝贡明朝廷，明朝廷也会赐给西域诸国丰厚的内地特产作为回馈。西域各国甚至有时有超过几百人的贡使团队。在西域各国与明朝的贡赐贸易关系中，哈密与内地的往来是最为密切的，贡赐贸易的次数也最多。在贡赐关系的基础上，明王朝与哈密进行大规模的互市往来。在互市贸易中，既包括官市又包括私市，而且鼓励他们随时随地开展贸易。明永乐之后，明王朝西域政策由积极开放转为消极保守。丝路贸易在由国际性贸易向区域性民间贸易转变的过程中日趋衰落。宣德七年（1432）明王朝遣李贵等人出使西域，二者的关系才得到缓和。景泰年间（1450—1457），撒马尔罕曾多次进贡马、驼、玉石等物品。天顺元年（1457）明王朝复议通西域并派都指挥马云等出使西域，敕奖撒马尔罕苏丹母撒；天顺七年（1463）明王朝曾遣使往赫拉特（今哈烈）。不过总体上来说，永乐之后由于明王朝采取消极保守的西域政策，丝绸之路贸易呈现衰落的趋势。①

明朝初年和明朝中后期，实行闭关锁国的政策，此时，中国内地与天山南北广大地区以及中亚、西亚各国传统的陆路贸易，在经过元末明初的短暂的衰落之后又重新得到了恢复和发展。在当时的历史条件下，可以将这种陆路贸易大致分为两种，一种是国际性的陆路贸易，另一种是区域性的民族贸易，且前者小于后者。就形式而言，主要是打着官方"贡赐"旗号的实物交换，其次还有"假

---

① 孙占鳌：《嘉峪关与明代丝绸之路贸易》，《甘肃广播电视大学学报》2017年第27卷第2期。

公济私"的商品交换，只不过纯粹的民间商旅及边境"互市"比重不大。就规模而言，由于当时世界经济格局发生变化、路途条件艰苦加上中亚动乱不断，因此国际性陆路贸易大不如隋、唐、宋、元等时期，基本上变成了一种外交性的礼仪联系手段。

第七节　清代丝路商贸的没落

总的来看，清代前期在丝绸之路地区实行的贸易政策，仍旧以维护封建专制统治为主要目的。这种政策以侧重政治为特点，强调政府的控制，其次才是在社会稳定的情况下有限度地宽容民间贸易。这些政策的实施，虽然有利于保证西域边陲的繁荣与稳定，但客观上却限制了内地与边疆以及西域诸国之间经济贸易的发展。乾隆年间，绢马贸易繁荣，丝绸之路迎来最后的辉煌。1757 年，清政府与哈萨克斯坦确定通商贸易关系，次年，开始了大规模的绢马贸易。在 1762 年以前，仅乌鲁木齐一个地区，每年与哈萨克交换的马匹数量就在 2000—3000 匹之间，而 1762 年则超过了 4000 匹，这是绢马贸易进入全面发展时期的重要象征。后来继乌鲁木齐和伊犁之后，又增加了一个新的贸易点塔尔巴哈台。1763 年，清政府在塔尔巴哈台设城驻兵，哈萨克人很快前来要求贸易。在实现了与塔尔巴哈台通商之后的十年，也与乌什、喀什噶尔、叶尔羌相继实现了通商。清初丝绸之路出口的主要贸易商品是绢、棉纺织品等产品。在乾隆 1757 年，清政府在筹办与哈萨克进行贸易之时，棉纺织品被列为重要内容。外商通过丝绸之路贩运来华的主要是南洋与印度生产的缎、纱罗、檀香、胡椒、香料、夏布等。

清代前期，尤其是康、雍、乾、嘉时期，丝路贸易虽表现出明显的衰落趋势，但并未迅速走向终结。而随着多民族国家实现统一以及西北疆域局势逐渐稳定下来，亚洲内陆民族区域之间的商业贸易还一直呈现着比较兴盛的状态，集中表现为边境贸易逐步发展。在取得平准胜利后，清王朝在丝路古道，即古西域道上以塔城、乌鲁木齐以及伊犁为中心与哈萨克各部开展绢马贸易，同时，其还在丝路南道上与浩罕和布哈拉商人开展边境贸易，以及清王朝与蒙古各部通过北方丝路沿长城一线进行贸易是其较为突出的表现形式。这些边境贸易是在丝绸之路上民族区域经济基础上的继续发展，不仅对促进西北乃至亚洲内陆社会经济发展、政治稳定与民族团结都发挥了重要作用，而且是丝路贸易史上最后一次文明平等的商贸关系。不过到19世纪初至中期，沙俄强加给中国人民的不平等的掠夺性贸易逐渐取代了这种平等贸易，丝路贸易最终走向了终结。①

第八节　丝路商贸的重要影响

一　河西

河西走廊地处中国东部通往西域的咽喉要道，使其成为古代丝绸之路上最活跃、最繁荣的国际交易都会。南来北往的使节和商人从这里鱼贯而出，河西人占尽过境贸易之利。敦煌、酒泉、张掖、武威，均成为华戎交易的贸易名城。由于有大量的康居商人长期居于敦煌西面的石城镇，因此"兴波湖"逐渐发展成为专供外国人居住的"特区"。酒泉市场规则完善且独具特色。当时交易时间以太阳为标准，在中转交易的同时，酒泉人也没有忘记推销自己的土特产品，盛产于酒泉、张掖一带的中药材大黄成为久盛不衰的外销产品。大量的贸易一度使河西走廊坐拥过境贸易之利，取得了快速的发展。但实际上"西域胡商往来相继"、东西节使络绎不绝，使得"所经郡县疲于迎送"，成为一种耗财扰民的苛政。在这里中转贸易的外国"奇货"和本国丝绸，因都不是当地生产的东西，并未对河陇的生产结构和格局产生刺激与改造作用，热闹的排场过后，迎来送往的主人们只留下满身心的疲惫和失落，最终导致"关右骚然"的结果。这一弊病愈演愈烈，明代更是发展到极致。许多外商可以

---

① 皮坚：《丝绸之路对外贸易走向衰落研究》，硕士学位论文，湖南大学，2010年。

诡称大使，觐见中国皇帝，"纳金若干"就能被任命为商队领袖，得到十分丰厚的"赏赐"。到嘉靖年间，国库空虚，大规模的赏赐难以为继，开始对国外使节"入贡"的次数和进京的人数加以限制。大批"使团侍从"和特权商人被滞留在甘、肃二州（今张掖、酒泉）。于是在当地进行广泛交易，使明朝的西大门肃州花开二度。15世纪以后，明政府实行闭关锁国，西行的驼铃声遥遥远去。在物质文化流失的强烈反作用下，丝路经济也迅速瓦解。①

二　秦商

陕西是古丝绸之路的起点，长安是古丝绸之路的始发地。春秋时期产生的秦商不仅能够登上历史舞台，而且还以国家商人的身份在丝绸之路开展商品贸易。

秦地商人携带中原的丝绸、茶叶至西部进行贩卖，有利于满足西部少数民族的生活需求，对保证西部边疆的安宁与和谐具有重大意义。而他们从西部贩回的黄金以及马匹，都为增强国家的经济实力，提高国家的军备力量提供了有力保障。汉唐时期，主要是秦地商人在丝绸之路上从事贸易活动。到唐代，长安发展成为国际大都市，虽然也有胡商在丝绸之路上来往，但主要还是秦地商人从事贸易活动。宋元以后，国都东移，陕西被边缘化为边疆地区。不过于明清时期产生的陕西商帮，仍然会在丝绸之路上交换东西部的商品，进行贸易往来。明清时期在丝路沿线城镇从事商业活动的仍然主要是陕西商人。因此可以说基本上是秦商在经营丝绸之路。②

西域各族人民以进贡或者贸易等形式，将西域的玉石、牲畜、皮张及其他特产带入内地，又采购内地的药材、铁器、茶叶、绸缎以及其他生活用品带回西域地区。两地之间的经济交流不仅有利于两地的社会经济发展，还有利于改善当地人民的生活条件。

---

① 刘士超：《穿越苍凉：永恒的丝路文明》，旅游教育出版社2005年版，第46—49页。
② 赵沛、李刚：《论秦商在古丝绸之路贸易中的历史地位和作用》，《西南大学学报》（社会科学版）2017年第2期。

第十章

石窟艺术：甘肃石窟的分布、发展及其艺术价值

公元前6世纪至公元前5世纪，佛教诞生，并迅速地传播开来。一条是由印度向南传入中国傣族地区及今老挝、柬埔寨、缅甸、泰国等国，统称为"南传佛教"。另一条从印度北部传入今中亚地区，然后经中亚传入中国，再由中国传入朝鲜、越南、日本等国，统称为"北传佛教"。作为佛教的纪念性建筑，石窟寺艺术也随着佛教的传入逐渐出现在中国，并在与中国传统文化融合的基础上，迅速地发展起来，使得中国艺术史迎来了新纪元。在持续地碰撞、交流与融会中，形成了具有鲜明民族风格的中国石窟艺术体系。中国是北传佛教的中心，自西汉张骞出使西域后，东西交通日益畅通，往来日益密切、经济文化的交流也随之频繁，形成了"丝绸之路"。而佛教和石窟技术在丝绸之路沿线地区尤为繁荣，且正是经由丝绸之路，传至中国内地，成为民族文化的珍贵宝藏。如果说丝绸之路像一根生机勃勃的藤蔓，那么石窟寺就是藤蔓上珍珠似的葡萄。甘肃石窟规模庞大、数量众多、内容丰富、历史悠久，被誉为"石窟之乡"。甘肃现存的众多石窟中，也有极个别属道教石窟，但绝大多数是佛教石窟，所以石窟艺术通常指的是佛教石窟艺术。

第一节　甘肃石窟的发展

一　石窟寺

佛教又被称为"象教"，它既含有深奥的教义，也包含着具体生动的形象，另外它还非常注重并善于将抽象的教义寓于具体的形象之中。佛教初传时期，并没有佛的形象出现，一方面，释迦牟尼经常告诫和教诲其信众，信奉教义更重要的是理解其深刻的含义并且时刻牢记遵守，保持一颗赤诚之心，不提倡为自己造像；另一方面，当时的佛教信徒们，认为佛是神圣和超人的，佛的形象不是一般人能造作的，随意去造佛的形象则是对佛的不敬。因而，最早的佛教艺术是用菩提树、莲花、足迹以及法轮等作为佛教的象征，代表佛的存在。

为了使佛教的弘扬与发展能够取得更好的宣传效果，佛教利用多种艺术形式宣传其教义。公元1世纪初，印度西北部的古代犍陀罗地区（今巴基斯坦白沙瓦和阿富汗东部一带），充分吸收融合希腊艺术之后开始尝试雕塑佛像，自此便有了佛教的偶像崇拜。石窟寺最初的开凿多为僧人修行习禅之便，当时的佛教徒们把他们所崇拜的偶像和修道的地方多选择在远离城镇和环境幽静的深山密林的崖畔，或在大河两岸的山岩，一般人很难到达。人们习惯把这种石窟称之为石窟寺。随着佛教的发展，石窟寺在其他职能方面也由单纯的供僧人修行，逐渐演化为宣扬佛教教义和教化众生的道场。[①]

印度佛教之所以开凿石窟，学者认为多是与当地的自然环境有关。印度大部分地区暑期较长，天气炎热，而岩窟冬暖夏凉，适宜静居。所以，印度山间的自然洞窟的数量占比最多，主要功能为供佛教僧人修持、坐禅、生活和集会之用。而后，人们开始在僻静的山林间开凿石窟，比用砖石修建寺院要节约成本，而且石窟比较坚

---

① 陈英、高宏：《甘肃历史文化》，甘肃文化出版社2011年版，第163页。

固、不易损坏。阿育王时期，为了传播和发展佛教，不仅在佛陀生活过的地方树立纪念柱，还在印度各地大建寺院，在今印度比哈尔邦格雅城北的巴拉巴尔石窟，是印度现存最古老的佛教石窟群。早期的佛寺建筑皆为木构茅棚，所以早期的石窟一般也是仿造木构茅棚形制。孔雀王朝结束以后，佛教石窟艺术获得了较快的发展，艺术成就也相对较高。从公元前2世纪起，大夏的希腊人侵入了印度的西北部，而后公元50年，月氏人占领印度西北部建立了以犍陀罗地区为中心的贵霜帝国。因这一地区的文化受希腊文化多年的影响，此时流行的佛教艺术与石窟的建造兼有印度和希腊的风格，这种艺术表现形式被称为犍陀罗艺术。犍陀罗艺术的最大特点就是打破了早期佛教雕刻的禁忌，仿照希腊神的雕刻，直接雕刻出了佛陀的形象。对后世最大的影响就是强调了佛陀和诸位菩萨的形象。4世纪，印度艺术进入黄金时期，阿旃陀晚期石窟艺术即属于这一时期。石窟规模扩大，且形制也开始多样。主要有两种类型，一种是佛殿式或经堂式石窟，一种是佛寺式或僧方式石窟。3世纪前后，石窟造像艺术传到了新疆。印度阿旃陀石窟是石窟艺术的发源地，印度佛教艺术西流至希腊、罗马后汇集于犍陀罗地区，成为中亚佛教的艺术中心。中国的石窟艺术在窟形和造像题材上汲取了印度阿旃陀石窟的雕刻艺术，而艺术风格则受印度贵霜王朝的犍陀罗式石窟的影响。[①]

二 甘肃石窟的发展跨度

在现在的行政版图的甘肃境内，十六国时期就已经开始开凿与修建石窟，其中包括以莫高窟、炳灵寺石窟、麦积山石窟、天梯山石窟等为代表的知名石窟。魏晋南北朝时期是多民族文化交流融合的活跃时期，也是历史中较为动荡的时期，作为人们精神支柱的佛教得到了快速发展。北魏是中国北方地区石窟开凿的高峰期，南石

---

① 刘基：《华夏文明在甘肃（历史文化卷）》（下），人民出版社2013年版，第407页。

窟寺、北石窟寺均开凿于这一时期，且炳灵寺石窟、麦积山石窟及其他地区的石窟也得到了进一步的开凿。自北魏以后，甘肃各地的石窟开始大规模开凿。

　　隋唐是佛教的兴盛时期，石窟的修建也达到了前所未有的高度。隋朝虽然只在历史的长河中存在了37年，但隋时期，不仅在莫高窟修建开凿了一百多个石窟，也在麦积山的东崖和西崖修建了摩崖大佛像。甚至在莫高窟藏经洞中出土的文书中，发现了皇室成员的写经。进入唐朝之后，丝绸之路商贸更加繁荣，中外间的文化交流更加频繁，以玄奘为代表的众多僧人往来穿梭于中国与印度、东亚之间。在当朝政权的支持与倡导下，佛教在丝绸之路沿线更加繁荣，寺院与石窟也迎来繁荣发展。武则天代唐建周后，大力倡导佛教，并下令在全国修建大佛，在此背景下，甘肃境内也修建多尊大佛，敦煌莫高窟、安西榆林窟、武威天梯山石窟、永靖炳灵寺石窟等均营造有巨型佛像。莫高窟更是兴盛，在武则天时期有千余个洞窟，而在现存的石窟中，有200多个为唐代的石窟。安史之乱以后，中原地区政权更迭、战乱不断。敦煌先后由吐蕃和归义军占领，后在归义军政权相对灵活的外交策略下，敦煌地区保持一百多年的安定，造像活动并未受到太大影响。

　　宋元时期，莫高窟、马蹄寺、文殊山等石窟中留下很多具有时代特色的雕塑及壁画作品，并对前代的洞窟进行了加固重修，对无法修补的壁画都进行了重新绘画。到了明清时代，麦积山石窟、炳灵寺石窟以及河西地区的一些石窟都曾对前代洞窟进行过重新修建或绘画。虽然表现艺术水平有一定的退步，但其也能充分展示明清时期的艺术特色与绘画的风格[1]。所以说甘肃石窟时间跨度较大，从十六国直至明清时期历朝历代的佛教艺术均有保存[2]。

---

[1] 敦煌研究院、甘肃省文物局：《甘肃石窟志》，甘肃教育出版社2011年版，第8页。
[2] 瞿继娟：《甘肃石窟发现史》，西北师范大学硕士学位论文，2014年。

第二节 甘肃的石窟艺术

一 石窟形制

(一) 石窟建筑方式

甘肃早期石窟的建筑方式,源于2世纪印度佛教教徒所创建的"阿旃陀石窟"。"阿旃陀石窟"主要有两种形式,一种是毗诃罗(Vihara),是僧侣坐禅修行的精舍、僧院,为方形的广堂,四面开许多小窟,是僧侣们居住的地方。禅窟仅供坐禅,所以窟壁仅是抹一层泥的素壁。另一种是支提窟(Caitya),支提是塔柱的意思,支提窟是供佛教教徒绕塔巡礼的塔庙、舍利殿。支提窟内有一木型舍利塔由地面直达窟顶,塔内埋有佛骨,四面雕塑佛、菩萨,窟平面呈内圆外方的马蹄形。而在印度石窟传入中国之后,其建筑特征就开始与本土文化相融合逐渐产生了变化。

甘肃省内各地的石窟寺都有一个共同的特点,即都位于距离城镇较远的偏僻山谷之间。莫高窟、榆林窟等石窟都距离城镇几十里;酒泉的文殊山石窟地处距离城镇三十里的山峡之内,凿山为洞,盖房为寺;张掖马蹄寺石窟位于县城西南110里的临松山下;炳灵寺石窟位于"州北六十里","琢山石为佛"。麦积山石窟距离城大约一百里,"北跨清渭,南渐两当;五百里冈峦,麦积处其半;崛起一石块,高百万寻,望之团团,如民间积麦之状,故有此名。其青云之半,峭壁之间,镌石成佛;万龛千室,虽自人力,疑其鬼功",陇东的南北石窟寺亦分别距北魏临泾古城数十里。

各石窟寺所处的自然环境也有相同的特点,一方面需要为僧人修行创造偏僻幽静的环境氛围,另一方面还会结合各地的灵异事迹。如莫高窟系"前秦建元二年,有沙门乐尊……行至此山,忽见金光,状有千佛,遂架空凿险,造窟一龛。次有法良禅师,从东届次,又与乐尊师窟侧,更即营造"。文殊山石窟旧称"三百禅室",号曰"小西天"。据敦煌遗书S.2113卷和莫高窟第231、237窟榜题记载，酒泉郡、张掖郡都曾出现过奇异的佛教瑞像。另据记载，北凉时河西王沮渠蒙逊大规模建石窟寺，亦和"凉州石崖瑞像"有关；而"郭王禹……东游张掖……隐于临松薤谷（即马蹄寺石窟），凿石窟而居"则与修行有关；炳灵寺石窟"岩堂之内，每时见神人往还矣"，且有外国禅师昙摩毗等高僧在此修行布道；麦积山石窟亦曾有"神人"名僧玄高"隐居"讲学，而玄高出生时"家内忽有异香乃光明照壁"等等，各石窟寺的开凿、发展均与僧侣修行和各地灵异事迹有关。

甘肃的石窟依据其窟形和功能，可分为以下七种。

1. 自然洞穴

自然洞穴是指利用天然的山洞，因地制宜自然形成的，在形式上不拘一格，以"方便为本"，这种石窟开发的特点是省事、省力、省时。炳灵寺第169窟就是位于山岩顶端的自然洞穴，且其窟内的佛龛有的是依山崖形势而成，有的则利用岩壁空间，还有的在窟内空间地面修造而成。这类洞窟到底是供僧侣修禅所用，还是为善男信女礼佛敬佛所用，需要根据当时的实际情况进行商讨。

2. 中心塔柱窟

中心塔柱窟又名中心柱窟、塔庙窟或中心方柱窟。这种窟形因洞窟后半部有立地撑顶，类似塔形的柱子而得名，源于1—7世纪盛行于印度的支提窟。宗教学与地域学的双重作用促进了中心塔柱窟的出现。从宗教学上看，其源于原始印度宗教礼仪中的绕塔礼拜的习俗，从地域上看是源于汉地寺院以塔为标志的习俗。中心塔柱窟集中出现在北魏、西魏以及北周时期，除莫高窟外，在河西地区的北朝石窟中占据主要位置，玉门昌马石窟有2座、酒泉文殊山石窟有7座、张掖马蹄寺有4座、金塔寺有2座、天梯山石窟有3座等。现存比较典型的代表是莫高窟北魏第254窟、第248窟以及北周的第428窟和泾川王母宫大佛洞[1]。虽然陇东北朝石窟庆阳北石

---

[1] 刘基：《华夏文明在甘肃（历史文化卷）》（下），人民出版社2013年版。

窟寺、泾川王母宫等石窟中也有中心塔柱式，但明显存在着自西向东逐渐减少和演变的趋势，这是由于佛教由个人内在修行逐渐面向大众宣扬的过程，也可称之为佛教小乘思想向大乘思想转变的具象化。

中心塔柱石窟可以看作建在石窟洞内的寺院，石窟即寺院，中心柱即塔。中心塔石窟往往将整个窟布置成前后两个空间的形式。前面的空间是供众僧"礼拜"的殿堂式空间，相当于印度支提窟中的"礼堂"，后面的空间的是供"绕行"的甬道式空间，是专为佛教徒绕塔观像而设立的。因此中心塔柱正面龛内佛像主要是为了供人礼拜而设置的神性更多，其左、右及后面龛内的塑像，主要是供人观像的人性更多。从空间上看，信众在前面礼拜佛时，距离较远，而在后部甬道间绕行时，离佛像较近；从内容上看，正面龛内大部分塑的都是悟道后的说法佛像，侧、背面龛内有许多塑的是反映释迦人生历程的苦修、禅定或者降魔像。

3. 殿堂窟

殿堂窟又被称作佛殿窟或者中心佛坛窟。它主要以方形覆斗顶式或者方形平顶式这两种形式存在。方形覆斗顶式是敦煌隋唐洞窟中最基本的形制，一直延续到元代。方形平顶式则是麦积山石窟北魏时期的主要洞窟形制。覆斗顶式的窟形，可能是模仿古代的"斗帐"所建成的。汉代刘熙《释名》说："小帐曰斗，形如覆斗也。"在古代，帐一般只有王公贵族家中才有，是一种十分高级的设置，有时还需要遵循等级制。方形平顶窟形的缘起目前还不清楚，但它与方形覆斗顶式的共同特点是：其平面均呈方形，佛像处于后壁龛内，就像是帝王坐于殿堂之上，时刻等待着臣民的叩拜。由于佛殿窟是在中国传统殿堂建筑的基础上逐渐发展起来的，很多学者将其看作佛教艺术的世俗化，然而由于中国皇帝即天子，天子即神，故佛殿窟后壁龛内居高临下的佛菩萨像具有更多的神性，使得礼拜者会产生更大的心理距离。

中心佛坛上的塑像，通常在台前设置台阶，在坛后设置背屏

（个别无背屏），直接接触窟顶。由于佛坛坐落于窟的中央位置，因此坛四周与四壁之间会保持一定的距离，以便信徒能够围观佛坛右旋环通，礼佛观像。同时，通顶的背屏还能起到支撑作用。从外观上看，中心佛坛窟与中心塔柱窟类似。殿堂窟一般属于大型窟，这是因为佛坛上要塑造众多人物像，需要比较广阔的空间。在唐后期及五代时期，殿堂窟大规模出现。典型洞窟有莫高窟晚唐第85窟、第196窟，五代第98窟、第146窟、第61窟，还有榆林窟第25窟等。①

4. 大像窟

大像窟是指雕塑内有巨大的弥勒佛像的洞窟。"大像"也是能够在传世文献发现的为数不多的几个石窟名称之一。这种窟形最早出现在龟兹，大像为石胎泥塑。龟兹石窟遗存的基座显示，雕塑的大型佛像非常壮观。莫高窟仅有初唐第96窟（北大佛像窟，像高35.5米）和盛唐第130窟（南大像窟，像高26米）两窟是大像窟。大像窟的建筑形式既融合了中国传统木结构的殿堂建筑艺术又吸收了印度石窟建筑的风格，堪称二者的结合物。大像窟往往凭借其高大的通体和气派的窟檐外观成为寺院的中心。不少石窟寺就曾以大佛寺为名。

典型的大像窟有炳灵寺第171窟，天梯山第13窟，榆林窟第6窟等。大像窟建造之初，一般都有木制楼阁覆盖。3—4世纪的克孜尔石窟的大像窟，就已经有了木结构的窟檐建筑。但因年代久远，很多外建楼阁已毁，大佛外现，俗称为"露天大佛"。

大像窟是人性最少而神性最多的窟龛。不管是莫高窟第96、130窟和榆林窟第6窟的弥勒大佛，还是依山崖而坐的麦积山东崖造像或拉梢寺造像，人们站在佛像前仰视大佛时，只会感觉到佛的庄严、伟大与人类自身的渺小。大像窟也体现了中国人自古以来崇拜皇权、神权，喜欢庞然大物，而入空虚、胆怯、自卑的心理。

---

① 刘基：《华夏文明在甘肃（历史文化卷）》（下），人民出版社2013年版。

5. 涅槃窟

涅槃窟俗称"睡佛洞",以涅槃像为主题。涅槃窟一般为穹顶或平顶,平面为横矩形,源于中国传统墓室建筑(棺椁)。侧卧涅槃佛像或雕塑,前面没有遮挡。涅槃像较早出现在新疆石窟,麦积山北魏涅槃窟规模比较小。炳灵寺北魏晚期第16窟有泥塑佛像,炳灵寺第126、128、132等窟则有石雕涅槃像。莫高窟涅槃窟有中唐第158窟,盛唐第148窟,两座窟规模相近,进深约7米,横长约17米,靠后壁有一座通常大台,高1米多,大台上有形状如榻的通常小台,高十余厘米,榻上有卧佛,佛像为石胎泥塑,且保存有敦煌石窟唯一一处在崖面上开凿仿木结构窟檐的石柱。①

涅槃窟和涅槃像是最富有人性、人情味的窟形和塑像。生存与死亡这一问题往往是科学界和哲学界最关心也最无奈的。面对死亡,佛教艺术和佛教思想都主张接受现实,并且以最积极乐观的态度面对现实。这也是佛教涅槃思想中最为核心的内容。涅槃窟的窟形是棺椁,但人进入这个棺椁里时会想到如何更积极地参与人生,却不会产生寂寞、悲哀感。人们将把莫高窟第148、158窟和张掖大佛寺的涅槃像亲切地叫作睡佛、卧佛,从侧面便可说明这一点。

6. 禅窟

禅窟,又被叫作僧房窟,是供僧人生活起居、修禅打坐的洞窟,源于印度的毗诃罗(精舍、僧房、住处),禅窟专供坐禅用,其内部一般无壁画和塑像。巴拉巴尔石窟的洛马沙利西窟是现存最早的禅窟,其仅有1门单穴,高度大约为4米,主要功能为单人隐修。禅窟在中国很常见,规制变得较小。莫高窟现存僧房窟大多数分布于北区,一共有65个,多数为单室,也有多室禅窟。有的窟形平面呈正方形,也有的呈长方形,窟内通常装有土坯炕和砾石炕。一般会在门内的两侧设灶。西千佛洞中的禅窟不计其数,在榆林窟中也能发现禅窟痕迹。在禅窟中,是没有塑像的,这是因为按

---

① 刘基:《华夏文明在甘肃(历史文化卷)》(下),人民出版社2013年版。

照禅学之说，僧众只要静坐敛心，止息杂念，专注于一境，久而久之，就能达到身轻心安，观照明净，实现自我解脱。

7. 瘗窟

瘗窟的主要功能是安葬僧人的尸骨，有时也用来安葬过世的俗家弟子。莫高窟现存瘗窟均位于北区，共23个。洞窟较小，平面呈方形或长方形，制作工艺比较粗糙，窟顶有的是前部人字形坡顶，后接平顶，有的是人字形坡顶，还有的是平顶。有的庭内有呈长方形或曲尺形榴床，还有的窟中藏有棺椁，不过绝大多数是没有葬具的。葬式可以分为蹲坐式或者仰身直肢式，还可以分为二次葬、多人合葬或者坐化葬，另外还有棺葬、火葬等。个别窟中有随葬品，如文书、银币、木俑、丝绸、陶器等。

此外，还有不少有其他用途的石窟。如：仓库窟，是用来储藏物品的，目前在莫高窟北区发现若干个仓库窟；影窟，又名影堂，以纪念高僧为主要绘塑目的，藏有高僧真容，有的影窟是该僧生前修行的禅窟。莫高窟现存有7个影窟（第17、137、139、174、357、364、443窟等）。影窟面积大小不等，最大的七八平方米，最小的仅一平方米左右。正壁高僧像往往为绘塑，其他的壁面通常以绘画形式出现。如晚唐的第17窟即洪䛒影窟，就是藏经洞，内塑洪䛒像，余壁绘有近侍女、比丘尼以及菩提树等绘画。

另外，窟前建筑也是洞窟的主要组成部分，其包括殿前建筑和窟檐建筑。殿前建筑主要指底层窟前的地面建筑，窟檐建筑指各层洞窟外的木结构建筑。

综观上述，洞窟的形制种类多种多样，功能也十分齐全，在住、用、葬、藏等方面均有体现，但均以禅修、礼佛为中心。可以将石窟看作一个以洞为活动场所、以宗教信仰为生活核心的人类聚居场所。

（二）石窟形制艺术的特征

印度石窟形制艺术传到中国，其建筑特征就已经开始出现零星的变化。大佛窟的穹隆顶、覆斗式顶、背屏式安置及木质结构建筑的出现，都是石窟形制建筑技术不断变化的事实，且具有明显的时代性。除大像窟，一般中小型石窟的窟檐都由石质仿木逐渐向真木结构变化。莫高窟北魏第254窟前半部窟顶为人字披式，中间塑出一道横梁，两侧浮塑出许多椽子，中梁两头有仿木斗拱。北周时期麦积山石窟出现了仿木殿堂式石雕崖阁——七佛龛。此种雕崖阁前廊立柱为八棱大柱、覆莲瓣形柱础。后室由并列的7个4角攒尖式帐形龛所组成的，帐幔层层重叠，龛内柱、梁等建筑构件均以浮雕的形式出现。其中，比较具有特点的是麦积山第4窟，其仿木建筑是中国石窟中最大的一座模仿中国传统建筑形式的洞窟。隋代以后，窟前建木结构建筑逐渐代替了窟前有前廊的形式。9—10世纪，北方地区石窟中殿前接木结构的堂阁成了流行。而唐宋窟檐一般为三开间四柱，其中比较典型的窟檐形式有莫高窟现存晚唐第196窟与宋初第427、444、431、437窟等。

二　壁画艺术

（一）壁画内容分类

石窟中绘制壁画的作用在于引导、惊醒、震撼人们去感受、冥思、体悟佛教的真理。其中以佛教类绘画占绝大多数。按照内容分，主要可分为说法画、尊像画、本生故事画、经变画、佛传故事画、因缘故事画、佛教史迹故事画及汉族神话故事画、供养画、千佛像、装饰图案画等。

1. 经变画

经变画是佛经变相的简称，"变相"即变佛经为图相，即用画图的形式绘制表达出佛经的内容。经变画最早是在六朝时出现的。据记载，梁代名画有宝积经变，隋代名画有法华变、杂佛变、弥勒变等。现存的大乘经变画最早见于敦煌莫高窟。敦煌壁画中有30余种经变画千余壁，其中五代、唐朝以及宋时期的画最为盛大。经变画主要有：弥勒经变、涅槃经变、无量寿经变、金光明经变、维摩诘经变、宝雨经变、药师经变、观无量寿经变、阿弥陀净土经变、天请问经变、观音经变、法华经变、报恩经变、华严密经变、炽盛光佛经变、如意轮观音经变、金刚经变、思益梵天请问经变、贤愚经变、千手千眼观音经变、报父母恩重经变、八大灵塔名号经变、千手千钵文殊经变、大悲心陀罗尼经变等。其中观无量寿经变、东方药师经变，还有弥勒经变数量最多。

2. 本生故事画

本生故事绘述了释迦牟尼佛过去若干世作为菩萨时教化众生、普行六度、忍辱牺牲的各种各样的事迹与善行，即前生善行。现存巴利文《佛本生故事》中共收集了547个故事。在中国，佛本故事主要出现于小乘佛教流行的龟兹石窟、敦煌莫高窟北朝石窟中。敦煌北朝石窟中也有16种佛本故事。本生故事主要宣扬仁智信义、忍辱施舍、闻法持戒、孝友等主题，主要依据《六度集经》《菩萨本缘经》《九色鹿经》《睒子经》《太子须达挐经》《贤愚经》《菩萨本行经》《大方便佛报恩经》等经典。常见本生故事画有：尸毗王割肉贸鸽、须达挐太子以子妻施婆罗门、月光王施头、善友太子入海求珠、须阇提太子割肉事亲复国、九色鹿王拯救溺人、独角仙人为淫女所骑、快目王施眼、萨埵太子舍身饲虎等。

3. 因缘故事画

因缘故事主要题材来源于释迦牟尼成佛后度化众生的一系列故事。因缘故事画重点渲染佛教信徒对佛因施供养而得到种种善报以及佛度化众生时的种种神通。因缘故事画主要见于敦煌石窟，主要依据的经典有《增一阿含经》《贤愚经》《大般涅槃经》《大方便佛报恩经》《撰集百缘经》《法句譬喻经》《经律异相》等。莫高窟北朝石窟中现存大约有10种。常见的因缘故事有：弊狗因缘、须摩提女请佛、度化跋提长者及姊、微妙比丘尼现身说法、梵志夫妇摘花坠死、百强盗成佛、沙弥守戒自杀、度恶牛缘等。因缘故事画的特点是常常以单幅主题画或者连环画等形式出现。

4. 佛传故事画

佛传故事主要描述了释迦牟尼佛从入胎、出生、成长、出家、苦修、悟道、降魔、成佛以及涅槃等被神化了的传记性故事，即佛的生平事迹。佛传故事画主要依据的经典有：《过去现在因果经》《修行本起经》《太子瑞应本起经》《佛本行集经》《普曜经》等。中国石窟寺中的佛传故事的情节已经比较成熟，具有鲜明的民族特点和地方特色。莫高窟北周第290窟佛传长卷壁画，是依据《修行本起经》而绘成的，目前仍存有87幅壁画。五代第61窟是根据隋阇那崛多译《佛本行经集》的主要内容所绘成的，由33幅屏风画连接而成，绘成128个故事情节，每个情节都附有墨书榜题。佛传故事画的情节有：乘象入胎、儒童布发、相师占梦、摩耶说梦、阿私陀仙占相、步步生莲、树下诞生、唯我独尊、九龙灌顶、太子回城、出游四门、三十二祥瑞、箭穿七鼓、姨母养育、角技议婚、八岁就学、易三时殿、太子学艺、夜半逾城、树下思维、相扑角力、掷象入坑、树下观耕、车匿还宫、掷缨定亲、降伏魔众等。

5. 佛教史迹故事画

佛教史迹故事画主要用来记述佛教的发展历史和佛教的传播过程。主要包括佛教在传播过程中的所出现的历史人物、事件或者与佛教遗迹和灵异感应事迹、佛教圣迹及瑞像等有关。这些题材多源于对圣迹的描述、一些高僧的事迹或者《法显传》《西域传》《大唐西域记》等书中的相关记载，还有一大部分源于传说或者西域、天竺及中国本土的由佛教事迹演绎的故事等。佛教史迹画的成分纷繁复杂，若按其性质和内容进行分类，可将其大致分为感应故事画、佛教历史画、瑞像图等。佛教历史画，以描绘佛教传播历史和过程为主。如莫高窟初唐第323窟"隋文帝请昙延法师祈雨故事画""张骞出使西域图""阿育王拜乾尼子塔画"等。还有一些画像表现了高僧大德无边的法力和虔诚事佛等行为以及奇异灵验的故事。如莫高窟第323窟佛图澄神异故事、第454窟"阿育王建八万四千塔故事画""安世高故事画"等。佛图澄神异故事在《梁书·佛图澄传》及《高僧传》等书中均有记载。另外，佛教"圣地"图也属于佛教历史画，如莫高窟第159等窟"五台山图"和"峨眉山图"。其中第61窟西壁巨幅"五台山图"更是让人叹为观止。感应故事画，又被称为感通故事画。以描述个别神异、灵变现象的出现以及由此而产生的感应为主，来宣扬佛教，取得更多信徒对佛教的信任。如莫高窟第323窟"释迦晒衣石""释迦浣衣池""东晋扬都金像出水""康僧会劝服吴王信佛""吴郡石佛浮江"等。瑞像图，从严格意义上来说，是指各种单体的佛像图。据《大唐西域记》《诸佛瑞像记》等书记载，最初，世人只对佛之发、爪、舍利及其遗物、遗迹施礼和供养。其后，释迦升天为佛，长期不归，优填王等则刻檀为像而供养。人谓像圆满，故称瑞像。瑞像的出现标志着佛教偶像崇拜的开始，龙门敬善寺有优填王造像图。敦煌的瑞像主要集中出现于中唐至北宋。莫高窟中唐第231窟龛内顶四披，有西域、河西、印度、内地等地的各种瑞像，如"天竺白银弥勒瑞像""波罗奈国鹿野苑瑞像""摩迦陀国放光佛瑞像"等印度瑞像，有"于阗坎城瑞像""于阗古城瑞像""于阗国牛头山瑞像"等西域瑞像。有"酒泉郡释迦牟尼瑞像""张掖西影寺瑞像""番和县圣容像"等河西瑞像以及"陈国（南朝陈）圣容像""濮州铁弥勒瑞像"等内地瑞像，集中体现了中国石窟中的瑞像图画。

6. 供养画像

供养画像也被称为供养人画像。出资造窟者往往是以求福、祈愿为目的，在窟内彩绘窟主（功德主）和家族成员的画像，这就是供养人画像。通常来说，供养人包括四种：帝王及皇族、贵族和官僚、历代高僧以及一般的僧尼和下层民众。甘肃石窟中现存最完整的帝后礼佛图是莫高窟中的"国王及公主图签"。贵族官僚的出行图有莫高窟晚唐第94窟张淮深夫妇出行图、五代第100窟曹议金与回鹘公主出行图以及第156窟张议潮夫妇出行图，榆林窟第12窟慕容归盈夫妇出行图，榆林窟第6窟蒙古贵族及夫人像等。高僧像则有炳灵寺第169窟西秦"外国大禅师昙摩毗之像""法显供养之像""比丘慧猛之像""沙弥僧集之像""道聪之像"等。下层民众像仅在莫高窟北周第428窟中就有1200多身。

在石窟壁画中，瑞像图、经变画、供养画像通常是以单幅或者多幅并列的形式出现，而因缘故事画、本生故事画、佛传故事画还有一些佛教史迹故事画则多以连环画的形式出现。这些画是石窟壁画的主体部分，体现了石窟艺术的主题。除了表现宗教之外，还有一些石窟壁画来源于世俗社会生活。如有一些是反映生产生活的画面：营造、农事、渔猎、推磨等；还有一些绘有生产工具和交通工具的画面：纺车、农具、车船、织机等。如反映古建筑形象的画面：亭台楼阁、宫殿城池、桥梁水榭等；此外还有反映行医、酒肆、婚丧、兵器、学校、音乐、杂技、舞蹈、宴会、商旅以及衣冠服饰等社会生活的场景。这些题材的艺术，在各时代的壁画中均有出现。佛教石窟艺术是以佛教为主题的，一切艺术表现形式都源于佛教信仰，但大量与之有关的社会生活的内容的出现，充分说明，在历史时期，佛教是一种人间宗教。

(二) 壁画艺术的时代特征

壁面艺术也表现出明显的阶段性。十六国时期壁画具有"迹简意淡而雅正"的特点，在莫高窟壁画中表现为笔法率略、色彩单纯，构图以人物为主体。南北朝是一个吸收外来营养、丰富民族艺术的重要阶段，画风细密精致，用笔紧劲连绵。北魏壁画，色彩和晕染作用十分突出，构图上还是"人大于山，水不容泛"。北朝后期，出现了以曹仲达为代表的佛像画新风格，画史上说他画的佛像衣服紧窄。被称为"曹家样"。秀丽的人物画，衣饰如曹衣出水，正是北齐、北周壁画的特征之一。梁武帝时的名画家张僧繇，吸收外来影响创造出"没骨"画法，创作的人物丰腴，即所谓"张得其肉""面短而艳"的形象。在敦煌北周壁画中，常常会出现广额丰颐的北周新样。在隋代和初唐的绘画中，有两种不同的画派，一个是以阎立本为代表的中原画法，另外一个是以尉迟乙僧为代表的西域画法。两种画法在莫高窟壁画中也得到鲜明反映。盛唐时期，绘画艺术表现出豪迈博大、辉煌富丽的特点。寺观林立，壁画的应用更广，画家们多向宗教人物画方面发展，大画家吴道子等也就应运而生。莫高窟壁画中具有"吴带当风"之势的人物，气魄雄伟的大幅经变等，都是时代的产物。

明清以来，随着藏传佛教势力不断扩大，甘肃境内的一些接近藏区的石窟：炳灵寺石窟、天梯山石窟、马蹄寺石窟等都变成了藏传佛教高僧主持的名刹，藏传佛教为内容的壁画也就进入了石窟。炳灵寺第3窟是藏传佛教壁画中具有代表性的一个窟。藏传佛教有各种派别，经历了几个发展阶段。格鲁派已占统治地位，第3窟壁画内容主要是格鲁派图像。尊像画中大量出现藏传密教特有的图像，如4面12臂拥抱明妃的胜乐金刚、4面12臂（或八骨）胜乐金刚坐像，8面16臂四腿拥抱明妃手托头器的欢部金刚，正面为牛头的九首大威德怖畏金刚，手持利剑的不动金刚明王，身为绿色的绿度母像；6面观音，6臂观音等。还有戴黄帽的格鲁派创始人宗喀巴像，戴黑色五方佛帽的噶举派高僧像。炳灵寺第151窟正壁两侧佛传故事，包括从诞生到涅槃十多个情节，绘画风格细腻，有浓厚的西藏绘画格调。

（三）雕塑艺术

在集雕塑、建筑、壁画为一体的石窟艺术中，雕塑是主体。雕塑大都要敷彩，所以又叫彩塑。彩塑通常会出现在洞窟龛内中心柱四周及中心佛坛等位置，主要用于供信徒观瞻。

1. 彩塑的主要制作方式

从制作方法上，石窟中的彩塑有石雕像、泥塑敷彩像、石雕加塑绘像。但雕塑基本只有两种：石雕和泥塑。具体选用何种方法取决于石窟的地理位置与地质条件。长江流域及南方地区，石窟造像以石雕为多。新疆、甘肃及北方地区则是石雕和泥塑并用。石窟一般以石山为石雕，是塑像的首选方式。石雕又称石刻、摩崖造像。石雕像易于存世，即便是露天雕凿的大像也可以保留至今。但受石质的限制，石雕不如泥塑灵活。所以，窟内的雕塑除了采用石雕外，也大量采用泥塑敷彩造像。在麦积山石窟，除过两铺摩崖大像（第13、98窟）及千佛廊中的千佛像外，其余造像几乎全是敷彩泥塑，总数多达7000多身。

彩塑主要以圆塑、浮塑或者影塑为表现手法。圆塑是指能够从不同角度观看的立体造像。麦积山石窟、文殊山石窟、天梯山石窟等均有圆塑造像。莫高窟的圆塑造像，主要有三种制作方法：小型像以木料为原料，将其削制成尊像的形状，再在表面塑上细质的薄泥。与人等高的中型像，往往以圆木作为原材料，通过扎制骨架设计手指、臂膀等造型，再以芨芨草或者苇草裹制，然后敷泥塑制。大型像则在开窟时就预留石胎，在石胎上造孔插桩，表层敷泥塑制。圆塑多用来塑造佛、菩萨及天王等主体性造像；浮塑，即以泥土在窟壁的平面塑造出能够浮凸于墙面上的泥塑，又名高浮塑。他们大多是仿木构建筑而成，主要用来展示洞窟中附属于龛、窟顶以及佛坛等的装饰部分，通常会给浮塑填涂色彩或者直接在浮塑上绘制纹样，至五代、宋等时期有时甚至还会在泥塑上描金或者贴金，这种技艺不仅有利于增加泥塑的窟、龛及佛坛等平添建筑的真实感，还能为彩塑和壁画添加强烈的装饰效果；影塑，通常是用模子制成，将细沙、泥和麦秸作为材料，用泥制的模具（泥范）来进行翻制，对表面处理之后，进行敷彩。然后将其背面粘贴于墙壁上，在其正面做略凸起于壁面的浮雕状，以衬托主像的圆塑。圆塑身上的宝冠、串珠上的花饰等饰件，均是采用影塑技艺而成。其典型代表是莫高窟北周第428窟南北二壁上均存有的大量影塑。

大像制作一般采用石雕和塑绘相结合的方法。首先在崖体上凿出尊像的轮廓，然后在表面上敷泥雕塑彩画而成。莫高窟第72窟刘萨诃因缘变相中，画面形象地表现了当时工匠们制作彩塑的具体场面。麦积山东崖、西崖两个大像，莫高窟北、南两个大像，第148窟、第158窟两尊涅槃塑像，榆林窟第6窟大像等都是采用此法制作而成的。炳灵寺第171窟大佛则采用上半身石雕、腿部泥塑的制作方法。

2. 彩塑的主要内容

佛像指各类"佛"的形象，是石窟彩塑艺术中最多也是最主要的，窟窟皆有，并居主位。佛的艺术造型变化不大，历代除了在胴体上稍有变化之外，几乎没有其他变化，一般均为身披裂装，头有肉髻，耳长及肩，眉间有白毫，指间有蹼，脚掌有法轮，手印则根据苦修、降魔、说法、禅定等略有不同。表现形式有半跏趺坐像（左股上置右足，左足入于右股下）、结跏趺坐像（右趾压左股，左趾压右股）、善跏趺坐像（坐高座而两足下伸）、莲花跏趺坐像（两足稍展而足趾左上右下，相交于二膝下）、倚坐像、并坐像、立像、侧卧像等。从供奉的角度看，有单尊佛、三世佛或三身佛、七佛、千佛等。最为典型的单尊佛就是大佛，该窟即为大像窟。三世佛即过去、现在、未来三世佛，居中者为现在世的释迦牟尼佛，两旁分别是过去世的迦叶佛（燃灯佛）和未来世的弥勒佛。麦积山石窟中的三世佛窟所占比例很大，其中第74、78窟时代最早，也最具代表性。三世佛也可以指释迦牟尼佛、西方极乐世界的阿弥陀佛（无量寿佛）和东方净琉璃世界的药师佛。三身佛指释迦牟尼佛的"法身""报身""应身"三种身形。释迦牟尼佛与前世六佛（迦叶佛、毗舍婆佛、拘那含牟尼佛、拘楼孙佛、毗婆尸佛、尸弃佛）合称"七佛"。七佛形象在炳灵寺、麦积山、北石窟寺等早期石窟中比较常见。千佛则表现在整个壁面、窟顶或者塔柱上，排列整齐，莫高窟等石窟有大面积的千佛题材。有时候，千佛简化为九佛或十二佛。历代佛的彩塑造像，大体上来看还是一种"神"像，给人以严肃且庄重的感觉，是一种神格化了的人。

菩萨造像是仅次于佛像的最主要佛教尊像。菩萨是梵文音译"菩提萨埵"的略称，意为"觉有情""道心众生"。由于其慈悲为怀、普度众生，菩萨一般头戴花冠，身着天衣，腰系长裙，肩披长巾飘带，胸前挂璎珞，腕饰钏镯，面容端庄文静，肌体丰满圆润，俨然一位雍容华贵、温柔善良、婀娜多姿的贵夫人。菩萨不像佛那样威严而令人肃然起敬，再加上其女性化的身姿性格，更能让人感受到精神与心理上的慰藉。

弟子像主要是指释迦牟尼佛的十大门徒之像。在莫高窟壁画中有很多弟子像，从隋代洞窟就开始出现大量的佛弟子塑像，且往往以普通人的身体比例形象出现。作为佛教护法神，天王、金刚力士像也常常出现在洞窟中。天王即四大天王。据古印度神话传说，在须弥山的山腰上四面有四天，四天中都各有一天王护持：东方为持国天王，亦即提多罗天王，身白色，持琵琶；南方为增长天王，亦即毗琉璃天王，身青色，持宝剑；西方为广目天王，亦即毗楼博叉天王，身红色，持绢索；北方为多闻天王，亦即毗沙门天王，身绿色，持宝幢。天王身着甲胄，头戴兜鍪，手持各种兵器，脚踩夜叉鬼，孔武有力，气概英武非凡，有驱邪镇魔之能。唐代后期，北方天王地位逐渐提高，成为密宗供养的主像之一。金刚力士又名金刚神或者密迹士，由于其手持金刚杵故得名。其形象通常是长发绾髻、眼目暴凸、裸上身赤足、腰系战裙、手握紧拳或持金刚杵的勇士形象，让人望而生畏。莫高窟第 427 窟的天王、力士像是迄今保存最为完整的一组。天王与力士作为一组形象，能够为佛国世界烘托浓厚的神秘感，也能够增加许多威严。

　　以禅僧、高僧真像为题材的石窟塑像并不多，但其作为彩塑艺术的一部分，尚存许多精品。莫高窟第 285 窟禅僧像，塑造完成于西魏大统四年至五年（538—539 年）前后，其形象为一年轻沙弥，身着色彩明快的水田袈裟，头裹巾，双手做禅定状，头微俯，双目凝视，双唇轻合，做沉思状，塑造了一位参禅入定、精神饱满而又活灵活现的小和尚形象。在莫高窟的第 17 窟中，洪䛒像位于北壁下部长方形的佛床上，形象自然，面相饱满，眼神含蓄，双唇紧闭，额前眼角的皱纹明显，神态庄严肃穆，身着田相袈裟，做禅修状，颇有虽死犹生之态。

　　在洞窟的空间布局上，塑像通常是洞窟的主体，其主像处于中心位置。壁画是因塑像而成，主要作用是衬托主像。在雕塑造像的过程中，可以按照任意需求选择其位置和造型，因而立体塑造像的出现，大大丰富了洞窟形制的表现形式，增加了洞窟艺术的内容，有效使用了洞窟空间，从而使得洞窟的整体布局看起来更加层次分明，宗教内涵更为富有。①

3. 彩塑艺术的时代特征

十六国时期，动乱不断，人们期盼"弥勒下生"，因此石窟造像时的形象选择以禅定佛、弥勒菩萨及说法佛为主。弥勒菩萨的形象一般为沉思俯视，垂悯下界。北魏前期，人物面相具有丰满且略长的特征，另外其鼻梁高隆直通额际，眉长、眼鼓、肩宽是当时人物的典型特征。佛像造型体态健硕，身着衣纹密集的装饰，纱薄透体，史称"曹衣出水"。西魏后，彩塑的人物形象表现出面貌清瘦、眼小唇薄、眉目疏朗的特点。彩塑艺术日益表现出佛庄严慈善、菩萨清秀恬静、金刚力士威猛粗犷、飞天飘逸闲畅的特点。隋朝，文帝和炀帝两朝佞佛，石窟艺术出现繁盛新局面。塑像一铺几身集于一龛，以佛为中心，两侧排列弟子和菩萨，布局的等级性明确。大型三世佛造像表现出威严肃穆的特点，因此匍匐于地的朝拜者往往肃然起敬。彩塑中的尊像，体态健硕，广额丰颐，腹部微凸。菩萨身着艳丽长裙，清秀灵丽，精神饱满，活泼大方，尊像和菩萨完全是一幅"济度者"的形象，这与当时国家经济实力日益增长的趋势有密切的关系。唐前期，石窟雕塑艺术已经比较成熟，且逐渐形成了规则的以佛像为中心的排列关系：佛、弟子、菩萨、天王、力士，这一形式是封建等级观念不可动摇最真实的表现。唐代的彩塑艺术，表现出明显的世俗化倾向，在写实艺术上也得到了进一步的发展。尊像的容貌通常以庄严、沉静为特点，衣褶深厚挺阔、质感很强，技术高超、金碧辉煌。莫高窟第194窟菩萨面相丰盈，肌肤光洁丰润，有"菩萨似宫娃"之风，颇似一位贵妇人的形象，是唐人以胖为美的象征。大像窟的出现，是盛唐国力强盛的最典型的象征。唐前期的彩塑艺术表明，石窟艺术中国化实现了新的突破。晚唐以后中原北方地区的石窟艺术表现出衰退的趋势，彩塑艺术开始

---

① 刘基：《华夏文明在甘肃（历史文化卷）》（下），人民出版社2013年版。

走程式化。①

第三节　甘肃石窟的分布

甘肃境内的石窟众多，内容丰富，姿彩绚丽。我们可以将这块宏伟美丽的佛教艺术宝库按照地域划分为敦煌石窟群、河西石窟群、陇中石窟群、陇南石窟群和陇东石窟群等。

一　敦煌石窟群

敦煌石窟群即以莫高窟为主体的古敦煌境内的所有石窟，包括今敦煌境内的莫高窟、西千佛洞石窟，安西境内的水峡口下洞子窟、东千佛洞石窟、榆林窟以及今肃北蒙古族自治县境内的五个庙石窟、一个庙等石窟。

敦煌莫高窟是中国最大、最著名且保存最为完好的佛教艺术石窟，居中国四大石窟之首，俗称千佛洞，位于敦煌城东南25公里鸣沙山东麓的断崖上，始建于前秦建元二年（366年），经十六国、北魏、西魏、北周、隋、唐、五代、宋、西夏、元不断开凿，迄于民国24年（1935年），绵历近1600年。洞窟集中分布在崖壁上，有些有三层，还有一些有四层，全长1600多米。主要可以分为南、北两区，其中南区是礼佛活动的场所，现存492个有壁画和塑像的石窟，其中壁画总面积约为45000平方米，彩塑佛像2000多尊，还有十几座建于唐、宋、清、民国时期的木构建筑。另外，于1900年发现的藏经洞，曾保存了4—11世纪的纸画、帛画、写本、织染刺绣等文物约5万件。北区的243个洞窟（另有5个洞窟已编入北区492个号中），主要作用是供僧侣修行、居住或者瘞埋，在其内配有修行和生活设施，如土炕、灶炕、烟道、壁龛以及灯台等，但彩塑和壁画很少出现。这里的岩石属于酒泉系砂砾岩层，由于石质

---

①　刘基：《华夏文明在甘肃（历史文化卷）》（下），人民出版社2013年版。

松脆，不宜雕琢，造像均用泥塑彩装，窟壁全部采用壁画装饰，窟外则采用木构的悬空阁道和檐廊。莫高窟是雕塑、古建筑、壁画三者相结合的艺术宫殿，洞窟最大者超过200平方米，最小者不到1平方米。根据建筑和功用对石窟进行分类，可以将其分为中心柱窟（支提窟）、殿堂窟（中央佛坛窟）、僧房窟、大像窟、廪窟、覆斗顶形窟、禅窟、影窟、涅槃窟和瘗窟等形制，另外还有一些佛塔。其窟型大小不等，最大者长超过40米、宽30米，最小者高不足盈尺。早期石窟所保留下来的中心塔柱式这一外来形式的窟型，是古代艺术家在接受外来艺术的基础上，对其进行消化、吸收，并融合中国文化，使其发展为独具特色的中国民族形式，是现存古建筑的一大杰作。塑绘结合的彩塑内以佛、菩萨、弟子、天王、力士像等为主要内容。彩塑形式包括影塑、浮塑以及圆塑等。在圆雕和浮雕中除第96窟、第130窟两尊大佛和第148、158两大卧佛采用的是石胎泥塑以外，其他的均为木骨泥塑。佛像处于中心位置，两侧分别侍立着菩萨、天王、弟子及力士，数量不一，多的有11尊，少的也有3尊。第96窟弥勒坐像高35.5米为其中最高，小的甚至只有十余厘米。其题材丰富，手艺高超，被称为佛教彩塑博物馆。莫高窟尤以丰富多彩的壁画著称于世，惟妙惟肖，金碧辉煌。各种各样的山川景物、佛经故事、亭台楼阁等山水画、建筑画、花卉图案、飞天佛像以及记录劳动人民进行生产的劳作场面等，是十六国至清代1500多年的历史变迁和民俗风貌的艺术再现，可以说是十分雄伟瑰丽。这些绘画以民族化为基础，充分吸收了伊朗、印度以及希腊等国家古代艺术的特点，是中华民族悠久文明的典型象征。各个朝代的壁画风格各异，充分展现了中国封建社会的政治、经济和文化状况，是中国古代美术发展史上的里程碑，为中国古代史研究提供了珍贵的一手史料。

　　西千佛洞，因地处莫高窟以西而得名，处于敦煌城西南35公里的党河岸壁上。由于此石窟的壁画艺术风格、结构及彩塑等都与莫高窟艺术体系有异曲同工之妙，因此也就成为敦煌艺术的一个重要组成部分。据《沙州都督府图经》所记佛龛之文中推断，其开凿日期大概与莫高窟同期。目前还残存有北魏、北周、隋、唐、宋、元、清、民国等时期修建或改建的洞窟22个。其中第1—3窟为唐窟，第4—8窟为魏窟，第16窟为晚唐窟，这9个洞窟是其中保存较为完好的。在这9个保存较好的石窟中，中央大都有中心座，内塑佛像，座四周凿龛，四壁常绘有佛趺坐说法图、贤劫千佛以及佛涅槃像。中心座和四壁的佛像下，绘金刚及力士像。北魏一石窟内绘（睒子经）故事于南壁西段，绘（劳度叉斗圣变）故事于东段，这些都是莫高窟北魏洞窟中没有的佛本生故事，能够填补其空白，具有独特的文化价值。西千佛洞虽然规模较小，而且彩塑、壁画等为数不多，但却是后代进一步了解和研究近1600年的敦煌石窟艺术的重要史料。

榆林窟，又名万佛峡，地处安西城南75公里处的踏实乡境内，开凿于榆林河峡谷两岸的断崖之上。目前还有43个洞窟中保存着完整的壁画，其中东崖32窟、西崖11窟。保存着北魏、隋、唐、宋、西夏、元、清、民国等时期的塑像272尊和壁画5650余平方米。榆林窟大概是在北魏时期开始进行开凿的，但大规模进行营造则在唐代。大致可以将洞窟的形制分为中心佛坛窟、中心塔柱窟以及大像窟等三种。与莫高窟不同的是，榆林窟在东西两崖上层洞窟前面分布有较深的甬道，且横开连通毗邻各窟的长穿道。塑绘结合的彩塑以佛、菩萨、弟子、天王、力士像等为主要内容，有圆塑、浮塑等形式。除第6窟大佛殿宋代塑的高24.35米的善跏趺坐佛像和第5窟长13米的卧佛像各一尊为石胎泥塑外，其余均为木骨泥塑。由于当时对彩塑的破坏十分严重，故目前所剩无几，现存有300余尊塑像均经重妆。其大都为等身群像，一铺三至九尊不等，多属唐代至元代这800年间所创作。这些壁画内容丰富，既有形象生动的单幅佛像画、场面宏大的巨幅经变画，也有各种各样的奇花异草、飞禽走兽，装饰图案还有一些壁画能够表现当时社会生活、生产、科技等现实。中唐第25窟是其最具代表性的石窟，窟平面分为前、后室。其中的壁画保存十分完好，色彩犹新，具有较高的艺术价值，即便是在整个敦煌石窟中也是佼佼者。另外西夏时期凿建的第2、3窟，无论在内容上还是艺术上都表现出独树一帜的特点，弥补了莫高窟西夏艺术的不足。

东千佛洞，开凿于西夏及西夏以后，地处安西县桥子乡东南35公里峡谷中的河床两岸，是以表现密宗为主要内容的佛教石窟寺。东千佛洞目前共有23个大小洞窟，其中在窟内有塑像、壁画的洞窟只有8个（西夏3窟、元代3窟、清代2窟），东岩三窟，西岩五窟，多为单室窟。形制可大致分为方形平顶窟、圆形穹隆顶窟以及长方形中心柱隧道窟，其中第2、4、5、7窟均为长方形中心柱窟，目前还存有一些佛、菩萨塑像，不过其大多为清代重修，仅第4窟西夏高僧像，身着俗装，至今仍然保存完好。壁画分布于四壁之上，其内容大概可分为五类：尊像画、供密宗图像、经变画、养人画像以及装饰图案。第2窟中的壁画保存最为完好，其艺术风格和内容与榆林窟第2、3、4、29诸窟有很多类似之处，是榆林窟西夏和元代艺术的一个分支，但它与其他窟相比又独具特色，是西域早期石窟形制的再现，主要反映了西夏、元、清三代时期的石窟艺术。东千佛洞比较系统地反映了密宗内容，具有较高的艺术价值，与榆林窟一起可以弥补莫高窟佛教密宗艺术的不足。

五个庙石窟，位于肃北蒙古族自治县城南20公里处的党河西岸的崖壁之上，位于敦煌南100公里，可能是在北朝开始开凿的。洞窟开凿在党河水冲刷形成的砂崖上，砂崖大约高30米，窟群坐北向南，洞窟悬于半崖，距地约12—15米。在由南向北长约300米的悬崖峭壁上，目前尚存有19个洞窟，堪称一处具有相当规模的石窟群。由于在此地并排开凿5个石窟（其中一个早年已毁，实为4个），蒙古族称石窟为庙，所以又被称为五个庙。现存4窟还保存着大量五代、宋、西夏、元等时期的壁画，这些壁画经历代绘制而成，层层重叠。底层的作品属北魏时期，表层壁画多为北宋、西夏、五代、元等各个时期绘制。壁画内容丰富，艺术精湛，对补充和说明敦煌的佛教艺术文化具有重要作用。

二 河西石窟群

将敦煌地区的石窟群单列以后，河西走廊由西向东存留的主要石窟有：酒泉的文殊山石窟和昌马石窟，张掖的马蹄寺、金塔寺，武威的天梯山石窟、云庄寺及圣容寺等。

文殊山石窟，位于甘肃裕固族自治县西北部的文殊山地区，距酒泉城南15公里，距嘉峪关南30公里。关于营建的说法目前有两种，一种说法是十六国晚期开始开凿的，另外一种是北魏时期开凿的。目前还保存着一百多个窟龛，但绝大部分已残破不堪或空荡无物，只有千佛洞和万佛洞两窟至今尚存比较完整的造像和壁画。

千佛洞地处文殊山前中部的崖壁上，窟平面大致呈方形，苍穹顶，窟高36米，宽3.94米，深3.8米。窟内有两层通顶的中心方柱，每面开一个圆拱形的龛，每龛内塑有一尊佛像，龛外各塑一尊胁侍菩萨。现存于窟内的造像保存较为完整，窟顶绘制有伎乐飞天飞旋，形象古朴，多采用西域凹凸或晕染的技法，但并不是直接的仿效，而是通过融合与创新在原有基础上所产生的崭新的形式。飞天形象体现了早期壁画鲜明的特征，更符合中国的传统审美。

万佛洞位于千佛洞北约100米的山崖，与千佛洞隔沟相对。窟平面亦呈近方形，苍穹顶，窟内有通顶的中心方柱。窟高3.7米，宽3.75米，深3.8米。中心柱分两层，每层均开龛造像，结构、规模与形式均与千佛洞基本相同，造像均已残败不堪，多为后世重修，壁画则为西夏时期重新绘制。窟内现存壁画保存最为完好的是东壁的"弥勒经变"。

昌马石窟，位于玉门镇东南90公里处，在距地面30多米的崖面上，因昌马河而闻名。昌马石窟中包括石窟24座，根据其地理位置对其划分，可以分为上窖石窟和下窖石窟，主要分布在昌马乡水峡村的上窖山地区和下窖山地区。下窖石窟中有些洞窟保存得较为完好，只有4座洞窟幸存，以第2和第4两窟最为重要且保存最为完好。石窟中还保存了早期造像及五代和宋初的壁画和 11 个窟龛。昌马石窟艺术价值极高，从洞窟开凿内容上看，与安西榆林窟、敦煌莫高窟以及新疆的石窟寺有很多的相似之处；其彩绘和彩塑都采用比较新颖的艺术手法，形象生动，栩栩如生，其中很多壁画被《河西石窟图谱》收录，其精彩壁画还常作为《中国美术史》的封面出版；而洞窟的壁画和雕塑内容，主要以反映当时社会的生产和生活状况为主，当然其也表现出了较为浓厚的佛教思想。

马蹄寺石窟，是中国的佛教重要石窟之一。位于今张掖地区裕固族自治县马蹄区境内临松山中，南距张掖市 62 公里。马蹄寺石窟群最早名为"薤谷石窟"，以其所在地名而命名，而"马蹄寺"源自现编第 8 号窟内地面的马蹄印记。因马蹄印记留存至今，人们就将其称之为"马蹄寺"。马蹄寺创建时间较早，延续时间较长，始建于东晋十六国时期，大量洞窟为北魏至明清历代营建或者重修。保存了大约自十六国晚期至明清的造像与壁画。规模较大，内容丰富。现存石窟包括千佛洞，上、中、下观音洞和金塔寺还有马蹄寺的南、北寺等七个部分。相互距离远近不一，少则 2—3 公里，多则十余公里。每一部分现存的窟窿，多的高达二三十个，少的也有两三个。七个窟群中包括 70 余个窟窟，其中比较突出的有金塔寺东、西二窟、千佛洞及马蹄北寺诸窟的造像与壁画，具着较高的艺术价值。马蹄寺的山崖石质属于粗红砂岩，不便雕刻，故绝大多数为泥塑。目前窟内很多造像与壁画都受到损失，但仍不同程度地保存从十六国至明清各代 1500—1600 年的各代佛教艺术作品，具有强烈的时代性和鲜明的地方特色，展示着独特的优势。

金塔寺石窟，位于肃南大都麻河西岸，距马蹄寺东南 26 公里。属马蹄寺窟群，洞窟开凿在大刺沟山谷峭壁上，仅开相邻的东西二窟，距地面高约 60 米，均为平面近方形的中心柱窟，据说是在十六国的北凉时期开始开凿的。东窟是一座宽 9.70 米、残深 7.65 米、高 6.05 米的纵长形石窟。其窟顶呈覆斗式，一中心方柱位于其中间，装饰有众多的高肉雕佛、菩萨，还有飞天，华丽辉煌，熠熠生辉。环绕中心柱四周仔细观察，便会发现，各个雕像内容丰富，形式变化多样，大小错落有致。中心柱四面环绕着三层开龛造像，且每层都有不同的主题。与东窟毗邻的西窟，其形制与东窟类似，但规模不如东窟大，宽7.90米，残深3.90米，高4.30米。窟内中心柱也是分成三层进行开龛造像的。三层分布着众多的佛、菩萨和飞天，形态各异。两窟中无论是塑像还是壁画，都是自然亮丽，有着淡雅明快的着色，这表现出浓郁的民族特色，也更能衬托出造像的形体美。其发式、衣饰各具特色、无一雷同，表现出诸塑像鲜明的特征。泥塑造像虽多经后代重妆，但原貌犹存，题材之丰富，装饰塑造之堂皇富丽为河西所少见。此两窟或是记载中的洪崖窟，即典型的北凉州石窟，时间当是神玺元年（397）至玄始元年（412）。

武威的天梯山石窟，位于今武威祁连山支脉天梯山，距武威城南约100公里，堪称中国开凿最早的石窟之一，是"凉州模式"的代表，也是云冈石窟、龙门石窟的源头，在中国佛教史上占有重要地位。天梯山石窟是在东晋十六国时期的北凉创建完成的，距今有1600多年历史，隋唐五代均对其进行了重修，经历代开凿，其建筑雄伟，规模宏大。天梯山石窟开凿在依山傍水的悬崖上，最高处距地面60多米。天梯山石窟现存3层，明代时尚存窟26个，至20世纪50年代仅存窟13个。窟内尚存有壁画数百平方米，佛龛十七个，佛像一百多尊，还有魏、隋、唐时期的汉、藏写经。其中大佛窟如来坐像为其主体建筑，造像形象逼真，形态各异，具有高超的塑造艺术。石窟形制主要分为3种：中心柱形、五柱形、覆斗顶形。前2种多为北凉、北魏窟，后者多为隋、唐窟。其中第1、4窟开凿年代最早，可能开凿于十六国北凉时期。均是平面长方形的中心柱窟，柱上每面分三层或二层造像，内层佛龛一坐佛，龛外左右各一胁侍菩萨像，后来损坏严重，经后代改塑，窟内有少量原绘壁画，据推断约于北凉时期所绘。雕塑中有北魏石佛头像，北周、隋菩萨像和唐代释迦说法像。但目前仅保存一小部分壁画，表层壁画多创作于西夏、元、明，在剥离重层壁画后还藏有北魏、北凉、西魏和隋、唐等朝代的残画。其中北凉壁画，风格独具一格，由于受西域早期壁画的影响，其与酒泉北凉石塔线刻画、敦煌北凉壁画以及炳灵寺西秦壁画风格类似，但仍然保存着凉州的本土特色，表现出独具特色的朴拙之美。天梯山石窟不仅有力地促进了佛教的传播，还为佛教艺术的发展提供了有利条件，不管是在中国的石窟发展史还是在整个佛教发展史上，都占有重要地位。

三 陇中石窟群

陇中大都位于甘肃的中部，主要是指黄河上游沿岸及周边的一些地区。陇中石窟群，即以今永靖的炳灵寺石窟为主体，包括靖远的寺儿湾石窟和法泉寺石窟等。其中炳灵寺石窟是陇中地区规模最大，也是丝绸古道上最为著名的石窟。

炳灵寺石窟，位于永靖县西北14公里处，距兰州西南120公里，开凿于西晋初年（约公元3世纪）。正式建立于西秦建弘元年（420年），上下四层。最早称为唐述窟，羌语意为"鬼窟"，唐代称为龙兴寺，宋代称灵岩寺，明朝永乐年后又称炳灵寺，"炳灵"源于藏语，是为"仙巴炳灵"的简化，其大意是十万弥勒佛洲——千佛。从西秦、北魏开始经隋唐到清代，历经1500多年的开凿，存有窟龛183个，共计泥塑82尊，石雕造像694尊，壁画大概900平方米，主要分布在大寺沟西岸的崖面上，其崖面长约200米，高60米。位于悬崖高处的唐代"自然大佛"（第169窟）以及崖面中段的众多中小型窟龛为其石窟的主体。附近洞沟、佛爷台、上寺尚存一些造像、洞窟以及壁画。在炳灵寺众多的洞窟中，坐西面东的第169号窟是其中历史最为久远且最有价值的。它是炳灵寺历史最为悠久、规模最大且内容最丰富的洞窟，是炳灵寺石窟的精华所在。它原为一个坐落在窟群北端唐代大佛的上方的天然石洞，距地面50米，宽26.75米，高15米，深19米。窟内现存佛龛24个。第169窟的题记是迄今为止中国现存石窟中有明确纪年的最早造像题记，炳灵寺是仅次于敦煌石窟寺的具有藏汉两种风格的著名石窟寺。

炳灵寺石窟的石刻像属于不同时代，因此具有不同的风格。西秦的剽悍雄健、北周珠圆玉润、北魏秀骨清像、宋代求变写实、隋唐丰满夸张，但都采用了以形写神，形神兼备的技术，注重写神的传统技艺的应用。其造型和雕饰，既能够渲染神秘的宗教气氛，又能够表现出富有现实的生活情趣。炳灵寺壁画，尚存不多，却是研究西北地区人民的社会风貌、装饰艺术以及音乐舞蹈的重要史料。

寺儿湾石窟，又称红罗寺，位于靖远县北湾乡离城约20公里的红罗山口。石窟开凿在黄河西北岸的红砂岩沉积岩崖壁上。石窟前面建有清康熙年间增修的砖木楼阁，名为红罗寺。又因有一寺一湾，又称寺儿湾。原有6个洞窟，但其中5个毁于炸山取石，现仅有一处保存完好的石窟，窟门为砖券型，门顶有一木构建筑，窟平面为近方形，窟内雕有佛、菩萨、天王、罗汉等像62尊，为唐、宋之间所雕刻，虽经后代重修，仍不失原作的风格。特别是其中的罗汉像，形象生动，多姿多态，能够充分展示当时的雕塑水平。

法泉寺石窟，位于靖远县东湾乡杨梢沟口。石窟群分布在长约1000米、宽约150米深沟的东、北、西三面崖壁上，不仅四周环山，而且沟内还有泉水流出。石窟于北魏时期开凿，在当时已经形成了一定的规模，后又历经宋代，明代嘉靖、万历年间大规模的修缮，逐渐形成造像丰富、楼阁林立、洞窟连片的局面。不幸的是后来遭受劫难，石窟中的造像与壁画均受到毁坏，不过在近年已经得到重修。现存天王洞、千佛洞、达摩洞等36个洞窟，大佛殿、藏经楼、文钟楼、昌宫、木卧桥等建筑，以及清泉、唐榆等十多处古遗迹。原凿洞窟中，平顶主要呈平顶式以及支提式，窟有四面、三面、一面开龛三种形式，龛中有高浮雕，圆雕，以及浮雕（彩塑）等。浮雕则如千佛洞之千佛像；圆雕主要有佛像；高浮雕则有装饰在佛龛上的经变图、龙头等。在窟前有木结构的斗拱衬承。观音堂前殿为木结构歇山式卷脊三楹，前檐斗拱呈米字形，类似于敦煌莫高窟宋代时期的建筑。

四 陇南石窟群

陇南石窟群，即以今甘肃省南部的天水麦积山石窟为主体，包括麦积山附近的仙人崖石窟、甘谷大象山石窟以及武山石窟、群华盖寺石窟和西和的禅殿寺石窟、法镜寺石窟和八峰崖石窟等。

麦积山，位于甘肃省天水市麦积区，是小陇山中的一座孤峰，高142米，因其山形酷似麦垛而得名。它地处秦岭西段的北麓，距离天水市东南45公里左右。开凿于十六国后秦（384—417年）时期，后经西秦、北魏、西魏、北周、隋、唐、五代、宋、元、明、清各代不断开凿和扩建。目前尚存洞窟221座、壁画1300余平方米、泥塑石雕10632尊，泥塑艺术精美，闻名世界，被称为东方雕塑艺术陈列馆。其中最为精美的当属在东崖的石窟群涅槃窟、红佛廊以及散花楼上的七佛阁等。四根粗短的石柱处于涅槃窟前，柱头雕有精美的浮雕，呈莲瓣形，柱顶以浮雕的"火焰宝珠"取代斗拱，这座在北魏晚期就已建成的崖阁设计极其巧妙，是石窟寺建筑中的珍品。千佛廊总长约32米，在崖壁上分两层整齐地排列着258尊石胎泥塑佛像，形态各异，生动形象。西崖聚集着万佛堂、天堂洞、第121窟、第123窟、第127窟、第165窟等，均具有较高的艺术价值。万佛堂又名"碑洞"，只要跨进门，一尊3.5米高的接引佛便映入眼帘，双目微合，双手做接引之姿。窟内目前保存着30多件泥塑。前壁的左上侧尚存有千余尊留有影塑的千佛。窟龛中有许多制作精巧的沙弥、弥勒以及供养人的雕塑。天堂洞是两崖上最高的石窟，窟内分布着大型的石刻造像，中间一尊，高1.95米，左右两尊，高1.28米，每尊像有2—3吨重。

仙人崖石窟，位于天水市北道镇东南45公里的朱家后川。约于南北朝时期开始建造，距今已有将近1600年的历史。宋代称其为"华严寺"，明代时永乐皇帝又赐名"灵应寺"。现窟内保存有

197尊塑像，大都为北朝、宋、明、清等时期所造，壁画87平方米，以及明清两代建造殿宇27座54间，大都为天然岩庵下和巉岩奇峰之巅所建，还保存有石刻、佛经、铜佛等。仙人崖主要分布于东、西、南庵及燃灯阁、献珠山以及宝盖山等地区。东、西庵建于簸箕形的岩穴之中，西庵岩穴长90米，深十余米，建殿阁14座。东庵岩穴长70米，深8米，内建罗汉堂（水莲寺）。南庵还保存着一尊摩崖造像，其高约3米，但目前仅存头部、脚部及水波莲座，堪称宋代的精品之作。四周之前有上千佛影塑，目前仅剩下7尊，均为北魏时期所保留下来的。

大象山石窟，位于甘谷县城西南约3公里处。甘谷大佛属于半圆雕石胎泥塑，高约23.3米，肩宽约9.5米，头高约5.8米，膝长约6米，其造型高大雄伟，令人仰止。大象山得名是因为依山而建大佛塑像，因此被称为大像山。后来佛教协会会长赵朴根据佛传故事"乘象入胎"的题材，认为更名"大象山"更为合适，所以到现在一直沿用大象山之名。塑像为盛唐所作，后经宋、元、明、清各代重新修建。大象山石窟以大佛像为中心，其他窟龛罗列于左右，西侧紧倚飞云岩，有7窟；东侧连接松花崖，有14窟，共22窟龛。

华盖寺石窟，位于甘谷县城西十里，渭河南岸的二十村东。石窟倚山沿崖开凿在刀削斧劈般的万丈悬岩上。华盖寺石窟于泰定年间开凿，清时重修。由于明世宗嘉靖帝信奉道教，排斥佛教，因此当时很多佛教的寺院都被改造为道观。华盖寺现存可编号的洞窟共25个，包含佛、道、儒三教及祖先崇拜四个方面的内容，道教洞窟占主导地位。在18个洞窟中共有塑像60尊，大小不一，其中有44尊塑像超过60厘米，13个袖珍雕塑不足13厘米，另外还有福禄寿三星的三个精美头像。其中有46尊道教造像，占整个塑像总数的四分之三。从塑像组合上看，除伏羲洞、玉皇洞为群塑，无量殿、孔子洞及灵官洞为单体塑像外，其余洞中都是一主尊二侍者的造像布局。壁画的绘制和布局在各洞窟中十分相似基本类似，除无量殿和释迦洞有故事画外，其他均是窟顶为圆光扇面或书画，并于左右两壁绘有单俱物画。

五 武山石窟群

水帘洞石窟，位于武山县城东北约25公里的钟楼山峡谷中。现包括水帘洞、拉梢寺、千佛洞及显圣池四个单元，是丝绸之路东线上一处重要的石窟寺院。于十六国时期的后秦开凿，经北魏、北周、隋、唐、五代至元，历代均对其进行修建。现存有历代造像90余尊，浮雕和半圆雕佛塔8座，壁画1000平方米，古建筑18座。其中千佛洞的拉梢寺、摩崖题记、雕塑、壁画作品以及木构遮檐等是其中最具价值的。

水帘洞，位于拉梢寺对面的高峡深谷，与拉梢寺遥遥相望，南北呼应。石窟寺地处佛道合一的圣地，地形为一高30余米、凹深、20余米、长、50余米的天然洞穴。石窟佛像大多处于洞内的摩崖浅龛和崖体表面上，主要是悬塑、浮雕与壁画相结合的佛教故事作品。原洞壁内绘满着壁画，在西壁北侧的崖面上，还保存着少许精致的壁画，有长17米、高约8米的壁画一方。按内容以24组画面映衬布局，大致可分为6组，以佛说法图、供养人画像为主要内容等，大部分为北周时期的原作。第3组的七佛等可能为五代或宋初时重绘所得。

在水帘洞西北方半公里处，有一峰拔起于深山丛中，上悬下削。其中间有一巨大天然洞穴，长25米，高25米，深8米，尚存有佛教壁画和造像上千尊，因而得名千佛洞。由于洞内尚存有七尊崖悬塑佛，因此又被称为"七佛沟"。洞内现存窟龛30多个，壁画数百平方米，大小佛像近千尊，皆分布于岩洞一侧崖面上，以木桩栈道为界，分为上、下两部分。上部佛龛数量较少，且其造像紧贴崖面，表现形式以高塑和影塑为主。造型古朴自然，庄严肃穆，尚存几百尊，因尊位和身份不同而造型有所不同。下部崖面保存造像百余座，主要为北周时期所建，大致可以将其分为龛内泥塑和浮雕两种类型。龛通常呈圆拱形，现存20余个。其所采用的技法和雕塑风格与上部截然不同。从布局上，其结构井然有序，主体突出。造像一般身材修长，栩栩如生，衣纹舒畅，丰盈清秀。下部崖面保存有壁画数百平方米，其中最有价值的为南壁一处中唐代的作品。

拉梢寺，位于峡谷两侧红砂岩峭壁上，是水帘洞石窟群中的重要窟寺，其崖面呈正方形，其体长、高均超过60米。有一浮雕佛像位于其正中，由于其造型巨大，醒目显赫，故得名大佛崖。大佛建于北周，为秦州刺史、陇右大都督尉迟回所建。于陡峭的崖壁上摩崖浮雕塑造释迦牟尼佛，高达40余米，堪称亚洲之最。拉梢寺的壁画占整个崖面的三分之二左右，不过由于其裸露表面，长期受风雨剥蚀，壁画大部分已脱落，现存壁画十分珍贵。大佛之上架设全长31米木构遮檐，其深约3米。经隋、唐、元几次重新修补，其间历经了五朝八个世纪，保存下来很多北周至元代各时期的艺术作品。

显圣池是一座天然崖窟，位于水帘洞东南侧，洞中有池四季滴水，故被称为"滴珠鸣琴"。其中佛像大都建于唐代，目前仅留残迹。现存北周壁画约25平方米，窟壁及四周还有马鞍石、仙人张果老毛驴吃草处、圣贤壁等民俗景点。

木梯寺石窟，位于武山县城西南35公里的马力乡杨家坪村西的石渭山。在榜沙河边依山建造，于半山腰进行开凿，离地面超过千尺，南北两面之间横跨九梁十沟，长度超过500米。其三面均为悬崖绝壁，由于民间有入寺之后走投无路的传说，故仅有北端一门可以入寺，因此人们在山门口绝壁之上，安置一木梯，攀梯入寺，故名"木梯寺"。木梯寺始建于北魏，唐、宋两代又对其重修。寺西有大石佛一尊，窟龛18个，有壁画234幅、造像78尊，绘画面积2100平方米。木梯寺中内容丰富，雕饰多变，具有很高的历史价值和文化价值。其中规模最大的当属第5、7、16窟，并且至今仍保留着原来的风貌。造像有魏唐遗风，其中，宋代作品堪称全寺精华。

禅殿寺石窟，位于武山县城西9公里的马力乡定荒山南麓。始建于康熙六十一年（1722年），主要建筑为祖师殿，于咸丰十年（1866年）重修，一直保存至今。比丘铁牛禅师窟内塑铁牛禅师，形象生动，造型优美。伽兰殿窟为最大的窟，窟中有23尊造像，多为明清以来所作，各具特色、风格各异。寺内保存有明万历六年（1578年）重建大石林古迹禅祠的琉璃碑一通，碑面阴刻铭文309字。

六 西和石窟群

法镜寺石窟，位于西和县城12公里的石堡村，又名石堡石窟，石窟开凿在五台山支脉飞来山南北两侧的山岩上。法境寺本是窟前建筑，但在明清之际，殿宇不幸被大水冲毁，因此将其移建于五台山上。法镜寺石窟创建年代至今无法确定，不过根据窟形与造像特点看，推测其建于北魏中期。石窟分为南北崖两部分，现仅存31窟，有造像13尊。其中南崖有15窟，北崖有16窟。最大的为7号窟，高宽各8米，深1米，最小的为11号窟，高宽各0.8米，深0.5米。北崖原建有法镜寺正殿，结构宏伟，属崖前建筑。目前仅留有3个石龛，地处离地面4米高的石崖上，石雕三世佛像，居中的释迦佛像高约为6米。

八峰崖石窟地处甘肃陇南西和县石峡镇的八峰崖，距县城16公里。山腰有一高约15米、长约60米的天然洞穴。穴内原有14间殿宇，200余尊造像。不幸的是，1960年遭遇火灾，其中的木建筑被全部焚毁，现仅存残损造像90余尊及部分壁画，还有出土于明万历年间的石碑一块，清代石碑五块。八峰崖石窟分为上、下两层，上层10龛，下层4龛，共有14龛，现存有宋、元、明、清三代的造像。始建年代无考，根据窟内明代碑刻资料记载可知，明以前窟龛建造已臻完善。尤其是第10龛内有一明代弥勒佛，高约4米，神态逼真，形象生动，至今保存完好。

七　陇东石窟群

陇东是指甘肃省东部陇山以东的庆阳、平凉地区，是丝绸古道的东段，也是重要的佛教传播之地。陇东地区石窟众多，据不完全统计，共有20余处。比较著名的有以平凉南石窟寺、庆阳北石窟寺为主体，包括华亭的石拱寺石窟、镇原的石空寺石窟、泾川的王母宫石窟、莲花山石窟、舍水的保全寺石窟等在内的石窟。

北石窟寺地处甘肃省庆阳市西南25公里处，西峰区董志乡寺沟川村的覆钟山下，蒲、茹两河交汇的东岸二级台地上。由5部分组成，即楼底村一窟、花鸨崖、寺沟、石崖东台和石道坡，南北延续约3公里。由泾州刺史奚康［生于北魏永平二年（509年）］建造完成。于北魏永平年间开始创建，后由北魏、北周、隋、唐等各代不断重修扩建。尚存296个窟龛，石雕造像2126尊，其中7窟源于北魏、3窟源于西魏、13窟源于北周、1窟源于宋、63窟源于隋还有209窟源于唐。另有壁画69.7平方米，碑刻8通，隋至清各代墨书题记150方，建筑遗迹多处。寺沟主窟群是北石窟寺主要的精华所在，共编号282个。窟群开凿在覆钟山崖壁上，其高约20米、宽120余米，坐东向西，窟龛上下有三层重叠。由于覆钟山周围的山崖石质属早白垩纪黄砂岩，因此砂质均匀，胶结性能较好。窟龛内原均装饰有图案或彩绘壁画，但目前所剩无几。其中北朝的165号窟是其中最具代表性的洞窟，它是北石窟寺中内容最为丰富、历史最为悠久且规模最大的洞窟，以七佛为主要内容，地处寺沟窟群的中部下层。北石窟寺于唐代开龛造像最为兴盛，窟龛多达211个，占全部窟龛总数2/3以上。其中有一小部分大型洞窟，其他的大多为方形或长方形浅龛。现编222、32、263等窟是其中最具代表性的窟龛。雕造内容极其丰富，姿态各异，浓缩了陇东汉唐文化的精华。可将造像大致分为浮雕、半圆雕及圆雕等几种。其中最精美的为北魏和唐代的窟。

南石窟寺，又名东方洞，位于泾川县东7.5公里的泾河左岸岸壁上。窟龛开凿于泾河北岸红砂岩上，现存5窟，其中保存较为完好的为1号东大窟和2号西小窟。坐北朝南，共编号5个，除第1窟是北魏永平三年（510年）所建，第5窟是一个唐窟以外，其他几个洞窟已是空窟。东大窟为南石窟寺的主窟，高达13米，宽约17米，深14米，结构独特，造型宏伟。入窟后，迎面三壁映入眼帘，共围立7尊佛像，高均过2米，13座胁侍菩萨位于两旁，与北魏风格相符，生动形象，形态逼真。窟顶布满浮雕，主要内容为诸如舍身饲虎、宫中游戏之类的佛经故事。雕刻内容简练，线条流畅，能够充分表现古代能工巧匠的聪明才智，也代表着当时人们对未来生活抱有的美好愿望。与庆阳北石窟寺，共同被誉为"陇东石窟双明珠"。

王母宫石窟，位于王母山东北面，地处甘肃省平凉市东南75公里处的泾川县泾、汭两河汇流处，距泾川县不到1公里，始建于北魏永平三年（510年）。王母宫石窟依山开凿、约呈长方形，形若"凹"形的布局，高达12米，只存一窟，又称"大佛洞"。为中心塔柱式，中心柱四面开掘造像，造像与云冈六窟相类似，窟内面积也大致一样，据推测应是北魏迁都洛阳（494年）前后的作品。大致可以将窟内的造像分为三层，方体塔柱位于正中间，与窟顶直连，中心柱及三面窟壁，均有石雕佛像，有千佛、菩萨、力士，还有驮宝塔的白象，推测其属北魏作品。顶部建造物大部分已经脱落，现仅存百余尊造像，主佛像位于中心位置，其他佛像依次排列于两侧。窟外的依山楼阁为清代重修。

张家沟门石窟，地处合水县太白乡平定川。石窟开凿于川之西岸的山脚下的崖壁上，窟前有群山作屏障，峰峦叠翠。始建于北魏太和十五年（491年），目前为止是陇东地区已知的最早石窟。尚存8个拱形龛，均为一佛二菩萨。窟内造像古朴自然，与云冈石窟中的早期造像风格相类似。

保全寺石窟，位于合水县太白乡平定川上游，西南距东华池30公里。石窟开凿于山脚下的崖壁上，南北长约40米，共开龛30余个，尚存 20 个窟龛。于北魏时期进行开凿，西魏时期又对其进行修复。窟内造像生动形象，技法概括简练，是陇东地区较早的一个石窟。除中心部分的 3、4、6 等窟较大外，其余为圆拱形残龛，高约 1 米。雕造题材以北魏佛教教徒崇拜的一佛二菩萨为主，一交脚菩萨两胁侍菩萨，触多宝并坐说法千佛等。

莲花寺石窟为一摩崖大龛，位于合水县太白乡平定川汇入葫芦河向南延伸的一段红砂石崖面上，长 19 米，高 6.4 米。又在大龛内依山势开小龛，雕佛像于崖面，龛室相连，佛像密集，结构完整。石窟内目前存有龛 18 个，为唐、宋时代所开凿，其中 1 号龛属自然形龛。据记载，1 号龛与巨幅五百罗汉雕像均出自惠文一家所做的功德，于宋绍圣二年（1095 年）雕刻而成，主要内容为"三教诸佛"。龛内并列三佛及两胁侍，佛结跏趺处于正中心位置，佛两侧各有一双人物，手执笏，汉装袍，结跏趺坐，据推测应该是孔子和老子。这种儒、释、道同居一堂的造像，反映了当时社会三教同流的趋势。17 号龛内有宋代绍圣二年（1095 年）的五百罗汉雕像，规模宏大，造型变化多端，并渗透着一些佛经故事，是目前已知的国内最早出现的五百罗汉雕像，具有重要的文化价值和历史价值。

石空寺石窟，位于茹河右岸的岸壁上，在镇原县东 2 公里。石空寺原有灵光洞、观音洞、卧佛洞及龙王洞等石窟，在石窟前的石壁下建寺院，还有各类塑像位于寺院中。到了 20 世纪 40 年代末，仅剩一个石窟，民间称其为"九间没梁洞"，有寺院一座位于洞前。"九间没梁洞"宽为 12.5 米，进深 7.3 米，高 20 余米，窟室规模宏大，窟室前门上方左右两侧各有一方形明窟。三个佛龛并列里壁中，东西两边各置佛坛，虽然造像已所剩无几，但当时大都为精致的明代彩塑；壁面饰有彩绘，以佛教故事为主要内容，技艺高超，工笔流畅；窟顶有彩绘的西番莲图案，线条工整细腻。现存大窟两个，西窟高 8 米，宽 12 米，内塑五尊立佛及四尊胁侍菩萨像，东窟规模与西窟接近，内塑一佛二弟子二菩萨像，佛高均达约 4.7

米。据始于大宋之国，延及明朝隆庆之年的记载可知，石窟开创于宋代，重修于明、清两代。

石拱寺石窟，地处华亭县上关乡南 3 公里处。石窟坐落于汗河上游的秀水河之侧的崖壁上，是陇东地区北朝时期重要的佛教石窟寺遗存。现存 14 个窟龛，造像完全为石雕。石窟于北魏开创，又经历隋、唐二代的继续开凿和修缮。由于自然和人为对窟内造像的破坏，很多造像已残破不堪，现存比较完好的有 9 号和 11 号窟，其中 11 号窟的浮雕供养人及维摩诘和文殊像手法简洁高超、造型优美，堪称优秀之作。第 2 窟和第 6 窟规模宏伟，当数其中最大的洞窟，窟内均造三佛及胁侍菩萨，前壁门两侧雕天王。第 6 窟高约 8 米，佛高约 6 米。①

第四节 甘肃石窟的艺术价值

一 甘肃石窟造像具有悠久的历史，历经众多朝代，绵延时间较长

甘肃佛教石窟雕塑的出现要早于其他地区。莫高窟始建于前秦建元二年（366 年），河西一带的马蹄寺石窟、文殊山石窟以及金塔寺石窟大都始凿于十六国的北凉时期；另外，麦积山石窟、炳灵寺石窟也于北凉时期开始修建。敦煌莫高窟始建于前秦，后又经北魏、西魏至民国等十多个朝代的重修，绵延近 1600 年。麦积山、炳灵寺等石窟亦是经历了自西秦或后秦至明清十多个朝代，1500 多年的历史。

二 甘肃石窟题记内容丰富

甘肃石窟有全国最早的石窟纪年题记，且题记的年代序列比较清晰。甘肃石窟完整的系列艺术风格，具有较高的艺术价值。甘肃有大量的有纪年的石窟。敦煌莫高窟现存西魏、隋、唐、五代、宋

---

① 胡同庆：《甘肃石窟艺术概况》，《敦煌研究》1994 年第 3 期。

有纪年题记的洞窟约 40 个，其他各地有纪年题记的洞窟有约 20 处。甘肃各地石窟中有纪年的题记大约有 60 处。炳灵寺尚存的西秦建弘元年（420 年）造像题记，是目前所知全国最早的佛教石窟造像题记。这些题记所记纪年始于西秦，一直延续至金代，前后延续长达 7 个世纪，与中国北方佛教兴盛及衰退密切关联，不但充分展示了甘肃石窟的时代特征，也是在研究中国石窟过程中判断洞窟创作年代之圭臬。

三　甘肃石窟能够完美地展现佛教艺术的大体发展过程

从空间角度看，甘肃石窟雕塑艺术分布在一条长达一千多公里的狭长地带上，在这条长长的地带上可以大体看出佛教艺术由西向东渐进发展的整个过程。从逐渐呈开放状的洞窟形制，以及造像采用的主题内容和艺术表现形式，可以发现佛教艺术每往东走一步，所表现出来的中原文化和本土文化对佛教艺术点滴的影响。通过观察甘肃石窟雕塑艺术，便大体可以看到佛教艺术在中国的基本发展过程。

四　甘肃石窟具有多种表现形式

由于石窟地质条件的制约，敦煌、河西等地石窟的造像主要采用泥塑或石胎泥塑而成，庆阳等地的造像主要采用石雕艺术，炳灵寺是石雕、泥塑相结合的成功作品，麦积山以采用泥塑艺术而著称，但也有不少石胎泥塑和石雕。同时受当地地质条件的影响，甘肃各石窟的造像表现形式纷繁复杂，既有高浮雕、浅浮雕及圆雕，还有大量的悬塑或者影塑，而其他地区石窟多以石雕为主要的造像材料，以影塑、悬塑为表现形式的很少。同样由于地质条件的影响，甘肃的石窟艺术很多采用绘塑结合的方式展现。"绘塑"又可以分为两种，一是以塑像为洞窟中的主体，而将壁画作为陪衬；二是以泥塑或石刻方式雕塑其塑像躯体的主要部分，而用绘画的形式来表现头巾、飘带等衣饰。

五 保存至今的甘肃石窟，其色彩仍旧保持鲜艳完好

泥塑不仅上彩方便，而且不易脱落，另外甘肃地区气候相对干燥，加上窟内的彩塑基本不会暴露在阳光下，所处地域温差较小等条件，古代工人使用的各种颜料竟保存了上千年，至今色彩依然十分醒目。我们不仅可以通过石窟欣赏完美的古代艺术，同时也为学者研究古代科技史提供了宝贵的资料。据有关专家利用 X 射线分析，在莫高窟的十六国、北魏、西魏、北周、隋、唐、五代、宋、西夏、元和清等十多个朝代所使用的颜料，大都为无机矿物颜料，并且品种极其丰富，如白色颜料有白垩、酸铅矿、高岭土、角铅矿、白铅矿、石膏（硬石膏）、滑石、氯铅矿、碳酸钙镁石等，红色颜料有红土（包括赭石、铁丹、煅红土等）、铅丹、辰砂、雄黄等。如此丰富的天然矿物质颜料，目前也只能在甘肃地区的石窟中才能见到。

六 甘肃石窟艺术中的艺术形象具有世俗化的特点

在佛教石窟艺术形象中，菩萨成了与广大民众接触密切的形象，飞天形象甚至融入百姓的日常生活之中。飞天又名紧那罗或者乾达婆，是佛教天国中的音神和香神，即专施音乐和香花的佛教专职神灵。不管是在麦积山石窟还是在炳灵寺石窟中，均有飞天造像存在。这些飞天大都围绕在说法图、经变画或者故事画周围，还有的环绕于窟顶藻井、四壁边缘、龛内彩塑周围。敦煌飞天不仅是飞天艺术形象的典型，也是中国石窟艺术的代表。[1]

甘肃的石窟群，是古时无数艺术家和能工巧匠智慧的结晶，体现了古人丰富的思想与卓越的才能，真实地反映了中古时期人们对美好生活无限向往的审美取向。佛教艺术在中国大地的传播发展，在借鉴和吸收外来佛教文化的同时与中国传统文化融会贯通，突破

---

[1] 刘基：《华夏文明在甘肃（历史文化卷）》（下），人民出版社2013年版，第413—445页。

佛教艺术固有的形式与内容，更具中国地域文化特色与民族特色，体现出石窟艺术自身在中国大地产生、发展、繁荣和衰落的全过程。为研究中国佛教史、艺术史和佛教美术史的发展和演变过程，提供了十分具有价值的历史资料，是一份珍贵的财富。

第十一章

长城文化：甘肃长城的历史、类型及其文化影响

　　长城是一种军事防御工程，其修筑技术经历了由简单到复杂的发展历程。先有城，然后有列城，再有长城，后人普遍称其为长城。据先秦的古籍可知，"城"是指城墙，"池"是指城壕，即护城河。若连用"城池"二字有两层含义，狭义上可指城墙和城壕，广义上不仅可以将其看作城市防御体系的总称，还可以将其引申为城市的代称。长城的最初形式是列城，而列城，就是由一系列防御工事及小城共同联结起来，组成规模较大的军事防线。列城的主要作用是驻兵和储存等，与后来发展的城堡有异曲同工之妙。在遇到危险时，可利用这些城堡抵抗入侵者。最初的长城是与城堡相互连接的。

　　在中国历史上，曾经有20多个朝代和诸侯国着手修筑过长城，但每个朝代和诸侯国修筑长城的位置与长度都有不同，因此，在计算长城的长度时，需要根据实际情况对每一段长城具体计算。中国历史上，有西起临洮、东到辽东的万里长城；有汉朝修筑的内外长城，其西起今新疆东到辽东；还有明朝修筑的全长6350公里的长城，其西起嘉峪关东至鸭绿江。由于时间久远，很多早期时代的长城都受到了不同程度的损坏，现在明代修建的长城是其中保存比较完好的。所以平时我们谈到的长城主要是指明长城。而这些都只是根据史书的记载所知晓的，事实上，一些地方是有很多城墙的，且

在高山峻岭上蜿蜒起伏,其实际的长度可能会更长。若是将各个历史时期修筑的长城叠加起来,那么长城的总长度可能要超过5万公里,长城的遗址基本都分布在中国今天的山西、甘肃、宁夏、新疆、辽宁、北京、天津、河北、湖北、山东、湖南和黑龙江等十几个省、自治区、直辖市。其中仅内蒙古自治区境内就保存有长度超过1.5万公里的长城遗址,其次为甘肃,甘肃境内尚存多段保存完整的长城,且多段长城的西起点都在甘肃境内,因此甘肃又被称为"长城的露天博物馆"。

据记载,楚国是最早开始修建列城的,而长城就是在列城的基础上发展而成的。后来,很多诸侯国纷纷仿效楚国,在我国北方的南北部或东西部,修筑了很多段长城,虽长短不等但结构类似。在经过数百年的实践之后,古代人们积累了丰富的长城筑造经验,逐渐形成了由完善的城墙及配套系统组成的军事防御工程体系。

第一节 长城的修建方式类型

一 长城的辅助设施

远在春秋战国时期,战争以车战为主要形式,步兵主要配合车战。作战时大都会选择在平地上进行,两军对阵,如果能够在平原上筑起高大的城墙,那么就可以阻挡战车的去路。后来受游牧民族影响,骑兵逐渐兴起,他们广泛应用骑射技术,由此战车的作用逐渐减小,战场也不再仅仅局限于平地。尤其到了后来,依山傍险,占据制高点,成为作战制胜的关键。长城多沿山脊和悬崖绝壁设计修筑,以起到限制骑兵行动的作用,在平地、荒漠、草原、空旷无险的地方修建坚固、高大且连绵不断的城墙,而在险峻的山脊、河谷因地制险。长城也不单单只是一道孤立的城墙,而是在以墙体为主的基础上,还建有大量的燧、障、亭、台等,从而形成综合性的防御体系。

城,是指在长城沿线所修筑的军事城堡,其面积并不会太大,城与城之间的距离往往是数十公里不等。障指的是小城，主要用以阻挡敌人。汉朝的障有的单独修建，有的则修建在长城线上，还有的会修建在亭旁。汉代以后的城墙普遍会比之前加高加厚，城墙四角伸出墙外，每隔一定的距离要修建城墙上突出城外或高出墙面的台子，筑成可以监视城墙外侧情况的高台，即城台、敌台，是守城士兵巡逻放哨的地方，在敌人逼近城下登城时可从其侧面攻击，人们将其称为"马面"。高出城墙之上的墩台一般叫敌台，有两三层，相传是由明代的名将戚继光所建造的，其上层为平台，在其上创建望楼，悬挂旗帜，再在四面堆垛，便于士兵在战争中瞭望与实战，中层可住人，也能储藏武器，下层有炮口，主要用作放火炮。明朝长城沿线有大量的堡，堡的作用与汉代的城、障类似，其作用是驻防，堡常常是被城墙围绕的，也可称作城堡。一些堡内有居民居住，还会在堡内建烽火台，由此实现驻防与通信的结合。有的城堡还在城门外加筑瓮城，修建第二道城门。外城门一旦被破，士兵们还可据内城门继续防守，同时也可调整战术将敌人引入城中。两晋南北朝时期，城堡就有了正式的城门，城楼、角楼、马面等城墙顶内外侧加筑矮墙，人们将其俗称为"女儿墙"，可用作掩体。天田，也称塞天田，表面铺有细沙或者细土，是一种通过观察表面上留存的足迹判断军情的设施，沿长城修建，长短不一。悬索与柃柱常常与天田一起出现，是相互配合的设施。悬索类似后世的铁丝网，而柃柱是并排的木桩，都是起阻挡骑兵的作用。虎落是修建在险关、要塞、营寨周围、长城外侧的尖竹木栅栏，在建筑物周围形成保护带。而在河谷地区通常采用"窦、墩、塘"制的筑城方案。"窦"即孔道，在溪、涧上筑长城，既能起到筑城的作用又能促进通流，民间普遍称其为"水门"，又被称为"暗沟"。"墩"就是在河谷两侧的山岭之上建烽燧墩，与长城内外组成密集的烽燧墩群。"塘"的主要作用是解决大江大河上修筑防御工事的问题，在河两岸筑墙，形成夹江长城，河流将从两墙之间通过。明代在修建长城时，在九个军事重镇的路下又建有大小关城（如嘉峪关、山海关等），每个关城都可以作为长城的重要组成部分。总治三镇（延绥、宁夏、甘肃）军务的杨一清，在长城上首创"暖房"（亦称"暖铺"），这项伟大的发明为哨所增加了遮风避雨的功能。

烽、燧、亭、堠属于报警系统，产生的时间要早于长城，长城出现之后，二者可以混为一体，但有时候也自成体系。报警系统一般被称为烽火台、烽燧，也可称为烽堠、烟堠、亭、燧等。烽火台为一个独立的高台，高台上配有房屋和设备，分别用来守望和防火，台下建有房屋及羊马圈或者仓库等，可供士卒居住。当出现危急情况时，白昼以传递烟雾为主，夜晚则以火光传递信息。①

二 长城的修筑方式

长城的修筑可分为五种形式。第一种是土长城，甘肃境内的大多数长城均是由黄土板修筑而成，临洮的长城坡遗址是秦长城保留比较完整的一段，是土长城的典型代表，根据其倒塌的断层，可以判断，其最下层为生土，生土之上是已经压实的黄土，黄土之上才修筑有夯土层的城墙。嘉峪关境内的明长城，长度约为130公里，其建筑结构也主要是土筑墙。第二种是石长城，其中包括内夯黄土的石壁夹心墙，嘉峪关明长城多筑于戈壁滩和山坡上，取土较为困难，多利用地形，凭山依险，暗壁最北端的1500米，就地取石片和黄土分层夯筑。第三种是木柴疆落城，"疆落"即藩篱，也即木长城，至今已有两千余年。木长城如今虽已荡然无存，但在甘肃境内发现的敦煌汉长城，将红柳、芦苇等枝条捆扎成束，围成框架，内填沙土，夯筑紧实，上面交错纵横的铺着一层芦苇或红柳层，厚约5厘米，最后用土石填充。民间通常将这种用芦苇或红柳与沙砾交替铺筑的城墙，看作是"木柴疆落"的一种形式。第四种是黄土夹沙墙，这种长城是在戈壁滩上就地挖沙土凝筑而成，采用这种建筑方式比较典型的长城有肃州东长城、北长城大部分段落和西长城

---

① 刘基：《华夏文明在甘肃（历史文化卷）》（下），人民出版社2013年版，第393—395页。

的部分段落。这种墙体虽然不如黄土夯筑的墙体坚固耐久，但可以节约大量的人力和物力。第五种是崖柞墙，崖柞墙是利用树枝、木板凳构筑城墙，据史书记载，从嘉峪关起到下古城东北的镇夷堡，内外修两道崖柞墙，长约90里，可惜这两道城墙的遗迹早已消失。

在漫长的修筑的过程中，长城建筑技术的运用与提高也是令人惊奇的，古人凭借智慧发明了"蒸土法""砖石镶包法""铁釜沉基法"等。明代名将戚继光首创"砖石镶包法"，具体方法是深挖基槽，砌石条于基槽之上，用大砖镶包墙的表面，最后用石灰浆勾缝。基槽开挖的形式主要有洼形槽、弧背槽、坡槽，基石大而规整，镶础严实，不易被挖、被拆、被炸。明万里长城东端以"铁釜沉基法"为主要的建筑方法，不过由于在修建老龙头前曾探至海里，因此墙基屡筑屡沉，城墙也屡修屡圮，为了解决这一问题，戚继光试图将生铁铸成一个个半球形的大铁釜，并将铁釜投入海里，让其自沉入海底流沙中，直至铁釜堆积高出海面，然后以铁釜为基础筑城。在万里长城的修筑过程中，还有许多建筑奇迹不可计数，建筑技术至今还存在着许多未解之谜。

三 长城的类型

战国秦汉与明长城的修建，在地形的利用上表现出了两个显著的特点，一个是"因边山险"，另一个是"因河为固"。受地理环境条件的影响，具有防御功能的长城类型多样。

一是烽燧堡寨型。烽、燧、堡、寨等本可以单成系列，但有时也可成为墙垣型长城的延续。在敦煌市北部和西北部，汉寨的土筑墙垣式长城及其内侧的烽燧，因受湖泊、沼泽等的阻隔，分为若干个段落，并在同一条线上自西向东延伸。此外，从敦煌西北地区托格拉克布拉克起，汉长城仅以相互存在一定距离的烽燧的形式向新疆罗布泊西北部延伸，而明边墙靖远、平川段有相当一部分沿黄河修建，黄河沿线并没有连续性墙垣遗址，只有一些堡寨。沿河设置堡城及边墙，主要是为了防御蒙元骑兵的势力。

二是壕沟型。据史料记载和实地考察发现，壕沟是古代西北边疆境内长城的部分段落，有些则是长城外侧的一条沟状军事防御线。汉武帝时期修建的令居塞，壕堑占相当大的部分。明长城从嘉峪关至张掖黑河西岸，有长达400公里的长城外壕。嘉峪关西长城外侧卯来泉到野麻湾段，有一条长城外壕，其长约15公里，与长城几乎平行，距离长城30—60米不等。

三是双道型。甘肃境内的长城遗址，多处可见双道并行的情形。张掖市山丹县城东5公里多的壕北滩长城遗存有两道墙垣，内侧城墙最高达3.5米，基厚2米，外侧最高达1.1米，基厚0.7米，两道城墙相距2米[①]。而在山丹县城北11公里的龙首山红寺口北口，有两道塞防，一道为壕堑，东起自茅山顶陡崖西侧半山，向下越过山口，西止于山口西侧小山顶部的烽燧。而在壕堑的北侧有一道片石垒砌成的墙体，东自茅山顶崖北侧，顺山脊向西北，跨越山口折向西南，止于山崖边。居延地区也有"双重寨墙"，从遗迹看有两道平行的相距3—5米的低垅，据推测内侧的一道为寨墙，中间为天田，外侧应该是天田边缘的低垣。瓜州汉寨四工至南沙窝段长约60公里，其中38公里处一段呈内外双线，两县相距约60米。内线是由沙砾夹柴草夯筑，外线均是由沙砾堆砌而成的沙梁。

四是榆塞型。蒙恬修筑万里长城西段时采用了因地制宜的筑城方法，产石之地垒石为墙，有树之处植榆木林代为城垣。在甘肃省兰州市有"榆中县"，而陕西东北部有"榆林县"，均在文献记载的长城沿线。

五是劈山墙。劈山墙又称堑削山崖城。秦昭王北长城即依黄土高原起伏不平的山势修筑的长城，位于渭源县境内的大林河的小岔口，长城的城墙至今仍7米多，但其下部5米均是原始的自然堆积黄土，没有发现夯土层。这一段的秦长城就是典型的利用沟壑两边原来突起的坡棱，在修筑长城时，将外部加以堑削成陡壁状，然后

---

① 侯丕勋、刘再聪：《西北边疆历史地理概论》，甘肃人民出版社2007年版，第228页。

在上部加筑夯土墙壁。定西境内的秦长城更是设计巧妙，凡高度在 3 米以上的秦长城的底部都是利用山坡的优势，将墙体外侧的坡面进行堑削，再结合夯筑的办法进行施工。在河西地区，部分段落的长城也采用类似的修筑方法①。

第二节　甘肃长城的修筑历史

一　春秋战国

长城的修筑大约于西周时期出现萌芽，始建于春秋战国时期。秦、楚、齐、燕、韩、赵、魏等各诸侯国为了防御，纷纷修筑长城。在今河南省境内修筑的"楚方城"是历史上最早的长城，其当时主要是为防护楚国北方边境而修筑的。战国时为"界秦""界戎"（义渠戎），魏国在今甘肃东部庆阳地区之正宁、宁县及合水县境内，修筑了战国魏长城。据记载，此条长城为今甘肃境内历史最为悠久的一段长城。其总长约 200 公里，主要特点是依自然地形或河旁而成，以沟边堑削或筑墩台为主，很少有夯筑。战国秦长城筑于秦昭王时期，即公元前 306 年至公元前 251 年。秦昭王攻灭义渠（今甘肃庆阳地区）以后进入了渭河、洮河谷地，于公元前 279 年，设置陇西郡（今甘肃中部）。郡治在狄道（今临洮县），又设置了北地郡（今甘肃东北部和宁夏东南部）及上郡（今陕西北部），在公元前 272 年，为防御北方的游牧民族，开始修筑长城。甘肃境内的秦昭王长城又被称为秦西北边地长城，西起古临洮（今岷县一带），经今之甘肃定西地区临洮、渭源、陇西、通渭四县以及平凉地区的静宁县；然后从宁夏回族自治区的西吉、固原、彭阳三县过后；又经甘肃庆阳地区的环县、镇原及华池三县，进入陕北吴起、靖边等县向东北方向延伸，至今内蒙古的十二连城。此段长

---

① 刘基：《华夏文明在甘肃（历史文化卷）》（下），人民出版社 2013 年版，第 397—401 页。

城在甘肃境内共经过三个地区和八个县，共长约一千公里（含今宁夏区内的 75 公里）。秦长城以夯筑为主，沿分水岭修筑。城墙居高临下，烽墩遥相呼应。公元前 221 年，秦始皇兼并六国，建立起中国历史上第一个统一的多民族的国家。秦朝为了保卫国家的安全，促进经济文化的迅速发展，一方面为防止地方割据，下令拆除内地原各国之间互防长城；另一方面为了防止匈奴、东胡族南下骚扰，又下令大规模修筑长城。在原燕、赵、秦三国已筑好的长城的基础上进行修缮、连缀与增筑。秦始皇修筑的长城史称"秦始皇长城"，西起甘肃临洮，东至辽东，延绵 5000 余公里。甘肃境内的秦长城属于秦始皇长城的西段，而秦始皇长城的西段也是凭借黄河天险而成，以障塞城堡为主。也就是在此以后，中国出现了世界上最伟大的建筑工程——万里长城，这一名称一直沿用至今。秦始皇筑长城是出于形势的需要与必然，也确实起到了阻挡落后民族侵扰、保卫国家的作用。秦朝在河套以北至阴山一带设置了 44 个县，鼓励内地 3 万户人家迁徙到北河、榆中（今内蒙古伊金霍洛以北）等地，巩固和开发了边境。但修建长城也给全国带来了繁重的徭役负担，给人民带来了难以承受的苦难。

二 汉隋时期

秦亡汉初之际，北方匈奴南下，势力逐步扩大。汉高祖二年（公元前 205 年）修缮秦始皇沿黄河所置的陇西旧塞。元朔二年（公元前 127 年）卫青率军收复河南后修筑朔方城，修缮了秦时蒙恬所筑的边塞，因河而固。汉长城最雄伟最长的就是"河西汉塞"。元狩二年（公元前 121 年），卫青、霍去病出兵焉支山、祁连山后，汉武帝在河西走廊据两关设四郡断匈奴右臂，打通与西域各国的通路。为保护汉王朝和西域的交通道路，并切断匈奴与羌人的联系，修筑了令居到酒泉的边塞。元封三年（公元前 108 年）在击破姑师（在今新疆吐鲁番西）后，修筑了由酒泉列亭障至玉门这段长城。太初元年至四年（公元前 104—前 101 年）伐大宛（约在今乌兹别克共和国费尔干纳盆地）后，完成了自敦煌西起亭障至盐泽的长城。为了阻止匈奴南入阴山，太初三年（公元前102年），在阴山北侧大漠南缘修筑长城。元封四年（公元前107年），在酒泉、玉门关至休屠塞（今甘肃民勤县北）一段修筑长城。天汉初（公元前100—前99年），修筑敦煌至盐泽（今新疆罗布泊）的亭燧。另外，还在南山即祁连山北坡的扁都口（今甘肃民乐县境内）一带也修建了障塞烽燧①。汉代时期，一方面在甘肃境内大规模地修缮秦旧塞，另一方面将长城沿河西走廊一直延伸至新疆罗布泊地区，形成了长达1600余公里的安全防线，这段长城的修筑不仅能够有效保卫当地的安全，而且为丝绸之路上的贸易往来提供了条件。汉长城不仅筑内长城，还筑外长城，总长约两万里，是历史上修筑长城最长的一个朝代，在今甘肃境内的汉长城，不仅能有效进行军事防御，也为西域屯田的开发提供了方便，为"丝绸之路"上的贸易开展提供了便利的条件。

随着河西走廊正式纳入汉王朝的版图，汉长城的修建主要集中在河西地区。河西地区的汉长城的修建以先设亭障，再依据地势的需要筑城垣为主要方法，因此出现一些地方有亭障而无塞垣的情况，时断时续，不过总体上仍能形成警戒线。河西的汉长城大体可以酒泉和敦煌为界，分为东、中、西三段。同时，汉武帝时期，还在河西西部地区，修筑了很多长城支线，比如从玉门关到阳关地区、阳关到党河口等地区。汉长城对秦以前所修筑长城的布局进行了完善和改进，实现了长城、亭障、烽燧及列城的同时性修筑，这就促使汉朝能在长城内外的广大地区修建堡垒、方城、烽火台，并使其相互连接，从而形成一个完整而有效的防御体系。这不仅有利于巩固汉王朝，而且还有利于保护西北地区的领土，并给中原地区人民的生产、生活提供了保障。

隋曾经也在甘肃境内修筑过长城，隋文帝开皇元年（581年）

---

① 陈英、高宏：《甘肃历史文化》，甘肃文化出版社2011年版，第103—108页。

四月,"发稽胡修长城,二旬而罢"。开皇六年,"丁亥,发丁男十一万,修筑长城,二旬而罢"。开皇七年二月,"发丁男十余万修筑长城,二旬而罢"。隋在修长城的过程中,虽然进行了很多次,也征发了大量的劳力,但每次仅"二旬(20天)而罢"。主要是在原有长城的基础上进行加固,很少增筑或修建新的长城。因此其与秦、汉长城的工程相比较,有明显的差距。且在今甘肃境内修筑了多少,已无从考究。

三 明朝

明朝时期,在甘肃境内的长城修建可大致划分为三个阶段,明前期(1368—1447年)的主要任务是修缮已有长城;明中叶(1448—1566年),主要是大规模地修筑长城;明后期(1567—1620年)主要是对长城进行重建和改线。甘肃长城真正的兴筑,是在嘉靖中叶和明后期(1567—1620年)对长城的重建和改线。明前期的状况是边患主要集中在今陕西、河北及山西等地区,而河西地区边患较少。嘉靖十六年(1537年),巡抚赵载修竣镇番卫(今甘肃民勤)临河墩至永昌卫城(今甘肃永昌县)土垣、沟堑近100公里。嘉靖二十年(1541年),主要任务是修筑嘉峪关墙,北距石关儿十五里,南距讨赖河十五里。石关儿是嘉峪关第一次以正规的城垣工程出现,位于今嘉峪关黑山湖水库东北。嘉靖二十六年至二十七年(1547—1548年),巡抚杨博又主持增建了甘肃长城的三段大规模工程:第一段是东起五坝堡(今甘肃高台东9公里)沙岗墩,西至九坝堡(今高台西北20公里),绵延于黑河北岸;第二段位于山丹卫境内,东起玉泉口丰城铺(今山丹丰城堡),西至大口子东乐驿(今山丹西东乐镇);第三段东接东乐驿,西至甘肃(今张掖市)镇城西北板桥堡(今临泽县板桥镇)。当时还在这道长城的北侧即龙首山诸山口,分别修筑了墩台、关城及壕堑。至此,甘肃镇所辖河西走廊段的长城基本连接为一个整体。明朝后期,大规模重建和改线了甘肃镇防区内的长城。隆庆五年(1571

年),廖逢节主持重建了数段长城。西起甘州卫板桥堡(今临泽县板桥镇),东到明沙堡(今张掖西北30公里);东起板桥堡,西到镇夷所(今高台县西北天城村)黑河东岸(今正义峡);西起嘉峪关,东接古城界碑(今山丹县城东南50公里)。重建工程的主要工作是重挖堑壕、修复城垣以及补砌排水道。万历二年(1574年)以后修筑工程陆续开始以青砖包砌,这是长城修筑史上的一大突破。万历二十六年(1598年),三边总督李汶出兵剿灭大、小松山一带的部落,后松山经修筑成为长城的新边。黄河以东固原镇防地,自水安索桥至小松山双墩分界,共180里;黄河以西甘肃镇防地,自泗水、土门至小松山双墩分界,共220里。这条新边长城西同甘肃镇古浪所、庄浪卫(今甘肃永登)旧边相衔接,东与黄河东岸的固原镇表家川长城隔河相望,构筑于松山北麓与卤硫沙滩之间,全长200余公里,墙内新筑大靖、裴家营、土门、三眼、红水河、芦塘营诸城堡,由甘肃、固原二镇分防,使明王朝长城防线自黄河沿岸向北推进了150余公里,这可以说是明朝后期修筑的最大工程。明长城的走向在甘肃境内大致可以分为两条:主干线西起嘉峪关向东至野麻湾,过鸳鸯池到杨家井,经高台县石泉子由红墙湾循黑河穿高台、临泽、张掖三县、市,至山丹县城后继续东行,由绣花庙进入永昌县,穿金川峡过河西堡,由新园进入民勤县绕了个大弧圈,再由蔡旗堡折向正南进入武威市境,循洪水河岸南行至黄羊镇以东进入景泰县,过县城后延伸至索桥以西,沿黄河向西北方向进入宁夏回族自治区;另一条复线是自武威黄羊镇以东的东滩由主干线分出,一直向南穿过古浪峡越乌鞘岭,沿庄浪河纵贯永登全境,至河口沿黄河进入兰州市区,过桑园峡至靖远县的大浪沟止。明长城在甘肃境内长总计有3000公里,将百道雄关千个隘口万座敌台和烽燧联成一气,形成一条坚固的防御体系。明代集历代筑长城之大成,不仅能够在关隘要地改土筑为砖砌,而且还能将长城与全国各地的城防、卫所、都司以及关隘连接在一起,构成其防御体系。除此之外,在明朝境内还拥有大量的城、堡、障、隘、关、口等。甘肃境内的明长城，可以说是存留时间最长、保存最为完整、气势最为宏伟的。为了确保兰州的安全，明时还自下马关（古今宁夏）到兰州，于兰州西北一直延伸到武威，修筑成一条边墙，以避免蒙古部落南下。此边墙长达500公里，是保护兰州安全的重要屏障。明初，为防备西蕃北上，还在今甘南、临夏境内，修筑了甘肃境内的南部边墙①。甘肃境内的长城，始于战国，延续至明代，绵延两千四百多年，时间跨度达十三个朝代。甘肃境内的长城，与全国各地的其他长城一样，并不是疆界或国界的标志，而是当时的军事防御系统。今甘肃境内，无论是东部西部，还是南部北部以及中部，均与长城有着密切的关系。

第三节　甘肃境内的长城遗存

一　甘肃省内著名的长城遗址

明代以后，长城逐渐失去了重要的军事防御功能，且经过数百年的风雨侵蚀，墙体受到了破坏，许多地段的长城逐渐消失殆尽，消失在漫长的历史长河之中。甘肃境内有幸保存着许多的长城烽燧遗迹，依然向世人展示着当年的雄姿。

（一）嘉峪关关城

嘉峪关因位于嘉峪关山麓而得名，嘉峪关山麓是东连酒泉、西接玉门、背靠黑山、南临祁连的咽喉要地。关城始建于明洪武五年（1372年），前后历时168年，在嘉靖十八年（1539年）最后完工，由内城、瓮城、罗城及3座三层檐歇山顶式高台楼阁建筑和城壕、长城烽台等组成。关城的主体和中心是内城，其周长达到640米左右，总面积约2.5万平方米。在内城的东门和西门外，都有瓮城守护，面积均超过7010平方米。城门都向南而开，在西城的西面建有罗城，在罗城城墙的正中面、向西面设立关门，门楣上题有"嘉

---

① 陈英、高宏：《甘肃历史文化》，甘肃文化出版社2011年版，第107—108页。

峪关"三个大字。关城内现有的建筑主要包括游击将军府、关帝庙、官井、戏台，还有文昌阁。嘉峪关关城依山傍水，扼守着南北宽约15公里的峡谷地带。峡谷南部的讨赖河谷成为关防的天然屏障。嘉峪关附近的烽燧和墩台纵横交错，66座墩台分布于关城的东、南、西、北以及东北各路。嘉峪关关城布局比较合理，建筑也十分得法。关城设有三重城郭，还有多道防线，城内有城，城外有壕，形成重城并守之势。嘉峪关地势天成，攻防兼备，与附近的长城、城台、烽燧等多种设备连接共同组成了有力的军事防御系统。嘉峪关关城是明长城干线上建造规模最为壮观、保存程度最为完整的一座古代军事城堡，同时也是明长城的西端起点，素有"边陲锁钥""河西第一隘口""天下第一雄关"之称。

（二）小方盘城、大方盘城

小方盘城、大方盘城均位于敦煌境内，是汉塞中最著名的遗址。小方盘城，源于蒙古语，可以解释为"跌烈半斤"，即指方城。小方盘城在敦煌城西北80公里处，北距西汉塞墙3公里，平面近方形，面积600多平方米。城垣东西长24.5米，南北宽26.4米，残高9.7米，城墙上宽均为3.7米，西北墙下宽约4.9米，东西墙下宽约4米，城顶四周有宽1.3米的走道，并建有内外墙。小方盘城全部用黄土夯筑而成，开西门和北门两个门，在城内东南角处有一条宽不足1米的马道，靠东墙向南转可直达顶部。20世纪以来，小方盘城出土汉简很多，其中有"玉门都尉"的记载。据此推断，认为该城即汉时玉门关。

大方盘城在敦煌市城西北约90公里处，小方盘城东北约10公里处，比小方盘城大，故名大方盘城。大方盘城为一座仓储遗址，约呈方形，四垣皆坍，仅有残基，边长约155米。城内靠北部有一座自然土台，其高约1米，台上建有一座仓房，长132米，宽17米，中间建有两道隔墙，间隔成三大间，都向南面开门。仓垣多处坍塌，厚度约为1.5米，残高约为6米，在最高7.6米的南北壁上开有两排对称的通风孔。仓外12米处有一道环围仓墙，目前仅东北墙尚存，四角处都建有角墩，其中西南角墩高7米左右。

（三）敦煌汉长城、古烽燧

敦煌境内的汉长城遗址是中国汉代长城保存的最为完整的一段长城。玉门关西北一段，保存尤为完整。此段长城墙基宽3米，墙高有3米，顶宽超过1米。是用黏土、砂砾夹芦草筑成。西湖一带的烽燧至今仍然保留十分完整，有的残高达到10米以上，底宽大概是7—8米。烽燧顶部四边都建有女墙，有的顶部甚至可以看到屋顶塌毁的遗迹和残木柱。大烽燧四周还遗留有城堡和房屋。汉代烽燧的特点是呈底宽上窄的方柱形，基本地处长城内侧，还有一小部分建于长城以外。烽燧结构分黄胶土夯筑，石块垒砌，用自然板土夹红柳、芦苇构筑，用土坯夹红柳、芦苇筑成四种。最后一种较为普遍，至今保留也多。烽燧附近还遗留着用芦苇捆成束的"燔苣"以及用红柳、胡杨枝、芦苇等堆成的"薪积"。有的烽燧保存"薪积"达15堆之多，大的薪积长达2米、宽1.5米以上，堆成圆形，也有方形。"燔苣"的长短不一，最长的能达到2.4米，最短的不足60厘米。根据"塞上烽火品约"的规定白天煴烟，夜晚举火；煴烟用薪积，点火用燔苣。在汉长城烽燧遗址中，往往还保存有很多珍贵的历史文物。著名的"敦煌汉简"即出土于长城烽燧遗址。

（四）居延遗址

居延遗址是由汉代张掖郡居延、肩水两都尉所辖边塞上的烽燧和塞墙等组成的遗址群，其主要分布在甘肃省金塔县和内蒙古自治区额济纳旗境内。边塞遗址自东北斜向西南绵延，总长约为250公里，始建于汉武帝太初三年（公元前102年），废弃于东汉末年。汉武帝太初三年，路博德在居延泽附近修筑的遮虏障即后世之居延塞。居延塞北部防线称之为珍北塞、西部防线称之为甲渠塞、南部防线称之为卅井塞。居延都尉驻地居延城遗址至今仍可以见到。甲渠塞保存完整，位于今额木讷高勒东河西岸，保留有21座烽燧，南北长近80公里。甲渠塞长官驻地称甲渠候官，今称破城子，蒙语称呼钦浩特。卅井塞共有32座烽燧,全长约60公里。塞候的驻地在古居延泽南端的宝日川吉(旧称博罗松治)。珍北塞保留有东西走向的烽燧5座、一座障。珍北塞从西到东长约50公里,塞候的驻所在宗间阿玛障附近。整个居延塞防线全长约190公里。居延遗址出土有五铢钱及37000多支汉简。

(五)山丹明长城

山丹明长城修建于明隆庆六年(1572年),东接永昌县水泉子乡,西至龙首山脉的烟洞沟,现存墙体约86公里,烽燧64座。山丹明长城从绣花庙到山丹城关一带是目前中国最为完整的长城遗存之一,长城由黄土夯筑的墙、墩、列障组成。其中新河一带的明长城墙高约5米,顶宽约2米,顶部外侧(北边)加筑有矮墙,现存残高约50厘米,是为"女儿墙"。墙体是由沙土夯筑,约三层夹芨芨草等一层,厚20厘米左右。烽墩用土坯砌筑,一平一立,中间夹杂着块石、黄土以及木料。另外,山丹还发现以大马营草滩的马营古城为中枢,向东南至平羌口、向南到白舌口(二口均通往青海)、向西至八卦营和永固城有不少烽墩,时代与长城同期。山丹明长城的走向和长度大都与境内的汉长城类似。北侧为汉长城,南侧为明长城,两者距离不等,10—80米,呈平行线向远处延伸。像这样修筑于不同时期,但却能同时并行且尚存完好的长城段,在国内长城的遗迹中实属罕见。这是由于这块地区地势较高,降雨量较少,并且远离村落,因此能够较少受到人为的破坏。在整个河西走廊中,山丹新河的长城口是唯一一个距公路最近但城墙却能保存较完整的地点。由于与甘新公路穿插伴行,山丹明长城极具观赏性。

(六)临洮长城坡秦长城

临洮县城东之东峪沟,即古之滥水、陇水。沿东峪沟溯流而上50里到达尧甸(窑店驿),在尧甸东北面即长城坡。长城遗址约400米,在半坡上有一个缺口,俗称为长城口。南面遗址大约有200米,北面遗址约有200米。进长城口东有一个小村,名为关门湾,宋咸平四年(1001年)张斌奏破契丹兵于长城口就在此处。

从大路南侧倒塌的断面看,最下一层是生土,厚约1.5米。生土之上为一层没有夯层的压实黄土,厚约3米。在黄土之上,修筑了一道有夯土层的城墙,这面墙高残存2米,宽3.5米,夯土层平均厚度为6—7厘米,最厚的甚至达到10厘米。长城口南北两侧的长城断面呈梯形,高约2.5米,上宽约2米,基宽约3.6米,夯土主要为黄色黏土夹有碎石。夯土层厚6—9厘米。城墙夯土层的夯窝形状并不规则,直径通常为三四厘米,采用早期的夯筑办法。在长城口附近还有较大的绳纹板瓦管,以及陶盆等器物残片。绳纹板瓦,长约49厘米,大头宽30厘米,小头宽28厘米,厚1.5厘米;绳纹陶管复原后直径为30厘米,管壁厚1.5厘米。管周外壁是粗绳纹,其与板瓦相似,以间距为3.3厘米的横圈装饰其上。此陶管应是水管;陶盆残片,按照其弧度推算,器物的上口直径有40厘米。

(七)通渭榜罗镇战国秦长城

榜罗镇有甘肃境内相对保存完好的战国秦长城,在榜罗镇四罗坪南面山脊到平道村许家岘山脊上,长城遗迹十分明显,时断时续的长城状如游龙,时隐时现地盘旋在山梁之上。这段长城长约3000米,底宽4米左右,高约3米。长城是由黄土夯筑而成的,其基部深入地表超过1米,宽5—15米。板筑夯土的层次清晰可见,夯层上有直径30厘米的方形抹角夯窝。墙内侧挖有底宽约14米的壕沟,外侧挖有底宽各约14米的两条平行壕沟。沿线多有烽燧、壕堑遗址,暴露出丰富的绳纹瓦片、绳纹陶罐残片。瓦片厚1.3—1.8厘米,一块完整的绳纹筒瓦长67厘米、直径17厘米。建筑用水管直径17厘米、残长48厘米,一头有内收的敛口,便于套接。在使用时,这种水管通常以两块合为一圆桶状。许家岘背后有一烽燧,上呈半圆形,直径5.2米、高8米、底周长约45米。秦长城经过的地段有许多与长城有关的地名:如长城湾、长城沟及城墙湾等。

(八)华池战国秦长城

华池县境内秦长城,西从环县樊家川乡刘阳湾进入乔川乡曹嘴子岘,折北经艾蒿掌村、胡前庄,北上龙嘴梁,在铁角城村和章桥村附近跨元城河，东上廖山梁，沿陕西、甘肃两省边界线分水岭向东偏南方向一直前行，经过黄蒿掌、寺沟崾岘、刘天掌、南梁、庙渠等出元城乡梨树掌东入陕西吴起县界。秦长城在华池境内全长63公里，保存普遍较好，其中最完整的一段从章桥村红大梁到营盘崾岘，长约40公里。墙体基本成线，城墙残高2—3米，沿线残存烽燧95个。较为完整的城障4处：王边台城障，位于桥川乡北5公里铁角城村和章桥村之间，元城河四岸台地，马蹄状半环形，面积约3600平方米。营盘山城障，位于桥用乡章桥村红大梁山脊城墙南侧60米处，现仅存一段南北走向的障墙，长27米，高2.7—3.3米不等，基宽约4米，顶宽2.3米左右。营盘梁城障，位于元城乡吕沟明村陕甘两省交界之分水岭山脊的一个圆形山峁上，与城墙连为一体，呈半月形，长50余米，面积约4200平方米。林沟架城障，位于元城乡老庙明村子畔与陕西省吴起县长官庙乡曾岔村交界处一座圆形山上，呈正方形，面积约99平方米，城中有一高11米、底边各长12米的方形烽墩。

二 甘肃境内区域性长城

（一）河西走廊南境塞墙

在河西走廊南部崇山峻岭间的党河、榆林河、疏勒河、黑河、梨园河、山丹河、童子坝河、西营河、杂木河、古浪河等河谷地带，往往形成天然通道，成为秦汉时期羌人等部族北上河西走廊的必经通道。唐代敦煌遗书《沙州地志》中记载，从紫金北口烽（今青石沟烽）向东有一条东西长52公里、宽约4.5米、高约2.7米的残墙。建初十一年（415年），西凉政权对该墙重新修缮，到了唐代仍见基址。在今敦煌、瓜州以南的肃北蒙古族自治县，酒泉、张掖以南的肃南裕固族自治县境内均遗存塞墙残址。肃北县石包城乡境内塞垣遗址相对完整，在祁连山前的鄂博山和鹰嘴山北龙一线长达80多公里的范围内，几乎每条沟口都可见到东西走向的墙体遗迹，如红井口、乌兰格奴、东沟口、石包城北山口、水峡口、七个驴沟口等。墙体大多是由石块夹柴草垒砌而成的，中间需要填加黏土，一般底宽3米左右，顶宽1.5米左右，残高1.5米—2米。这些塞墙的长度因沟口宽度而异，因此其长度不一，但都可以掩蔽整个沟口。如七个驴沟是源于鹰嘴山北麓的一条小河沟，塞墙筑在沟口西侧缓坡上，就地以碎石夹黄土砌成，墙外侧（南侧）又护砌较大的青褐色片麻岩石块，使其更加厚实坚固。底部残宽3.1米，顶宽1米，残高1.5米，全长674米。沟口东侧为峭壁，自成天然屏障，无须筑墙。除此之外，在酒泉南境的栅子沟、黄草坝河、太阳沟、榆林坝河等河沟出山口，肃南裕固族自治县境内的梨园河出山口、黑沟口、水磨口、民乐二县南部的马营河出山口（白石崖口）、香沟口、扁都口，武威市南的水沟栅、石嘴栅、栅子沟口等沟口，均曾在汉代或其以后等时期修筑过塞墙，还有一些至今甚至还能看到墙体遗迹。

（二）张家川唐长城

张家川唐长城，又称堵边墙，位于张家川回族自治县城东约7.5公里的恭门乡古土村山梁上，俗称古土坡。遗迹长约10华里，全用土筑，据传为唐代所筑防御吐蕃的边墙。张家川唐长城遗址为甘肃境内所独见。

（三）二十四关与甘南明代边墙

洪武三年（1370年），明将邓愈收复河州后，为抵御四部游牧民族犯境，在巍峨崇高的山谷通道设置了24座关隘，"郡邑恃为长城"，史称"明代边墙"。24关是：积石关、崔家峡关、樊家峡关、大峡口关、五台关、红崖关、乩藏关、老鸦关、莫泥关、土门关、石咀关、朵只巴关、船板岭关、槐树关、西儿关、乔家岔关、宁河关、沙马关、思巴思关、陡石关、大马家滩关、小马家滩关、麻山关和俺陇关。其中直接通往青海省境地者八处，其余皆通甘肃省甘南藏族自治州境地，有"四关、九峡、十一沟"之说。其中4关指土门关、槐树关、莫泥关、积石关。24关分别由山门、边墙城堡等组成，相连成线。甘南长城可见遗迹从西南自洮河北岸的卓尼阿子滩乡峪古儿村起，向东北延伸，经达加、巴舍、七什、干布塔、官洛、俄藏、土桥等，折转向东，至临潭县八角乡的八角山顶石墩，出甘南藏族自治州而入临夏州与河州、循化的边墙相连。边墙在临潭、卓尼两县境内，总长约130公里，高68米，厚4—6米，收顶3米。边墙依山势而筑，逢山掘壕，遇谷则筑墙设关，部分地方用石栈、木栅。24关与边墙东有洮河之阻，北扼黄河，襟山带河，据险守塞，为明代河西、陇右之固。

（四）永靖秦长城

永靖秦长城的遗迹起于盐锅峡南口，沿黄河南岸下至八盘峡口，依次经过上铨、下铨、上车、下车、扶河、小寺沟村，总长约12公里，断断续续，其中残迹保存较好的底宽4—5米，残高6—7米。这段长城沿黄河修筑，将黄河作为天然的护城河，十分险固。长城遗址出土有数节排水陶管，可证该段长城当为秦始皇时修筑[①]。

第四节　甘肃长城文化的影响

两千多年来，人们对于长城修筑的评价，褒贬不一。但是很多人，包括那些修长城的帝王将相不会且不可能认识到，长城除了能够"防御"之外，还能为中华民族的形成、发育和发展作出杰出的贡献。中华民族几千年的发展历史已经证明，伴随着中华民族历史足迹而出现并长期存在的长城，以及由此而形成的长城文化，其根本价值是为整个中华民族及其根本利益服务。长城的根本属性就是保护先进、保卫和平，反对侵略、反对战争，保障人民的安定生活，从而使中华民族得以日益壮大与繁荣。长城不仅仅只是用泥土或砖石所筑成的，更是中华民族人民用自己的智慧、信念，感情和血肉筑成的，是中华民族文明史上一项伟大的工程。长城的历史存在，不仅会造福历史，而且还会对我们中华民族的发展带来精神上

---

① 刘基：《华夏文明在甘肃（历史文化卷）》（下），人民出版社2013年版，第360—367页。

的启迪和意志上的鼓舞。

一 长城对甘肃建制区划格局形成的影响

甘肃建制形成，虽在清代才逐步完善，但其行政区划的历史渊源，与长城有着紧密的联系，早在战国时期，魏就因"界秦""界戎"而着手修筑长城。战国时期秦在灭了义渠之后，有了陇西、上郡、北地等建制，并"筑长城以拒胡"。这时，原战国时期的魏长城外侧的戎狄之地，已经成了战国秦长城的内侧，在历史上第一次有了陇西郡、北地郡的建制。而战国秦长城的建筑将陇西、陇东重新联系在一起，为甘肃能够管辖陇西、陇东奠定了基础。汉又逐步扩展秦长城的外侧地域，修筑了"河西走廊长城"。之后又以长城为依托，先设置了武威、酒泉两郡，后又设置了张掖、敦煌两郡，这河西四郡的建制，促使河西走廊与原战国时期秦长城内侧的陇西、陇东地区都成了汉长城的内侧，并在政治、军事、文化、经济等方面都连成一气。陇西、陇东与河西四郡，实际上形成了今甘肃省辖区的雏形。后经隋、唐、宋等朝代的经营，建制名称和辖区虽然发生了变化，但秦、汉两条长城连接一体的基本格局始终没有改变，加之明代又修筑了万里长城，进一步界定了今甘肃北境。公元1648年，徙甘肃巡抚驻兰州，于是东至庆阳府1180里，西到安西直隶州2120里，东西全长3300里的甘肃省区划建制就基本定型。

二 长城保障了甘肃境内先进生产力

春秋中叶以后，铁制工具逐步运用于农业生产，中原地区农业生产发生了根本性变化，生产力突飞猛进。战国时期秦开始将原来的戎狄之地，划入了自己所筑长城的内侧，强调农业经济的大力发展，并推行"书同文、车同轨、行同伦"，统一货币，统一度量衡等制度，从而使长城内侧的生产能与中原地区相适应。秦商鞅变法至秦始皇时代，对长城内侧广大地区大力推行它的政治制度；战国时期秦长城在当时确实促进了先进生产力在今甘肃陇西、陇东的进一步发展。汉"河西走廊长城"的修筑，保障了汉在河西地区先进生产力的推广。且以长城为依托，在长城的内侧，移民实边，增开屯田，鼓励大家学习农业生产技术。中原地区的牛耕技术，铁制农具如犁、铲、锄、镶以及辨土、施肥等田间管理技术，轮种等技术都相继被引进至河西地区。此外还兴修水利，修渠灌田，促进了生产的发展。与此同时，手工业、商业等在河西城市都有了很大的发展。

三　长城屏护了甘肃境内"丝绸之路"之发展

丝绸之路，与甘肃境内的长城一样，横贯甘肃东西。丝绸之路从甘肃东到甘肃西，始终以长城为屏障。得长城之屏障而形成，得长城之屏障而发展。甘肃丝绸之路在产生之初，并不是由于"交换"或"交流"的需要而产生，而是由于军事防御的需要，即修筑长城的需要而产生的。随着长城的建筑，战争逐渐平息，人民生活逐渐安定，生产迅速发展，物资更加丰富，"交换"的需要应运而生。而原用于修筑与守卫长城的"交通大道"，自然也就成为互通有无的"交换"之道。"丝绸之路"在甘肃境内也就由东向西逐渐形成并连通。同时，也在长城的屏护下发展。战国时期的魏长城、秦长城以及汉时的河西长城，都可以称为"丝绸之路"的屏障。最早期的丝绸之路，就在当时的"军用大道"及可通兵车之道的基础上发展起来的。现在公认的丝绸之路，起端有南路、北路之分，于汉时期建造的河西走廊长城，使南北两路的丝绸之路合而为一，至此著名的丝绸之路日益繁荣，并逐步成为能够促进东西方文化交流与商业往来的重要通道。长城的庇护，也成为河西走廊丝绸之路顺利发展繁荣、经久不衰的重要原因之一。

四　长城促成了甘肃境内民族的融合

长城犹如一条巨大的历史纽带，在中华民族团结、融合的过程中发挥着重要作用。长城的发展不仅使其内侧的人们，因生产、交换生活、防卫等需要，逐渐形成一个有差异、但不对立的凝聚在一起的共同体，也使长城外侧的人们，在长城的不断延伸过程中，能够与长城内外侧建立经济联系，加强文化交流，实现相互通婚及人口的互相迁移，同时也能促进先进生产力与先进文化的广泛传播。战国时，秦灭戎，既是斗争又是融合的过程，表面看似秦将大小戎部吞灭，实际上是与戎的融合，战国秦长城的修建，更是有利于这种融合的促进与稳定。月氏、乌孙诸族，原为今甘肃河西地区的游牧民族，秦汉之际和汉朝初年，月氏和乌孙相继西迁，成为"西域"（汉时称今新疆为西域）的成员。公元前121年，骠骑将军霍去病，渡黄河，过焉支山（今山丹大黄山）西击匈奴千余里，后将浑邪王及其所领四万多匈奴部族安排在河套地区，将长城作为依托，在河西地区实行诸如屯田、移民及建立郡县等一系列重大决策。移民既有从中原移入河西走廊而定居的人，又有出使西域者、商贾、从军者、亡匿者、屯垦者以及来往于西域的人，使河西地区原住户与新定居的住户，如月氏、乌孙、匈奴等族人与迁入户，能够在共同生活、共同生产的过程中，逐渐凝聚为一个整体。在长城的保护下，各民族之间求同存异，逐步走向了融合。长城在促进中华民族的团结与融合、统一与繁荣的过程中发挥了重要的作用。

五　长城文化是甘肃文化的基础

甘肃的先民们曾创造了古老而辉煌、博大而精深的文化。随着长城的修筑，在已有的文化基础上，形成了能够影响甘肃两千多年的长城文化。长城在甘肃境内东、南、西、北、中均存在，长城文化也就与甘肃文化息息相关，对甘肃文化起着重要的影响作用，促进了甘肃历史文化的形成与发展。沿着甘肃境内的长城，自西向东行，当年是兵马战场、驿站、御所、廪库的"窝棚"古塞如今成了闻名中外的边关重镇。诸如阳关、嘉峪关、张掖、玉门关、酒泉、敦煌（沙州）、武威（汉姑臧城）及至兰州、天水等。其次，在考古文化中占有重要地位的、甘肃出土的总约35000枚的居延汉简、敦煌汉简、武威汉简、甘谷汉简中，许多真实地记载了汉代烽燧、城、障及边塞屯戍、长城防御等情况，包括有诏书、律令、奏记、屯戍、簿册、檄书、名籍、牒书、库廪、字书、赏罚、历书、兵书、医书、兵器、钱粮簿等，涉及汉代社会的政治、军事、经济、文化、哲学、宗教等各个领域。多枚汉简，都与军事防御、长城有联系。"葡萄美酒夜光杯，欲饮琵琶马上催。醉卧沙场君莫笑，古来征战几人回？""羌笛何须怨杨柳？春风不度玉门关。""劝君更尽一杯酒，西出阳关无故人"，这些脍炙人口的边塞诗，更与长城有着不可分割的联系。长城文化对甘肃文化有着重要的影响，是甘肃文化的基础与重要组成部分。①

---

① 张耀民：《试论长城文化对甘肃的影响》，《西北史地》1998年第1期。

第十二章

周秦光华：甘肃周秦文化的特点、遗存及其影响

早在一二十万年以前，甘肃大地上就有了人类活动。而在众多的古部落中，周人和秦人是其中的杰出代表，他们在这片神奇的大地上兴邦立业，开疆扩土，创造了灿烂的远古文化。

第一节 甘肃周秦文化概说

先周文化是指在周武王伐纣克商之前，以周族为核心与主导的周人，在漫长的起源与发展壮大的过程中，经过不断地创造、吸收和利用，而逐渐形成的历史文化和文明体系，主要分布在陕甘泾渭流域一带。"周族"是指姬姓周族人，可也称为"姬周族"，是始祖后稷姬弃的后人，有着或近或远的共同的血缘关系。而"周人"不仅包括姬周族成员，还包括周族在发展过程中不断吸纳的其他人，既有华夏族成员，也包括戎狄人士、殷商人等。先周文化历史悠久，但主要形成时期是在商朝的中晚期。在周人四五百年的发展过程中，其中有三四百年的时间是在甘肃陇东一点点生产、生活并逐步发展壮大的。甘肃陇东一带为先周文化的形成与发展提供了优越的条件，也为后来文化的全面发展与辉煌奠定了坚实的基础。先秦时期的甘肃是文明起源和文化荟萃的地方，先周文化也是先秦时期关陇区域文化的重要组成部分，而关陇区域的其他各族群文化也

与先周文化在交流互动中相互影响，彼此促进，在周秦时期，周文化也对早期秦文化产生了一定的影响。①

早期秦文化，主要指分布在甘肃东部的天水一带，时间跨度从商代晚期到春秋早期，在秦族或秦朝统治下，受秦族文化影响的族群，所创造并遗留下来的物质文化和精神文化的总和。早期的秦文化，包含秦立国之前活动于犬丘的大骆之族、商代晚期时以中潏为首主要活动于西垂地区的嬴秦部族，以及大骆之后活动于犬丘的成族，与汧渭之间非子族，及作为共同体的嬴秦部族及其分支，另外还包括融入秦文化系统或被秦人统治，受到秦文化影响的戎人和周人创造的文化②。而学者普遍认为秦文化不仅包括秦朝文化，还包括秦族文化，即建国以前秦人所创造的文化，也就是早期秦文化和秦国文化。而商鞅变法后形成的秦国文化，更加具有特色，基本囊括了秦文化发展时期各阶段的共同特征③。

相传周始祖后稷姓姬名弃，是他的母亲姜原践巨人足迹怀孕所生，生活在传说中的五帝时期。"后稷"是上古时期负责农业工作的最高官职名，据司马迁在《史记·周本纪》中的记载，"后稷及为成人，遂好耕农、相地之宜，宜谷者稼穑焉，民皆法则之。帝尧闻之，举弃（即后稷）为农师，天下得其利，有功。"④ 即弃长大成人后，喜爱从事农艺劳动，极力在族内号召改进和推广农耕之事，尧推荐他为农师，后来舜将他分封为"后稷"。而"后稷"逐渐演化成为周族领袖的世袭之职，直到夏朝的晚期。夏朝末期，社会局势发生了巨大的变化，很多社会矛盾日益暴露，周族人民难以再在原居住地继续安居生活，弃的儿子不窋即位周族首领之后，便带领族人西迁至"戎狄之间"也就是今甘肃陇东的庆阳一带。

在不窋的带领下，周人一方面充分利用陇东深厚的黄土地优

---

① 刘基：《华夏文明在甘肃（历史文化卷）》（上），人民出版社2013年版，第133—134页。
② 王志友：《早期秦文化研究》，西北大学博士学位论文，2007年。
③ 黄维霞、于克生：《秦文化的基本特征》，《中学历史教学参考》2002年第7期。
④ （汉）司马迁：《史记》，中华书局1959年版，第111页。

势，仿效前任，大力生产，继续发展周族人一直擅长的农事活动，促使陇东乃至甘、宁、青一带原本较为粗犷的农业生产活动开始向精耕细作、多品种多样化的方式转变。另一方面注重稳定和维护当时的社会秩序，因此整理和制定了一系列相关的典章制度，并主动对族人进行道德教育。此外，周族人比较重视各族群之间的关系，他们主动入乡随俗，自觉学习戎狄的生产以及生活方式，并通过相互联姻的方式，逐渐扩大了周族人的族群规模，形成了良好、和谐的社会氛围。而周族也在陇南一带得天独厚的资源条件下，实现了快速发展，迎来了发展的昌盛时期。

经过鞠陶时期不断的发展与积累，公刘时期，周族的农业生产和生活方式实现了全面的恢复，关中、陇域之间的联系也日益得到加强，文化也在不断地交流中得以不断地丰富与发展。为了适应社会的发展，公刘不仅开始实行赋役制度，加强对社会财富的管理，还建立起了自己的武装力量，维护正常的生产与生活秩序，从而保护族人与家园的安全。与此同时，公刘时期也开始修建城邑与庙宇，召集族人定期举办庆典活动，周人军统与宗统合一的制度开始初步显现。到了公刘后期，周人一族虽然依旧生活在陇东一带，但其统治中心已开始逐渐向南转移。

公刘之后，庆节继位，正式在甘肃陇东一带建立了豳国，逐渐发展成为商朝西部一支强大的力量。虽然早期经常与商朝产生矛盾，但矛盾毕竟是短暂的，和平相处才是其主旋律。在这一时期，周人不断地向商人学习，积极引进和吸收商人优秀的文明成果，使得先周的文化内容不断丰富，提高了先周文化的整体水平。古公亶父时期，周人迎来了发展转折点。周人在关陇地区的力量不断壮大后，实现了又一次的战略转移。在亶父的领导下，统治中心由陇东迁移至"岐下"，周人的势力再次向关中地区发展。周族人夏朝末年在不窋的带领下西迁至"戎狄之间"，经过多年的韬光养晦后，在殷商晚期又在亶父的带领下重回"岐下"，不仅见证了夏商两个王朝的兴衰变迁，且在历时近四百年间，与各地各族人的交流中，不断丰富和发展自身的文化，从而使自己的力量不断壮大。

亶父的儿子季历继位之后，基于共同的敌人——北方的戎狄势力而与商朝保持着较为友好的关系，而在攻克"程"地之后，出于战略考虑，季历将政治中心迁移至渭河以北与咸阳距离更近的"程"，由此，周人便占据了关中的核心地带。季历多次讨伐戎狄势力，虽然建立了卓著的功勋，但却引起了商人的忌惮，最终被商文王所杀。

季历死后，其子姬昌继位，即闻名的周文王。周文王继位之后，不仅注重提高其经济实力，发展农业生产，使得关陇地区得到进一步的开发，同时注重建设政治制度，也颇为重视推广社会福利，努力营造和谐稳定的社会环境。周文王还重任贤人，与周边部落首领建立起密切的联系，经过多年的用心经营，周人的实力显著增强，在以关陇为核心的地区具有强大的凝聚力和影响力。在具备了与商朝分庭抗礼的实力之后，周文王开始了灭商的大业。在周文王与周武王的共同努力之下，联合了周围各种反商势力，因此反商势力不断增强。在周武王十一年，在各部落势力的共同配合下，商纣王自杀，盛极一时的殷商王朝最终宣告灭亡。而后周朝随之建立，定都镐京（今陕西西安市长安区），西周的建立表明周人的历史开启了崭新的篇章，也宣告了先周历史的结束，先周文化也至此定型。①

第二节　甘肃先周文化的特点、遗存及影响

一　先周文化的特点

先周文化发展的时代背景贯穿了夏商周三代，夏商周虽然是三个不同的政治主体，但从年代角度分析，夏商周三代中夏商与商周之间的历史文化是有部分重叠，这表明夏商周三者不仅仅是前仆后

---

① 刘基：《华夏文明在甘肃（历史文化卷）》（上），人民出版社2013年版，第134—142页。

继的朝代继承，还存在着平行并进的时期，在横向上也是一直并存的族群区域文化关系，而朝代的更迭变化只是三个不同区域的族群实力与实力的起伏变化造成的。客观而言，夏商周各个朝代都有各自的发展体系与文化体系，这是它们之间的不同，但另一方面它们的制度文化有着明显的继承与借鉴关系，也是存在相同之处的。在先周的发展史中，不仅需要认识到纵向文化的传承与嬗变关系，还要理解在此期间相关的各族间横向文化的互动交流与融合。

先周文化是以周族为核心和主导的周人，在漫长的起源与发展壮大的过程中，经过不断地吸收、创造和利用，而逐渐形成的历史文化和文明体系。而周人不仅包括周族人，还包括部分殷商人、华夏人，甚至还包括戎狄人等多个族群，毫无疑问先周文化是由周人创造的，但同时它也广泛地吸收、融会贯通了和其长期共存的商人、华夏人以及广义的戎狄等各族群的文化元素，在吸收前人文化成果的同时，注重吸收同时代其他族群的优秀文化，因此先周文化是一个承前启后、多元一体的文化综合体。先周文化主要形成和发展于陕甘泾渭流域一带，而陇东一带又在先周文化的形成与发展中扮演着不可或缺的作用，可以将其称为甘肃先周文化。甘肃先周文化在进入关中后，又通过融合和吸收新的文化因素，逐渐走向成熟与定型，最终形成为特色鲜明的早期周文化体系，是统一周文化的重要组成部分。

二　先周文化遗存

(一) 文物遗存

陇东一带是早期周文化形成、发展和走向昌盛的重要所在地，周先祖不窋、鞠陶、公刘三代在北豳（今庆阳）一带的创业活动，不仅有着明确的文字记载，且在今庆阳一带有着众多的先周活动的文化遗存，为后来学者对其进行深入研究提供了宝贵的史料。2004年，在宁县施工现场，发现北魏时期巨碑一方，碑额题"大代持节豳州刺史山公寺碑颂"，铭文为"大代正始元年（504年）岁在甲申……持节都豳州诸军事、冠军将军、豳州刺史山累率州府纲佐，仰为孝文皇帝立追献寺三级"①。北魏时期的豳州被史学家认为由公刘时期的古豳国沿革而来，此碑的发现证实了今甘肃宁县一带，就是公刘时期古豳国的所在地。根据庆阳博物馆编辑的《庆阳地区文物概况》可知，经普查，在庆阳地区发现先周文化遗址超过三十处，覆盖范围遍及先周时称"北豳"的今庆阳、正宁、华池、镇原还有西峰市各地区。长期以来，庆阳地区的人民习惯称周先祖为"周老王"，这是对其的尊称，周老王在陇东生活的地方主要是庆城县和宁县，在这些地区发现了大量的周先祖不窋、鞠陶还有公刘的文物遗迹，关于他们的民间遗事主要有：不窋城，位于今庆阳县城北，民间又称其为"皇城"；不窋坟，在庆阳县城东的山顶，有残碑为证，又称为"周老王墓"，目前被改建为"周祖陵森林公园"；庆城西南3里有一地，被称为"西姬峪"，据说为公刘族人之聚居地；在西峰市温泉乡有"公刘村"，宁县焦村乡也有"公刘村"，相传公刘的后裔聚居于此，尚存姬姓民户；西峰市温泉乡还有"公刘庙"，又称为"老公殿"，新中国成立初期陕西旬邑、邠县一带的乡民，每年在农历三月十八日（传为公刘生日），还会专门赶到此地，与当地居民一起举办"赛社""礼祭""献牲"等活动，以此来纪念公刘；在宁县城西庙嘴坪有"公刘邑"，被授予省级文物保护单位，据说是在公刘南迁过程中，从庆阳到宁州的留居中心；此外，在庆城东十里地处有地名"花坡"，相传是"不窋遗园"；庆阳城内还存有"鹅池洞"，至今保存完整，相传是不窋儿子鞠陶养鹅的地方；在庆城东70里有"天子沟"，两侧深谷，中央平坦，树木葱茏，传为鞠陶牧羊造林的地方；在庆城北30里有"腴田数亩，号天子掌，人莫敢垦"，或称"公刘庄"，传为鞠陶与公刘出生的地方。此外还流传着许多的传说故事，庆城县城东南有"斩龙

---

① 该碑现存宁县博物馆，铭文转自汪受宽：《豳国地考望》，《中华文史论丛》2008年第4期。

湾",流传着周老王斩龙脉,宁县流传着周老王打"义井"、盘克乡"杀天子"以及焦村乡麻线杜家"坐地化",等等。以上种种无不证明,公刘在南迁至陕西旬邑、邠县一带的"豳"地,亦可将其称为"南豳"之前,确实在甘肃庆阳,宁县即古"北豳"一带,度过了三代的创业与发展期。

(二) 文化遗俗

庆阳一带的生活习俗中仍有部分习俗沿袭了远古时期的习俗,这与诗经《豳风·七月》中关于民风民俗的描述,达到了高度的一致。《诗经》言:"无衣无褐,何以卒岁?""褐"是庆阳一带最富代表性的御寒衣物,是将羊毛或麻,捻成粗线,用它织成的布质地较厚,较为粗糙,叫作褐布,制成的衣物有良好的御寒性能,在今庆阳一带仍有实物。褐,宁县俗语读"huo",人们至今还会把质地粗糙的类似的纸称为"褐纸"。相传"穹室熏鼠,塞向墐户",其中"穹室熏鼠"是古北豳民间习惯使用的一种原始的杀鼠方法。具体方法是到了冬季,等老鼠大都躲进洞里之后,点燃柴火,让其烟飘进鼠洞,使老鼠窒息而死,然后再用泥将洞口堵上。在庆阳地区一带至今还有山区村民使用这种杀鼠方法。"塞向墐户",也是庆阳一带的人民通常采用的过冬措施。具体方法是直接用谷草、麦秆或将其织成帘子,堵挡窗户,以免透风;还会将谷草、麦秆等织成棒状,塞挡门缝;也会用泥、破布条等涂抹门缝,来保留室内的暖气。"七月食瓜,八月断壶",庆阳地区一带往往将农历七月称为"瓜月",八月称为"果月","壶",即葫芦。在庆阳一带的民间常将葫芦作为生活用品。将葫芦一分为二,用其中的一半做成瓢,可以舀水;另外也可以将葫芦从颈处切断开口,做成容器,用来盛放菜籽或其他杂物;用小葫芦做的容器,可以用来盛针线,也可以称为"针葫芦",这是古北豳先周生活遗俗的又一体现。[①]

[①] 张剑:《〈豳风·七月〉与北豳先周文化》,《甘肃高师学报》2000年第1期。

三 先周文化的影响

(一) 先周文化与中国农耕文明

在世界史上,仅有中国文化无间断地延续了几千年。其得以延续的原因多种多样,而基于中国型农耕文明是其原因之一。中国的农耕文明源远流长,在文献中记载,是从神农到先周而定型的。神农的出现,是农耕文明在中国产生的重要象征,而先周文化为中国农耕文明的塑形、开拓与发展提供了有力的条件,且表现出明显的中国文化特色。

据《史记·周本纪》记载,从后稷开始,不管是公刘、古公亶父,还是文王,一直都十分重视发展农业,他们不仅将农业看作一种生产活动,而且将农耕作为一种"事业",他们认为农业的发展是整个文化的基础和根本,基于此,逐渐形成了一个完整的先周文化系统。后稷已经全面掌握农耕领域的"百谷"技术并不断进行推广;公刘以农为主,并推及各业;古公亶父以城市为中心发展农业文明;文王以农业为基础,推行文明教化。在先周文化的不断演化过程中,中国型的农耕文明表现出了独具特色的民族风格。先周文化对农耕的重视和对中国型农耕文明的形塑,可以从起源上对中国的农耕文明与世界上其他的农耕文明为什么不同,以及为什么有这样的不同进行充分的解释。中国农耕文明以及其他各种文明的很多重大秘密,都渗透在先周文化的"遗传密码"之中。

(二) 先周文化与中国儒家思想

中国传统文化是圣人文化与士人文化合一的产物,而士人的理想也是成圣,所以中国文化可以说是圣人文化。中国在圣人塑造中,形成了"尧、舜、禹、汤、文、武、周、孔"这一定型系统。而在这一系统里,周祖中有多位君王被儒家认定为圣贤。中国理性时代的杰出代表圣贤是孔子。不管是历代的统治者还是思想家都将其尊称为"万世师表",是中国文化的样板。但孔子的思想不是凭空出现的,而是在继承前人优秀思想的基础上,结合时代需要逐渐发展而成的。而孔子所继承的主要是周代周公的思想。从这一层面来说，中国文明的思想主流，源于周公和孔子。相比商文化与夏文化，周文化最主要的特点是更为理性，注重人德。而周文化较为理性的特点是对农耕的重视结果，也是以农业为基础的文明发展到一定程度的必然结果。周祖文诰及诗歌多提升为儒家经典，儒家经典有许多，主要有"六经"，而《易》《书》《诗》《礼》《春秋》中有许多重要篇章描述的是周先祖创业的史实。周祖重德爱民，发展儒家仁义说，孔子及后世不认为仁义说是儒门的独创，而是源自古代的圣人，而周先祖后稷、不窋、公刘、古公亶父、季历都有仁名，且周文王、周武王、周公三人仁义学说和仁义实践史料众多，为孔子所借鉴。

此外，周祖制礼作乐发展为儒家礼乐说；周祖重农养生发展为儒家农本说；周祖敬天重人发展为儒家天命说；周祖尊文重教发展为儒家教化说等等。先周文化为周文化的理性发展奠定了基础，进而为中国儒家思想奠定了坚实的基础。①

（三）先周文化与中国的礼乐文化

中国型的农耕文明与其他农耕文明的不同之处在于，中国以农业实践活动为基础，在远古时期就已形成独特的礼乐文化。礼乐文化是中国文化的重要组成部分。孔子对周文化、周礼乐制度继承与发展的主要原因，也在于周礼的理性与文明程度。而周礼之所以达到前所未有的高度，其根本原因在于先周文化对农耕的重视，且以农业为基础。在周先祖后稷的传说中，普遍重视农业的发展。他们不仅以身作则带领族人在农业种植上取得了成就，而且还形成了与具体的农耕实践相适应的礼乐文化形式。农耕文化在于强化着对天道规律的遵守，并开始增加对其理性的思考。虽然在远古以来的礼乐文化中，外在形式中仍然具有神学的色彩，但是由于礼乐文化不断吸收农耕实践所获得的理性因子，因此其也逐渐表现出自己的特

---

① 陈望衡：《儒源——周祖文化意义新探》，《陇东报》2011年10月21日。

色。而在后稷、鞠陶、公刘、亶父到文王这一长期的对农耕重视的先周文化史中，先周礼乐文化也得以不断地演进，不仅为西周形成完备且精致的礼乐文化奠定了坚实基础，且为后世中国的礼乐文化做出了贡献。①

第三节　甘肃早秦文化的特点、遗存及影响

一　早期秦的发展

关于秦人起源的材料十分匮乏，但目前学者已普遍达成共识。认为嬴姓部落曾是脱胎于大汶口文化的山东龙山文化的主要族群，分支众多，而远徙陇右的嬴秦，是其中的一支。据《史记》记载，在夏末秦祖费昌时，祖体支系已经开始流迁，"其子孙或在中国，或在夷狄"。一直到商后期，《史记》记载，秦之先祖中潏"在西戎，保西陲"，嬴秦祖先在诸戎活跃的西垂地区建立了小方国。嬴秦的小方国以西邑为中心，早期在西汉水上游一带，也就是在今礼县东部、西和县北部，以及和礼县邻接的天水、甘谷、武山部分地区，后来扩展至今清水和张家川的部分地区。小方国属于商王朝的属邦，中潏的儿子蜚廉、孙子恶来，都在商王朝担任着要职。在周灭商以后，嬴秦很快完成了政治依附关系的转变，改奉西周王朝为宗主。蜚廉还有一个儿子，名季胜，他带领族人依附西周王朝，周穆王重用造父，以赵城封造父，造父族由此改为赵氏。而西邑地区的中潏后人，为向西周表示效忠，以赵为氏。

周孝王时期，嬴秦首领大骆与在关陇地区很有实力的申国联姻，生下继承其君位的世子成。嬴秦本来就是擅长畜牧业尤其是蓄马和驭马的族群，且西邑地区山地坡缓，有着天然的优质牧

---

① 张法：《先周文化对中国文明的奠基作用》，《河南教育学院学报》（哲学社会科学版）2011年第6期。

场，在部落特性和生活环境的基础上，秦非子喜欢养马，成了远近闻名的育马专家。当时，马车不仅是人们日常的代步、运输工具，且是军事实力的重要组成部分。周孝王了解到非子的特长之后，就让非子担任起养马的重任。史书记载"非子居犬丘，好马及畜，善养息之。犬丘人言之周孝王，孝王召使主马于汧渭之间，马大蕃息"。因而，孝王"邑之秦，使复续嬴氏祀，号曰秦嬴"。意味着陇右嬴姓再度构筑起宗子传递体系，恢复了祭统。从原始母姓互存的角度，非子一族有了和姬周对等的资格，意义非凡。

非子脱离大骆族系复居嬴姓正宗，并以附庸身份受封秦地，在嬴秦的发展史上具有划时代的意义，秦作为一个新的政治实体由此登上历史的舞台。正是非子一支保存了嬴姓祖脉，经过艰苦的奋斗，完成了嬴秦在汉渭文化圈的崛起。非子所处汧渭之间，部族关系混乱，未能有较大的发展空间，后秦仲继位，西周开始走向没落，秦仲带领族人由汧渭之间迁至陇上。从此以后秦人在陇上持续发展壮大，被认为是秦国兴起的源头。西周晚期，在对猃狁的战役中周秦联军获得重大胜利，嬴秦夺回了被犬戎占领20多年的西垂地区，使得陇上秦域与西垂方国的旧址连成一片，国势也空前壮大。庄公执政以后，将国都回迁至西邑，在各方面全面取代原嬴姓方国。庄公后襄公继位，襄公在陇右相当复杂的局势中，保持沉着冷静，将嬴秦引向正确的航向。在西周末年的动乱中率兵救国，拥立并护送平王，被封为诸侯，全方位地提升了嬴秦的地位与声望，为嬴秦日后的崛起培育巨大的潜力，而西北历史舞台的主角由周向秦转变的序幕由此拉开，将秦的历史推向新的阶段。襄公在受封诸侯后，祭祀白帝少昊，确立了嬴秦神圣的宗教观念与国家祭典，为政权与君权构建起了强有力的精神支撑。

文公即位后，迁都至关中，并全面继承和发展襄公的遗志，带领嬴秦向东发展，为秦的崛起奠定了坚实的基础。不仅沿袭襄公对白帝的祭祀，以神权强化政权，还完善国家机器，提高政权功效，严格刑罚，提高了整个国民的素质水平、建立史官制度，不仅体现了秦政权体制的健康平稳，且体现了统治集团对于祖统、君统与文化的重视，也体现了嬴姓意识形态与华夏文明的进一步融合。文公在位的50年，嬴秦在政治、经济、军事等各个方面都取得了辉煌的成就，标志着国家的崛起，嬴秦以关中为基地，一步步成就霸业的开端。①

二 早期秦文化特点

早期秦文化是一种多元文化。早期的嬴秦迁徙至西邑，生活在戎狄之间，虽以农业为主，但又善于养马与驭马，作为西周的附庸，后在西周末年的动乱中建功被封为诸侯。秦人特殊的地理位置与历史文化所形成的早期秦文化，是各类文化巧妙结合的多元文化。早期秦文化以东夷文化为范本，在漫长的发展成长中，与舜禹华夏文化、夏文化、未知夷狄文化、商文化、西垂的戎文化、周文化等交流碰撞，多种文化合作、斗争、排斥、融合，均对早期秦文化产生不同程度的影响②。通过吸取东夷文化、夏文化、戎文化、商文化、周文化、游牧文化的精华并对其加以改造整合，形成了具有鲜明的民族性格与民族气质的早期秦文化。秦人早期在西北戎狄杂居，想要获得生存与发展空间，就只能依靠武力，因此形成了秦人崇武尚战、勇悍坚韧的民族性格。由于当时生存条件严酷加之战争频繁，秦人需要探索自我以外的实际世界，以满足自身发展所需要的物质。早期秦文化在价值观上表现出重功利、轻伦理、重农轻商、求实重利、团结勤勉、不断兼并扩张的特点。嬴秦早期发展相对落后，长期不被中原文化认可，也由此培养了秦人奋发图强、积极进取、锐意改革创新的文化精神和虚心学习、善于包容的文化开放与文化融合意识。且秦人亲民、爱民、厚

---

① 刘基：《华夏文明在甘肃（历史文化卷）》（下），人民出版社2013年版，第183—206页。
② 谷玉梅：《秦人起源与早期秦文化特色》，《管子学刊》2014年第1期。

道、宽容、朴素的性格也表现得十分的鲜明，因此其才能在西垂之地不断发展壮大，入主关中，并在战国时期经过数百年发展与战争，最终成为一方霸主。嬴秦从小到大，从弱到强，在发展中形成了特色鲜明的早期秦文化，且正是在优秀的早期秦文化不断地支持与推动下，嬴秦逐渐改变了落后与弱小的面貌，在政治、经济、文化水平等方面实现了快速发展，由此跻身强国之列①。甘肃秦文化自商周之际从中潏迁至西邑，到非子邑秦再到襄公建国，是秦文化早期发展的重要时期，从地域上，自中潏到襄公13代，秦人主要以陇右天水一带为根据地，完成了由西垂小族到建立诸侯国的转折。与甘肃先周文化对应，可将其称为甘肃早期秦文化。甘肃秦文化无疑是秦文化的重要组成部分，且为秦统一全国奠定了坚实的文化基石。

三 早期秦文化遗存

（一）文物遗存

甘肃省内尚存大量早期的秦文化遗存，主要分布在西汉水上游流域、渭河上游及其重要支流之一的牛头河流域。在西汉水上游流域主要有礼县秦西垂陵园遗址群，包括圆顶山西山城址、秦国人墓地、大堡子山遗址、鸾亭山祭祀遗址等。在渭河上游及其重要支流牛头河流域，主要有毛家坪遗址、董家坪遗址、李永清堡遗址、放马滩遗址等②。大堡子山遗址地处礼县城东13公里的永坪乡和永兴乡交界处的西汉水北岸，其总面积超过150万平方米。城内遗迹主要为灰坑和秦公西垂陵墓、中小型、大型房屋（宫殿）遗址。发现秦公陵墓、夯土城墙、建筑基址、水井、车马坑、灰坑、陶窑等各类遗迹699处。圆顶山秦国人墓地地处西汉水南岸，与大堡子山相对而立，共发掘4座贵族墓葬，1座车马坑，出土戈、鼎、壶、尊及剑

---

① 王客西：《从秦的兴亡看秦文化的特质》，《西安财经学院学报》2006年第5期。
② 王志友：《早期秦文化研究》，西北大学博士学位论文，2007年。

等青铜器317件，21件玉器，1件金器，石器、铁器及骨贝器等75件。西山遗址地处礼县县城西侧的山坡上，城址依山而建，约呈长方形，总面积约20万平方米。甘谷毛家坪遗址地处陇山以西渭河支流毛河东侧的磐安镇毛家坪村。秦人墓地和居址遗址南北宽约200米，东西长约300米，共发现从西周中期到战国早期的秦墓31座、200多平方米的灰坑等居址遗迹，出土骨器、陶器、玉器及铜器等1200件，充分表现出秦人的平民生活及墓葬文化[1]。清水李崖古城遗址位于礼县城西北牛头河与樊河的交汇处的秦亭镇李崖村，遗址面积约100万平方米。目前已发掘遗址面积数千平方米，清理墓葬近30座，出土陶罐及陶鬲等150余件，灰坑120个，各类标本1万多件，山顶古城塬面积14万平方米，残存城墙长50余米，高1米至2米不等。考古专家根据出土的文物、各类标本及墓葬形制等进行考究，发现这里就是秦非子封邑所在地[2]。据考古调查报告记载，在礼县共发现秦文化遗址38处，其中有4处的面积超过30万平方米；有2处的面积在10万—30万平方米之间；还有十余处的面积不过10万平方米。这些不同规模的遗址错落结合，构成了"雷神庙（西山）—石沟坪"，"六八图—费家庄"还有"大堡子山—赵坪"三个相对独立又相互联系的遗址群。专家考证确认，以礼县大堡子山为核心的西汉水流域是秦王朝的肇始之处。

（二）文化遗俗

民间习俗作为非物质文化遗产的重要组成部分，被称为历史文化的"活化石"。陇南、天水一带与早期秦文化密切相关的民俗活动，是早期秦族人在此生活的重要佐证。乞巧节，在今西汉水上游西和县长道、礼县永兴每年七夕民众自发组织的乞巧节习俗，是先秦民间祭祀文化的重要组成部分。自农历六月六日一过，各村的未婚女青年就以村或邻村为单位联合在一起，开始做选址、联络、置

---

[1] 张天恩：《试说秦西山陵区的相关问题》，《考古与文物》2003年第3期。
[2] 牛世山：《秦文化渊源与秦人起源探索》，《考古》1996年第3期。

装、筹资、生巧芽、练习歌舞和请巧等乞巧节的相关准备活动。六月三十日拉开一年一度的乞巧活动，用七天八夜的时间依次进行坐巧、迎巧、祭巧、拜巧、娱巧、卜巧、送巧七项仪式。由于秦先民居住于汉水上游，故将晴天时夜晚天空所呈现出的银白色的光也称为"汉"。"汉"或"云汉"也就成了银河的通用名。秦人为纪念自己的祖先，将位于云汉北侧呈三角形状排列的一大星二小星称为"织女"。当地人祭祀供奉的"巧娘娘"即织女，组织乞巧活动也是为了祭祀先祖，乞求祖先赐福及聪慧灵巧。甘肃陇南的"迎喜神"，也是秦人遗留的民俗活动，主要用于感恩与祈福。每年大年初一早上十点，各家各户将精心装扮过的牛、羊等家畜聚到村头，再根据当天的干支五行，用奇门遁甲术推算出喜神所在的方位，村子里德高望重的老人们焚香敬神，年轻人敲锣打鼓、放鞭炮将牲畜沿喜神所在的方向送出村子绕河饮水。"迎喜神"的主要作用有二：一是为了焚香祷告神灵庇护牲畜远离疾病，兴旺发达；二是提醒自己牢记牲畜一年四季以来的辛苦劳作。"抢快"是一种民间习俗，主要流传于陇南红河流域，与商业文明的发展有着紧密的关系。每到大年初一时，天还没亮，当地村里的小孩子便会聚集成群，跑到各家门前，齐声高喊"快！快！快！扬（在当地是分撒、散发的意思）出来"，店铺主人便会拿出事先准备好的钱币、核桃或者糖果等分发给这些孩子，并互送祝福。让商人选择合适的时机适当返还，体现了秦人重农抑商、克制趋利行为的聪明才智。①

四　早期秦文化的影响

（一）早期秦文化与汉渭文化

汉渭流域，自远古时期就是中华民族的重要发祥地。考古遗存发现不仅比前仰韶文化早了1000多年，也是持续了8000年的大地

---

① 赵琪伟：《甘肃西汉水流域的早期秦文化遗俗》，《寻根》2010年第6期。

湾文化的发源地,还是马家窑文化与齐家文化的密集分布区。不仅有旧石器时代的人类头骨化石,新石器时期的先民遗存,还有更被视为伏羲、女娲及五帝之首黄帝等远古先民的神话传说与生活影息。嬴秦早期主要在汉渭流域文化圈的主体地区进行活动。嬴秦利用这里良好的自然与生态环境,充分发挥自身优秀的文化优势,世代开发与经营这片土地。通过先进的生产技术与稳定的农耕生活,影响着相邻的部落,在经济上长期发挥示范作用。与此同时,嬴秦不断壮大自己的军事实力与政治能力,营造相对和谐稳定的政治局面,最终实现了统一的政治管理。嬴秦成了汉渭文化圈社会发展的主导力量,日益稳定的农耕经济,为汉渭文化圈的发展昌盛奠定了物质基础;政治统一的构建,为文化圈的生命力提供了保障,嬴秦所创造的文化也为汉渭文化注入新的活力。嬴秦既是东方文化的传播者,又是姬周文化的学习者,同时又融合吸收诸戎文化中的优秀因素,是一种极具特色的多元文化。嬴秦文化对汉渭文化圈的原有文化进行了继承发展与丰富充实。

（二）早期秦文化与中国传统文化

先秦时期是中国传统文化的孕育与发展期,早期秦文化也就为整个中国传统文化奠定了基础。早期秦文化在中国文化史上是极其光辉的一页,它为统一的多民族国家的出现奠定了思想与文化的基础,同时还为中国传统文化的形成提供了条件。早期秦文化逐渐演化成为华夏文明的重要源头之一,在中华文化发展史上具有重要作用。两千多年前,在早期秦文化中都可以找到历史上的许多思想的源头。秦文化是早期秦文化的基础上发展而成的,并随着秦帝国的壮大发展,成为中国主流文化,而在秦灭亡之后,不但没有消失还逐渐沉淀下来,为"汉文化"的发展和形成奠定了政治与文化基础,进而促进了中国传统文化的形成,以潜在的方式影响了中国封建社会[①]。秦人在政治上勇于进取、积极革新、追求功效。秦人的

---

① 陈蓉蓉:《秦文化——中国传统文化的基石》,《株洲工学院学报》2006年第1期。

贵族宗法体制观念较为淡薄，创建了郡县制、军功爵制、户籍制等并得以顺利进行。郡县制的确立，对维护祖国统一具有积极意义，对中华文明影响深远，其发源地就是在西陲之地。经济上，由秦开始的重农抑商，以农为本的思想，基本上形成了中国封建社会自然经济基础。早期秦时是中国畤文化的起源。虽然在周代民间就已经出现了畤祭，农民用以祈祷上天保佑，祈求农业丰收。到秦襄公的时候，畤祭逐渐演变成国家宗教的行为，摆脱了原始民间祭祀的性质。在襄公之前西畤已经存在，在秦六畤中，有三畤（即上畤、下畤及西畤）地处今甘肃省境内，西畤在西垂，即今甘肃省礼县境内，现存鸾亭山顶祭祀遗址是西畤的一部分。秦汉诸畤中，西畤最早见于文献记载。因此，秦人的畤祭历史就可以称为我国畤祭文化的早期历史，产生于甘肃东部地区的畤祭是中国早期礼制文化的重要内容。

（三）早期秦文化与其他文化

在嬴秦不断发展壮大的过程中，早期秦文化一直与陇右诸戎保持着密切的联系，并充分借鉴了诸戎文化中的积极成分，甘肃省礼县大堡子山出土的早秦文物是其有力的物证。屈肢葬和西首葬都充分吸收了西戎文化的成分；早期金器和青铜器上的鹰、虎等图案及其纹饰，表明其积极借鉴草原文化；秦文化中的器具形态、骑马射箭、纹饰图案等，是吸收西戎文化因素的证明。而从出土的青铜器和葬俗文化上可以看出，不管是器物配置组合、墓葬形制及器物造型，还是用鼎制度、装饰风格及葬式等方面，都有承袭周文化的表现。早期秦文化中的葬俗、青铜器及文字等各方面，都可以发现周文化的痕迹。在先秦时期，嬴秦就开始与西域进行文化交流。秦穆公霸西戎，兼国十二，开地千里，秦人的冶铁技术、黄金的大量使用，都表现出其与西域文化进行过深层次的交流。秦人就在与各民族的交流交往中相互影响，彼此学习借鉴，不断得以发展。自从早期秦人进入甘肃陇右之后，不断学习和借鉴商周文化，同时又不断吸收戎狄文化，促进了丰富多元的秦文化的最终形成。包容性与多元性不仅是早期秦文化的特点，同时还是中华文明几千年来发展过程中一直传承的优良美德。[1]

---

[1] 张继刚：《早期秦文化对后世的影响》，《中国社会科学报》2017年11月27日。

第十三章

绚丽彩陶：甘肃彩陶文化的发展脉络及其历史地位

中国的彩陶艺术凭借其悠久的历史与绚丽丰富的色彩，享有盛誉。甘肃是中国乃至世界最早产生彩陶的地区之一，甘肃境内发现了彩陶的文化遗址，在中国灿烂的彩陶文化中占据重要的地位。大地湾一期文化自公元前8000年就已经出现，后续又有马家窑文化、仰韶文化、师赵村一期文化、齐家文化，一直到沙井文化、辛店文化，有长达5000多年的时间跨度，可以说，甘肃彩陶的产生、兴起、繁盛以及衰退，形成了一个完整的彩陶发展历史。甘肃彩陶以众多的造型、丰富的器形、精美的图案、瑰丽的花纹、精湛的工艺而著称于世，尤其是马家窑文化彩陶，绚丽多彩，大气磅礴、更是达到了彩陶艺术的巅峰，在世界彩陶史上占有重要的地位，成了全人类珍贵的文化遗产。

第一节　甘肃彩陶文化的起始期

一　陶器的产生与用途

由于火的运用、熟食习惯以及农业的发展，陶器应运而生。经过长期的农事、用火实践，人们已经掌握了黏土的性能，知道黏土和水后有良好的可塑性，阴干熔烧后坚固、耐火且不漏水。最初的陶器是黏土涂在编制或木制的内模上烧制而成，相传黄帝曾任命宁封子为"陶正",专门管理陶业。

陶器的制作方法主要有捏制、贴筑、盘筑、轮制、核制和雕塑6种。目前上述制作陶器的前三种方法,是考证发现的最早、最原始的制作方法。捏制法,顾名思义,就是指直接用手作为操作工具,捏制出一些体型比较小的器物,这是一种最为简单且实用的方法,这种方法也有缺点,那就是一般捏制出来的器物造型相对粗糙不规整,因此不适用于制作一些体积较大的器皿;贴筑法是首先将黏且湿的泥团捏制成片状,然后将其一块块敷贴于某一柱体外部整合而成,通常用两层或更多层泥片,这种方法制作的陶器一般具有器身厚重粗糙、器形不规则的特点;盘筑法就是指首先揉搓泥料成条状,然后将其依次由下至上、依次盘绕成形,最后再用陶拍和陶抹拍打,直至压抹成型。虽然模制、轮制及雕塑等方法,出现较晚,是在陶器制作技术被发明并且经过一个相当长的发展阶段后才出现的,但其也逐渐发展为一种比较成熟的陶器制作工艺。①

陶器的发展,是人类所特有的,一种独特的物质文化创造,它贯穿于原始社会的整个社会形态之中。从当时社会发展的宏观角度来看,陶器贯穿于当时渔猎、巫术、战争、墓葬、饮食、纺织、祭祀、宗教以及手工艺生产等社会生活的方方面面;从独特文化个体的角度来看,陶器贯穿于每一个人从出生到成长,经历婚配,直到死亡这一完整的过程。第一,陶器作为日常生活用品,与人们日常生活息息相关,比如饮食器(豆、杯、爵、觞、盘等)、储水器(各种坛、瓮、罐等)、取水器(尖底瓶等)、储藏器(缸、坛、瓮、罐等)以及炊烹器(釜等)等。第二,可作为生产工具。陶鱼漂和陶纺轮使用最为广泛。另外,还有陶刮子、陶范、陶坩埚、陶刀、陶镰等。第三是作为宗教祭祀的用具。第四是作为陪葬品。第五是葬具,当时社会流行的葬法有瓮

---

① 陈英、高宏:《甘肃历史文化》,甘肃文化出版社2011年版,第37—40页。

棺葬和二次葬。第六作为建筑材料，有陶砖、陶瓦、陶水管。第七作为标识作用，利用装饰、服饰或其他充满个性化的特征，将自己的部族特征展示出来。彩陶上的蛙、鸟、鱼等，在当时就是被当作部族的识别物，将每一个部族的崇拜物区别开来。从这个层面来看，彩陶纹饰又和每个部族的族徽、图腾等有着特别的联系。

二　大地湾彩陶文化

在大地湾文化和天水师赵村文化遗址中出土的陶器，是中国发现最早的陶器，而且陶器口沿上多绘有宽带纹，是中国最原始的彩绘图案。自大地湾一期文化起，彩陶在甘肃久盛不衰。中国迄今考古印证的彩陶发展的最早阶段，就是在大地湾一期文化处。当时的彩陶，无论是器形还是纹饰，都比较简朴。陶器多种多样，有圜底钵、圈足碗、三足钵、筒形罐等，还有平底钵、长颈壶、少数小杯、小口鼓腹罐等。这里面造形最具特色的，就是筒腹三足罐，它的器形较大，外表主要装饰有交错绳纹以及向左旋转的斜绳纹。彩绘器形主要是三足钵、圈足碗、圜底钵等。陶钵类一般都包含有彩绘艺术，以棕红色为主要颜色，色调比较浓重，与红褐色的器地相比具有较大的差距。彩绘多装饰于圜底钵和三足钵口沿外侧一周刮磨的光面上，形成一条红彩宽带纹，宽度大小不等，大都为1.7—3.5厘米，最宽处可达4厘米。在器口内侧也绘有仅0.3—0.6厘米的红彩带纹，环绕一周。红条纹于口沿内外交叉结合，像是在口沿上镶嵌了一圈红箍，极具特色，装饰不仅美观而且巧妙。部分三足钵的三只脚上以及圈足碗的外圈脚上也涂有红彩，还发现在有些彩陶器的内部还涂有内彩，主以圜底钵的内壁为最多，内彩的花纹有各种各样的样式，有直线纹、山字纹、竖线纹、圆点纹、弧线纹及圆圈纹等。这一时期的彩陶表现出了其本身的原始性，其主要纹饰是由最基本的点、线、圆等几何形组合而成，很少发现有动物写生的花纹。大地湾彩陶文化的发现，为探索彩陶的起源提供了重要的条件。①

迄今为止，中国最早的彩陶艺术诞生于大地湾一期文化，它们由先民们创造。彩陶整体设计布局具有一定规律性，且彩绘的图案均衡对称，画面呈简朴明快风格。据考证，这些彩绘花纹，在起着装饰和美化生活的作用之外，可能还被赋予了某种宗教信仰的意义。十多种刻画符在大地湾一期文化中被发现，在部分彩陶器口上，有的花纹似水波纹状，有的则跟植物生长相似，此外还有直线和曲线交错而成的花纹等。这些朱彩符号，介于图画和文字之间，比半坡的刻画符号还要早千年以上，与仰韶时代种类逐渐增多的刻画符号有着紧密的联系，有些刻画符号甚至与半坡的刻画符号完全相同，这也有利于学者们继续探究汉字的起源。

三 师赵村彩陶文化

师赵村一期文化遗址中出土的少量彩陶器，多在陶体或碗的口沿外侧装饰一周紫红色彩或黑彩宽带纹，风格类似于大地湾一期文化彩陶。但是大地湾一期文化彩陶主要是紫红彩，师赵村一期彩陶则以黑彩为主。陶器的种类有杯、体、盆、碗、瓮、罐、鼎等，不同的器物，都有不同特色，例如不同的造型以及纹饰上的特点相异等。陶体是最常见且具有代表性的器物，直口或敛口，弧壁圆底，口沿环装饰一周宽彩带，彩带宽窄不等，宽的约有3.5厘米。碗的形式比较多样，可分为假圈足碗、平底碗、圈足碗3种，陶胎比较薄，具有古朴典雅的特点，多以乳丁纹或绳纹等多种纹饰于器物表面。杯器形体较小，弧壁呈小平底。盆口主要分为直口和敛口，以平底盆为主，一小部分底部略向内凹。罐的造型独特，形式各异，变化多端，大致可分为鹅蛋形三足罐、圆腹三足罐和筒腹三足罐等多种类型。其中鹅蛋形三足罐最为典型也是最具有特点的，不仅口小而且平底小，底附通常有3个小扁足，腹部呈椭圆形，形状类似

---

① 谢端琚：《甘青地区史前考古》，文物出版社2002年版，第8—16页。

于1个竖置的大鹅蛋，不同的罐大小不等，小的罐高度不超过20厘米，大的则可以超过40厘米。以斜行或竖行绳纹饰于器物表面，以锥刺纹和附加堆纹饰于颈肩的部分，造型颇有风格①。师赵村一期文化遗存表现出当时居民对于彩陶艺术强烈的喜爱之情，他们常常在陶器的外表彩绘红色或黑色花纹，虽然仅发现一小部分彩陶，纹饰也比较简单，但却能充分反映出他们追求艺术的热情。师赵村一期文化以大地湾一期文化为基础继续发展，同时又借鉴吸收了仰韶文化半坡类型，存在着上下承袭的关系。师赵村一期文化的彩陶为仰韶文化半坡类型彩陶的发展奠定了基础。

第二节 甘肃彩陶文化的兴起期

距今约5500年的新石器时代中期，代表这一时期的考古学文化类型主要是"仰韶文化"。这一时期陶器种类多，形制各异，有圜底釜、小口瓶、直口钵、三足钵、三足罐、尖底瓶、条形盘、深腹罐等首次发现的仰韶文化器形，还有大量的彩陶制品，绘画图案多，呈棕色或紫褐色。文化面貌与半坡类型、庙底沟类型基本相同，但又存在明显的地区性差异。这一时期的彩陶已逐渐告别了产生期，和前期相比，器形增多，纹饰种类繁多，开始逐步走向成熟，可视为甘肃彩陶文化的兴起阶段。

一 仰韶早期彩陶文化

仰韶早期彩陶，仍然沿用大地湾一期的模具敷泥方法进行制作，同时泥条盘筑法也大量地使用，并逐渐开始使用慢轮。出土的陶器皆为手制，火候较小，以彩陶为多，质地以细泥红陶为主，夹砂红陶次之，器形主要为圜底、平底，还有一小部分为尖底。陶制生产工具主要有陶刀、陶锋、纺轮。陶器的种类有了明显的增加，

---

① 谢端琚：《甘青地区史前考古》，文物出版社2002年版，第25—26页。

典型器物有叠唇、圜底钵或敛口瓮、卷唇盆、葫芦瓶、弦纹浅腹罐、葫芦形口尖底瓶、尖底缸、细颈壶等。在造型与装饰方面都有较大发展，装饰品以陶环为主。彩绘主要为黑色，少数为紫红色或深褐色，个别为红彩。彩绘大部分饰在陶钵或盆的外表，只有一小部分的彩绘饰在器的内壁，甚至有一部分器物的口沿上，也进行了简单的彩绘。彩陶纹饰以几何形图案为主，如直线、斜线、宽带纹、齿带纹、弧边三角与直边三角纹、圆点纹、波折纹和网格纹等，像生性花纹也比较发达，动物纹有鱼纹、蛙纹、变形鱼纹和兽面纹或变形猪面纹等，以鱼纹或变形鱼纹最为常见[1]。这一时期的彩陶还表现出另外一个突出的特点，即在陶器上发现了形状各异的刻画符号。少数符号刻画在陶钵底部或是其他部位，大多数的符号主要是刻画在位于彩陶钵口沿外侧的黑彩宽带纹上，这些刻画符号，多数是在烧制前就刻画在陶坯上的，刻画符号的形体种类多样。在秦安大地湾和王家阴洼等地，都有发现这些刻画符号，它们极有可能与中国最早的文字有关。

二 仰韶中晚期文化

甘肃仰韶中晚期文化，制陶方法仍以泥条盘筑法为主，出现了轮制技术，制陶生产工具以纺轮、陶刀为主，仍然有少量使用陶锉，但是形制比以前更为复杂。陶器以细泥红陶和夹砂红陶为主，还有少量的灰陶、橙黄陶以及褐陶。饮食器以细泥红陶为主，其中还有很多为彩陶，缸、瓮及罐等炊器和盛储器则主要是使用夹砂红陶。器形多为平底，小部分为尖底，圆底偶见。平底陶器第一次成为主流使用的器形，是陶器形制的重大改变。常见器物有双唇口尖底瓶、曲腹彩陶盆、敛口平底钵、弦纹或绳纹短颈罐、多孔盆形或曲腹瓮、大口小底缸等，大型器物明显增多，器物种类比以前更为复杂。

---

[1] 谢端琚：《甘青地区史前考古》，文物出版社2002年版，第39—43页。

以曲线为主旋律，是甘肃仰韶中期文化的彩陶突出的特点。线条流畅且圆润，而早期，是以直线为主旋律，与曲线彩陶纹饰迥然不同。此外，彩陶具有越来越强的地方区域性特点。彩绘主要画在钵、盆、罐、碗等器物的腹上部，以及盆的口沿上，但器内一般没有彩绘。多用黑彩描绘花纹，少数用红彩，线条生动圆润，图案绚丽丰富。纹样主要是以弧边三角曲线、圆点为主。甘肃仰韶中晚期文化彩陶，主要结合月牙形及盆形等元素，形成二方或四方连续的几何形图案。花纹母题或作二方连续构成整体图案，或对称排列。花纹中无法划分或断开几个单元，而是形成一幅完整的画面。几何形花纹，线条流畅活泼，有三角纹、回旋勾连纹，叠弧纹，山弧纹，网格纹、勾连纹、花瓣纹等类似花卉状的图案。鸟、蛙等像生性花纹是这个时期最具有特色的图案，均为写实风格，形象逼真[①]。晚期陶器中红陶大为减少，新出现了夹砂灰陶，器形大为增加，其中的敛口罐和尊形器为独具鲜明地方特色的器形。这一时期盛行的是绳纹和附加堆纹。彩陶逐渐减少，而白色和朱红色的彩绘陶器开始出现，以变体蛙纹、二方连续旋纹为主。

第三节 甘肃彩陶文化的繁盛期

马家窑文化是仰韶文化晚期的一个地方分支，而在甘肃彩陶中，发现最多、分布面最广、最精致、最引人瞩目、最具代表性的是新石器时代中晚期的马家窑彩陶。马家窑文化的彩陶具有精细的特点，它在仰韶文化庙底沟类型爽朗的风格的基础上继续发展，表现出典雅而又绚丽的艺术风格，促使此时的中国彩陶达到了艺术的巅峰，可以说是甘肃彩陶文化发展的繁盛阶段。依据发现的地层迭压关系以及采用碳14测量法，测定时间约为公元前3300至公元前2050年。历经了1000多年的发展历程，马家窑文化的文化特征也

---

① 谢端琚：《甘青地区史前考古》，文物出版社2002年版，第54—55页。

有了巨大的改变,目前一般将其分为马家窑、马厂及半山三种类型,且这三种类型,前后相继,是同一文化的不同阶段。①

一 马家窑类型

马家窑类型的彩陶具有精美而发达的特点,马家窑类型的彩陶施彩面较广,既包括泥质陶施彩,也包括夹砂陶施彩。彩绘色调以单纯明快为主要风格,大多使用黑彩,在橙红色陶底上绘以花纹,还有一部分以黑、白二色彩绘。黑色花纹的周边,多由合色镶上,或以白点镶上,黑白相映在黑底上级,色彩鲜明。器形与彩陶图案的布局,相辅相成。彩绘图案并不限于陶器表面,还往往施于器物内壁,有的甚至通体施彩。彩纹都在陶器入窑前画上,花纹附着牢固,不褪不脱,而且色彩浓郁,漆黑发亮。马家窑类型的纹样装饰在内容取材上多采取综合运用的手法。一件陶器既有动物纹又有植物纹,甚至也可以有编织、几何形纹、动植物纹样,经过简便处理后组合得非常协调。彩陶花纹繁复,内彩发达,线条粗细均匀。彩陶纹饰充分体现了傍水而居的生活气息,最常见的纹饰有卷草纹、蝌蚪形纹、蛙形纹、水浪纹、圆点纹和凹弧形三角纹。这些纹饰的变化丰富,单以一种蛙形纹就很少见到重复的制作,且形态生动,此外还有栩栩如生的蛙纹和饶有情趣的人物纹等,均体现了陶工们高超的技巧与彩陶文化的兴盛。马家窑类型的彩陶可以分为早、晚两期。早期陶土多为泥质红陶,呈橙黄色或砖红色,晚期陶质坚细,多呈土黄色,以黑彩为主。彩陶中精品甚多,内彩特别发达。器形主要有卷缘鼓腹盆、敛口深口瓮、侈口长颈双耳瓶等。器形有盆、彩陶瓮、瓶、壶和锅等。各器类的造型和纹饰特点具有马家窑类型晚期至半山类型早期的因素,承上启下的轨迹比较明显②。归于马家窑类型早期阶段的石岭下类型,既保留庙底沟类型的特点,

---

① 郎树德、贾建威:《彩陶》,敦煌文艺出版社2004年版,第103页。
② 谢端琚:《甘青地区史前考古》,文物出版社2002年版,第68页。

如圆点、三角、涡纹彩陶彩绘等，又孕育了旋涡纹、变形鸟纹等，开启了马家窑类和同类纹饰的先河。石岭下类型的陶器多呈砖红色，部分施有白陶衣。彩纹多为圆点、弧边三角、弧线组成的几何纹和动物纹，后者以变形鸟纹和象鱼纹最具代表性。器形主要是盆、壶、碗、罐还有陶屋模型等。

二 半山类型彩陶

半山类型彩陶，彩陶纹饰富丽堂皇，光彩夺目，常以黑、红两色相间的条线带锯齿形的变化勾画出葫芦网格纹、圆圈网格纹、格花委田纹、动植物形纹、螺旋纹、波浪纹、起伏山川纹、连弧纹等，习惯装饰于大口圆腹瓮、小口鼓腹瓶以及内彩的盆或者碗上。纹饰主要有锯齿纹、网纹、动植物形纹、螺旋纹和波浪纹五种，并盛行在大口器内壁施彩。繁密是彩陶图案的主要特色，饱满的造型与丰盛的图案浑然一体，使彩陶显得更加华丽绚烂。在构图上运用对称的手法将繁复的图案匀称地组合在一起，具有很强的装饰性。采用多样的对称格式，使图案有条不紊、繁而不乱。其主题花纹常饰于几何形陶器中，又用周围大面积繁密的花纹来衬托，运用疏密与虚实相结合对比方法，将主题花纹鲜明表现出来。这种密中求疏、以实显虚的艺术手法是很出色的[1]。半山晚期的彩陶盛行黑、红复彩构图、一般用红彩勾勒花纹母题，两侧配以黑彩，与红彩相邻的黑彩内侧绘锯齿纹，齿尖刺向红彩，这种配色和构图创意为半山彩陶花纹特有的范式，说明彩陶艺术已经发展到了兴盛阶段。

半山类型早期陶器的主要器形包括鼻耳彩陶壶、双耳罐、细颈彩陶壶等。彩陶壶轻巧雅致。彩绘以单黑彩的配色为主，一部分使用黑、红双彩，共同绘制几何形图案，常见的有葫芦形纹、四圈纹、菱格纹、旋涡纹等。内彩盛行，主要有旋涡纹和十字纹。半山

---

[1] 陈英、高宏：《甘肃历史文化》，甘肃文化出版社2011年版，第37—53页。

类型中期陶器的主要器形有罐、夹砂陶罐、瓶和直颈彩陶壶等，以瓮、壶为主，占全部陶器的90%。瓮、壶的造型非常有特色，体形硕大且粗矮。黑、红两彩组成的彩纹，则是被普遍采用的几何形图案，纹样画面华丽，结构严谨，常见的有折线三角纹、旋涡纹、多道弧线纹及四圈纹等。半山类型晚期陶器的主要器形包括双大耳彩陶罐、单耳罐和短颈彩陶壶等。彩陶比例占全部陶器的56%，比中期大幅度减少。彩陶壶、瓮等腹部加深，器体增高。还有一部分器物用紫彩、单黑彩或单红彩，但是以黑、红两彩最为盛行。常见的花纹有棋盘纹、人字纹、蛙纹和四圈纹等，早期流行的葫芦形纹并不常见。此时，在彩陶的某些器形和纹样中已经开始孕育马厂类型的文化因素。[①]

三 马厂类型

马厂类型彩陶器表普遍施深红色陶衣，以绘黑色单彩为主，黑红彩不占主要地位，一般不用锯齿纹。在马厂类型的早期阶段仍有部分彩陶与半山晚期接近，保留黑红复彩构图、锯齿纹等。但到了马厂类型的繁荣期，黑红复彩、锯齿纹很快就消亡了。半山彩陶比较富丽，彩绘虽然保留着这一特色，但是又有许多变化和创新，图案逐渐变得简练，风格刚健，采用多样化的表现手法，将甘肃彩陶艺术进一步丰富。彩绘方法既有单用黑色的，也有黑、红两色间隔并用，此外还有将两条红线合镶成一条黑线的画法，使花纹呈现出立体浮雕的画面感。马厂晚期，又出现了新的彩绘方法，在陶器上施白色或红色陶衣，或者将其作为衬底，再在其上画黑色花纹，这种方法色调显得很浓厚，用笔技巧同样很出色。彩陶图案以直线为主，具有刚健庄重的特点。通过匀细的直线纹以及粗健的宽带纹的动静、斜正、虚实、疏密的对比，使直线组成的图案表现得更加形象生动。半山类型的彩陶要比马厂类型陶器表面处理得精细，马厂

---

① 谢端琚：《甘青地区史前考古》，文物出版社2002年版，第95页。

类型陶器很少有打磨光亮的。通常还会施一层紫红色或红色陶衣于器物表面，以掩盖陶器表面的粗糙，同时也便于着彩绘画。主要的花纹有四圈纹和蛙纹，其次还有菱格纹、连弧纹或回形纹等。此外，十多种彩绘符号还画在彩陶壶的腹下部，这些符号有可能是氏族的徽号，也有可能是制陶者的一种特殊标志。器形除半山类型常见的盆、壶、钵等外，还增加了许多新的器类，如斗形器、人面形壶、葫芦罐、提梁罐等。①

在马厂类型早期，陶器的主要器形包括长颈壶、双耳彩陶罐、彩陶豆、垂腹罐和侈口短颈彩陶瓮等，该期独有葫芦形罐，彩陶瓮器体积硕大。在陶器总数中，彩陶的数量约占68%。彩纹的几何形花纹以黑、红双彩为主。四圈纹和全蛙纹是最具代表性的花纹，另外有少量的竹节纹、太阳纹及8字形纹。马厂类型中期陶器的主要形状有盆、彩陶豆、双耳彩陶罐和粗陶瓮等。陶器总数的90%都为彩陶。方形陶器和人像彩陶等新器类虽然在其他各期并不常见，不过在此时也相继出现，纹样仍主要是四圈纹和蛙纹，很少有全蛙纹，基本都是半蛙纹，而在四圈纹内，有繁多的小花纹点缀其中。马家窑文化马厂类型彩陶壶中，画有符号花纹共600多件，且符号各异，总计100多种。马厂类型晚期陶器的主要器形包括素面壶、斜壁盆、双耳罐等。彩陶瓮完全消失，这使得素面陶壶等器形的比例大大增加。彩陶数量骤减，仅占全部陶器的16%。图案也开始简化，最明显的是蛙纹演变成为蛙肢纹，不过此时也新出现了方块纹、水波纹、回形纹等图形。该期中的双大耳罐和高领双耳罐已经具有了齐家文化的特点，可能出于这时期铜器日益增多的原因，人们对工艺生产的兴趣转移，从陶器转移到铜器上去，甘肃彩陶由此逐渐走向衰落。②

---

① 陈英、高宏：《甘肃历史文化》，甘肃文化出版社2011年版，第37—53页。
② 谢端琚：《甘青地区史前考古》，文物出版社2002年版，第96—97页。

第四节 甘肃彩陶文化的衰落期

马家窑文化在马厂时期,甘肃彩陶文化就开始表现出衰退之势。齐家文化涉及领域广泛,包含内容丰富,勃然兴起,出现了大量青铜器,逐渐影响到彩陶的主体地位,致使甘肃彩陶文化在经历四坝文化、辛店文化、寺洼文化、沙井文化后,彩陶数量逐渐由多到少,最终走向了衰落。

一 齐家文化

在马家窑文化的基础上,齐家文化逐步发展起来。齐家文化制陶业发达,陶器富有特色。陶器可以分为夹砂红陶和泥质红陶两类,制作包括轮制和手工制作两种,以手制为主,轮制较少。纹饰包括印纹、绳纹、划纹、篮纹等。彩绘以黑色为主,红色较少,彩陶数量较少。彩纹有网纹、菱形纹、宽带纹等,其特点是以斜线构成的菱形带状花纹,以及两边对称的方格纹,图案规整。齐家文化的陶器主要有两种,一种主体是敛口高颈深腹罐,以白色陶衣饰于器物表面,腹部印篮纹,双耳罐和陶鬲基本上已不见;另一种主体是器形较大的小口双耳罐和盂类,陶鬲较多。罐可以分为单耳、双耳及三耳,其中最具特征的器形为侈口高颈深腹双耳罐、侈口鼓腹罐、双大耳罐,制作优美,工艺精致。陶罐大多颈部发达、棱角显著。彩陶多为罐类,口沿下有对称的双耳。[①]

甘肃境内的齐家文化彩陶依据器形、纹饰的差异,结合地域与文化内涵的不同,可大致分为东、中、西三个区域。东区:即甘肃东部,包括泾河、渭河、西汉水上游等地区。该区陶器以素陶为主,仅有一小部分彩陶和彩绘陶。着彩器类主要有喇叭口罐、双大耳罐、下腹施篮纹的壶和单耳杯等。彩陶多以浓厚的红彩绘成,有

[①] 陈英、高宏:《甘肃历史文化》,甘肃文化出版社2011年版,第37—53页。

的彩陶表面还施米黄色陶衣，纹饰简单，有大三角纹、网线纹及宽带纹等。中区：地处甘肃中部，包括黄河上游及其支流大夏河、洮河流域。着彩的器类为双颈耳罐、双腹齐家文化双耳形间罐耳壶、双大耳罐等。双腹耳壶的壶颈粗短，壶腹接近于球形，有的腹中部还饰有一圈附加的堆纹，也有在腹卜部饰斜行篮纹，以橙黄或橙红色泥质陶为主，花纹通常绘成紫红色，彩陶图案简单而疏朗。颈部有的不绘花纹，有的绘一圈贝纹。双腹耳壶、双大耳罐、双颈耳罐等器物，图案主要绘于腹部，将复线的交叉纹作为主题花纹，其间再填以字形纹、贝纹、曲折纹等。西区：即甘肃西部，主要是河西走廊地区。该地区彩陶数量比东区和中区多，着彩的器类有双大耳罐、双小耳罐等。彩料多为黑彩或紫红彩，纹样有方格纹、三角形纹、曲折纹、蕉叶纹、十字纹、粗细相间的弧线纹和变形蛙纹等。多施于器物的颈部、耳把和肩部，或施在豆盘内壁上。大致可以将图案布局分为两种：一种是以菱形纹为主题直列于中间，两边对称地饰菱形网格纹或凹形网纹，并以复道直线作间隔；另一种图案布局则是以正倒三角形为骨式，内部填充角形纹等花纹。彩陶豆盘内施彩，十字纹将豆盘分为四区，四区内填以羊头纹，颇具特色①。此外，还有捏塑人物和动物鸟、羊、狗等各种形象的陶塑品，均形体小巧，姿态生动。但齐家文化彩陶无论器类还是数量，与马家窑文化时期相比，都大为减少，表明彩陶文化已开始走下坡路。

二 四坝文化

四坝文化是河西走廊最重要的一支含有大量彩陶的青铜文化。施有彩绘的器类有单耳罐、双小耳罐、三耳罐、四耳罐、盆、盘、杯、鼎、豆和器盖多种，彩陶豆、方鼎和陶坝能表现出浓郁的地方特色。其彩陶器形主要是双肩耳短领小罐，常各附一小泥突于其腹部四侧。彩绘陶比例较大，一般占陶器总数的1/4，有的遗址甚至

---

① 谢端琚:《甘青地区史前考古》，文物出版社2002年版，第115—117页。

占陶器的半数左右。彩陶的器表一般施有一层陶衣，呈紫红色或黄白色。彩绘涂料较浓重，在红色衬底上绘有未经研细的凸起的灰黑色花纹。图案纹样有条带纹、波折纹、菱格纹、三角纹、连弧纹、卷云纹、回形纹、圆点纹和手印纹等，还有形似狗、马、蜥蜴等动物纹，另有"X""S""二""Z""N"等字形的符号花纹[①]。其中，蜥蜴纹及其变体纹是火烧沟彩陶最具特点的一种花纹。四坝文化彩陶中出现一批造型独特、做工精美、装饰华丽的珍品。可见，当时的制造者已经掌握了较高的艺术制作技术。四坝文化的许多陶器都比较小而且设有四耳或单宽耳，主要是为了便于驮运携带，这是当时这些地区远古的先民定居放牧的生活的真实写照。四坝文化彩陶与马家窑文化马厂类型彩陶器有着密切的关系，同时，四坝文化实现了内地文化与新疆文化完美结合，促进了不同地区的文化交流[②]。

三 辛店文化

辛店彩陶晚于马家窑、半山、马厂三种类型，承接的是齐家文化，属于中原已经进入青铜时代的一种文化。彩陶粗糙简单，陶器主要是橙黄陶和夹砂红褐陶，在陶土中一般掺入碎陶末或石英砂砾。器形主要有双腹耳壶、双耳盆、双大耳罐或双钮的鬲等。陶器多为手制，表面磨光，颜色有黑、白、红、紫红、褐色，主要用黑、红、紫红色，一些彩陶还施白色、橙黄色陶衣。图案种类多，有双钩纹、直线纹、回涡纹、网格纹、三角纹、波浪纹、S形纹及动物纹（如狗纹、羊纹、鸟纹、鹿纹等）。在辛店类型彩陶上最能代表辛店类型彩陶纹饰的，是类似羊角的"兀"纹与象形的动物纹饰如人、羊、狗、鸟之类。在这类彩陶上还往往画上和"兀"纹有关而经过变形的曲折纹，如同蚯蚓似的，也有用像"W"的符号装

[①] 谢端琚：《甘青地区史前考古》，文物出版社2002年版，第143页。
[②] 刘基：《华夏文明在甘肃（历史文化卷）》（下），人民出版社2013年版，第92—130页。

饰的。彩陶上绘有犬、羊、鹿等动物的象形纹饰，形象逼真生动，是甘肃彩陶纹饰中出现的新的形式。辛店类型的彩陶从器形来看，形制显得更为纤巧，制作和纹饰相反却越变越草率。①

依据彩陶器形、纹饰的差异，结合地域特征和文化内涵的不同，辛店文化遗存可以分为姬家川和张家嘴两个类型。

姬家川类型：彩陶器类以双腹耳壶、单耳杯、双耳盆等为主。桃枝较粗，屏和料有石英和碎陶末。器底多为近平的圆底和凹底，底部或腹下部有很细的绳纹，器表多施米黄色陶衣。花纹以黑彩为主要配色，主要纹饰有太阳纹、变体鱼纹、涡形纹、三角纹以及连续回纹等。该类型的彩陶花纹线条粗健疏朗，图案的主题花纹鲜明突出。在器腹的上部，通常绘一个双钩曲纹，是姬家川类型和张家嘴类型彩陶最具有代表性的花纹。而在双钩曲纹上端绘太阳及弯月，这是辛店文化独有的纹饰。

张家嘴类型：张家嘴类型彩陶的主要器形有双腹耳壶、双颈耳罐、单耳杯等。双腹耳壶的颈部变长，口呈喇叭状外侈，器形变长，腹部变宽。双大耳罐的双耳变的宽扁，由口沿至靠近腹部最宽处相连，有的双大颈耳罐的口沿呈马鞍形。张家嘴类型有的双大颈耳彩陶罐的底部附有三矮足，是很有特色的器形。彩陶在陶器中所占比例较高，彩绘有黑、红两色，有的以红色宽带为底衬，然后用黑色钩边，有的在红色花纹中顺边画复道黑线。有一部分陶器上会先施红色陶衣，之后再绘黑纹，还有一部分将直接在腹部绘以主题花纹。虽然双钩曲纹仍是主要花纹，但大多已简化，太阳纹出现的频率也比较高。在纹饰方面，素面较少，以姬家川绳纹为主，附加锯齿状的堆纹，而张家嘴却是素面多，绳纹较少。在彩绘纹方面也都别具风格。这两个类型，反映了辛店文化在长期发展中出现的差异性。②

---

① 陈英、高宏：《甘肃历史文化》，甘肃文化出版社2011年版，第37—53页。
② 张朋川：《中国彩陶图谱》，文物出版社1990年版，第70—71页。

四 寺洼文化彩陶

寺洼彩陶，以泥条盘筑法为主要制成方法，以夹砂陶和泥质陶为主，其中以夹砂陶最多。夹砂陶陶土内一般会掺入大量粗砂和碎陶末，由于其烧制火候不足，质地通常疏松粗糙，器表往往出现不同颜色的斑点，主要颜色为橙黄色和红褐色，黑色和砖红色较少，灰色更少，通常为素陶。器形主要有鼎、豆、盂、瓮、罐等，最具代表性的器物为双耳马鞍式口罐，并与伴出的鼎形三足器、袋足鬲、腹耳罐、豆和器盖等组合成陶器群。除以马鞍口形为特征外，还有平口罐，典型的寺洼文化多以罐、鼎、豆等为组合，并有陶铃、陶纺轮等。以口耳部均呈马鞍口为特征，以罐、鬲、豆、盂、杯等为组合，不见鼎器。寺洼文化陶器形态独具特色，纹样简单，以用黑彩在肩部绘双勾曲纹和圆点纹为主，还有的在陶器烧制后再以红色彩绘，但彩陶和彩绘陶上的颜色很难保留，据推测这很有可能是寺洼彩陶发现数量较少的一个原因。少数陶器还用红色或黑白色彩绘，或刻有凹弦纹、指甲纹。器表不仅饰以"十"字形或"个"字形、"人"字形，而且有众多的符号和字形刻画其上，很多学者认为其是汉字的前文字形态。寺洼文化彩陶纹样与辛店文化非常相似，考虑到两者的空间分布，应是两者间文化交流的产物。

五 沙井文化彩陶

沙井文化是甘肃境内年代最晚的含有彩陶的史前文化。沙井文化陶器多为手制，以夹砂红褐陶为主，一般多在上半部施一层红色陶衣，器表饰有组纹、刺纹、弦纹和彩绘等。陶器表面通常素面无纹，也有装饰纹样，比较流行的紫红色陶衣装饰，多施在器的颈肩部，少数施于口内侧，也有通体施陶衣的。彩陶全部为红彩，花纹图案包括动物纹、几何形纹和人形纹等不同类型的纹路。几何形纹主要由三角纹、网格、横竖线等元素组成的宽幅花纹带，最常见的是连续的尖长三角纹。动物纹以表现不同种属不同形态的鸟禽类花纹为主。鸟纹是沙井文化最典型的花纹，其描绘的鸟种类繁多，形态各异，多是写实花纹，生动自然，逼真传神。反映出沙井文化时期人们对禽鸟的喜爱。以单耳筒状杯、双耳圜底罐和双耳平底罐为典型器形。沙井文化之后，作为一个时代的主要文化表征的陶器已逐渐地开始退出历史舞台。此后，不仅彩陶数量减少，陶器在甘肃境内也逐渐地衰落。最终随着社会的向前发展，消失在了历史岁月的漫漫长河之中，陶器时代也随之结束。①

第五节 甘肃彩陶文化的历史地位

陶器无疑是人类文明起源时期最重要的物质创造。中国陶器尤其是彩陶，其发展脉络是判断华夏文明起源最重要的标志之一。通过中国史前考古发现，甘肃彩陶文化有着不可替代的研究地位与价值。

一 甘肃是世界上最早产生彩陶的区域之一

中国彩陶从北到南，分布在黑龙江、黄河、长江、珠江等各个地区；从东海之滨横贯中原、从陕甘宁青地区至新疆天山南北；东南达福建、台湾、广东各省；西南到四川、西藏地区，中国彩陶广泛地分布于华夏大地之上，中国彩陶灿若星辰，不计其数。作为中国彩陶最早缘起的文化，甘肃大地湾一期文化时期，已出现了一定数量的彩陶，耶莫有陶文化（距今约8080—7586年）、哈孙纳文化（距今约7980—7281年），是世界上目前发现最早含有彩陶的两河流域，甘肃大地湾一期文化与它们年代大致相当，表明甘肃地区不仅是中国，而且是世界上最早产生彩陶的区域之一。②

---

① 谢端琚：《甘青地区史前考古》，文物出版社2002年版，第217页。
② 张朋川：《中国彩陶图谱》，文物出版社1990年版，第44页。

二 甘肃彩陶文化具有自己独立的发展体系

甘肃彩陶文化从空间上看，呈现出由东南向西北推进的趋势，甘肃彩陶文化遍布于陇原大地的各个角落。从时间上看，大地湾一期文化距今约8000年，沙井文化距今约2600年，有着5000年的时间跨度。陇原大地自东向西，完整地演示了中国彩陶文化从萌芽、中兴、鼎盛和衰落的全过程。甘肃彩陶充分地表现出独特的艺术风格和深厚的文化意蕴，并形成了自己独立的发展体系与发展风格，是中国最早的彩陶文化中唯一没有阻断并延续至今的。

三 甘肃彩陶文化是中国原始艺术的先声

甘肃彩陶艺术，以其丰富、精美、绚丽彰显了中国古代劳动人民卓越的创造力与对美好生活的向往。彩陶不仅丰富了人们的社会生活，而且反映了当时人们的审美情趣，尤其是反映了人们在生产活动中所产生的思想、感情、崇尚、愿望和韵律、节奏感。甘肃彩陶中的一些图案，是生产活动直接而生动的写照。彩陶的图案花纹，随着各个时期的生产力水平和社会发展进程不同呈现出不同的特征。早期写实到后期写意的变迁，从大地湾一期和师赵村一期的条带纹，到马家窑文化时期的动植物纹饰上，得到了完美体现，它们同时也是中国画由写实到写意，从现实到抽象的过渡的桥梁。早期的彩陶，以自然为主要题材选取装饰，这也反映了先民信任自然，依赖自然。不管是常见的山、水、动物还是人本身，彩陶的彩绘艺术上都实现了充分的应用，成了彩陶的主题，所以说甘肃彩陶文化堪称中国艺术的源头。

四 甘肃彩陶刻画符号是华夏文明起源的重要象征

文字，是人类进入文明时代的重要象征。甘肃彩陶文化中，出现了极具文字意味的符号，这是其一大特色。目前已经发现的中国最早的类似于文字的符号，就是在大地湾一期彩陶上出现的彩绘符号。在这之后又分别在仰韶文化、马家窑文化等彩陶上发现了几十种不同种类的刻画符号。这些符号极具象征意义,是陇原大地的史前先民们,在4000年劳动时间中所创造出来的,并且这些符号不断发展变化。据推断,它们有可能是中国汉字的起源,是象形文字和数字的早期雏形。中国西北最早的文明起源,就是根植于甘肃彩陶文化之中。

五 甘肃彩陶文化是中国传统文化的源头

中国史前社会最富有艺术性的创造,在甘肃彩陶图案里得到了集中展示,甘肃彩陶是中国绘画史上,现存的最古老的艺术作品,它们充分表现出史前先民对美好生活的向往,以及对生命的美好憧憬。中国后来的瓷器、玉器图案、建筑刻画图案和纺织刺绣图案等的产生,都受到了彩陶纹饰的深远影响。包括后来的瓷器、青铜器的造型、雕塑、紫砂壶的造型和金属铸造工艺,也都受到了彩陶造型艺术的极大影响。后来冶炼、活字印刷陶字的烧制以及砖瓦的烧制也都从彩陶烧制工艺中得到启发,甘肃彩陶可以说是华夏传统文化的源头。

甘肃彩陶,发展历史最为悠久,时间跨度最长,分布面积最广,出土数量最多,造型最具风格,色彩最为艳丽,发展脉络最为清晰,特别是马家窑文化的彩陶,大气磅礴,是中国彩陶艺术的最高成就的代表,堪称全国之冠。①

---

① 刘基:《华夏文明在甘肃(历史文化卷)》(下),人民出版社2013年版,第92—130页。

第三篇
节点明珠

第十四章

陇东地区：甘肃丝路的东端要道

第一节 陇上码头

在泾河与渭河两河汇流处，有一座高耸挺拔的雄伟之山，它就是崆峒山。崆峒山位于平凉市，而平凉更是一座钟灵毓秀的古老城府。

平凉的历史十分悠久，早期华夏先民们在此繁衍生息、积淀农耕文明，因此，平凉也是我们中华民族较为世人瞩目的发祥地之一。三千多年前，周人的先祖通过辛勤的劳动，在泾河流域创造了农耕文化，预示着农业文明就此开始延绵后世。公元358年，前秦王苻坚，在这里整顿兵马，准备平定前凉，平凉这个名字这才开始用来作为郡名。

平凉，"平定凉国"的意思，前秦王苻坚的本意可能是为了炫耀他金戈铁马的赫赫战绩，在之后的汉唐时期，陆上丝绸之路以长安为起点向西行进，平凉，则是这条道路上的必经之地，通过平凉丝绸之路的交互往来，"陇上旱码头"和"西出长安第一城"的美誉由此得来。

在悠久的历史岁月里，平凉发生了具有深远影响的大事件。我们的人文始祖轩辕黄帝，曾经亲自到崆峒山，探究修身治国的方法；周穆王"八骏日行三万里"，在回中宫与西王母相会；秦始皇、汉武帝都曾在西巡途中，登上崆峒山，寻求治国理政的要诀；唐太宗李世民在还是秦王的时候，在泾州的战役大获全胜，于平凉凯旋而归；李白和杜甫一仙一圣两位诗人，都特别钟情于崆峒山，为后世留下许多相关的好作品；著名道长张三丰，曾到崆峒山访道修炼了五年之久。

平凉人杰地灵，世界文化名人众多，文韬武略，才能各异。由远及近的例子有：皇甫谧是中华针灸学的鼻祖；唐代牛僧孺是一位出名的政治家和文学家；刘锜、吴璘、吴玠，在南宋时期，皆是抗金名将；赵时春是明朝"嘉靖八才子"之一。

平凉，还是一个有着大量历史文化遗存的宝地，世人所常知的有：天下王母第一宫——回中宫、秦皇祭天第一坛——莲花台、人文开元第一祖伏羲氏诞生地——古成纪、中华道教第一山——崆峒山、神州祭灵第一台——古灵台等。

平凉的文化积淀很是深厚，比如注重健康生活的崆峒养生文化、皇甫谧针灸文化、静宁成纪文化、古灵台商周文化和泾川西王母文化。此外，还有一个震惊中外的大事件，2000多颗佛骨舍利在泾川大云寺被考古发现，这已经是泾川第三次出土佛骨舍利了，这一发现，奠定了泾川丝路佛都的重要地位。

一　崆峒山佛塔

崆峒山佛塔也称凌空塔，就在平凉市崆峒区的崆峒山上，塔高约有30米，无基座、七级八角样式，是名副其实的砖塔。崆峒山佛塔气势雄浑，风光秀丽，是著名的"三教共存"人文特色的代表。凌空塔处于中台，具有承上启下的重要作用。佛塔既古朴又华美，神韵一绝。再加上崆峒山深植的道教文化加持，因此每年都会有大量的信众和游客前来膜拜。清嘉庆年间有研究者著就了《崆峒山志》，其中记载了佛塔在明万历十三年时期建成的事迹。佛塔上更是奇特，长有两棵百年松树，因此有"古塔托松"一说。

自秦汉起，无论是正史的记载，还是民间传说，关于崆峒山佛塔的故事不断，这些言论成就了崆峒山"道源所在"的美誉。现在，崆峒山及其佛塔在第一批就入选了国家 AAAAA 级风景名胜区，崆峒山及佛塔更加被世人关注，它的"庐山真面目"也不断地展示出来。崆峒山佛塔以其独特的景观及内涵成为一颗"黄土高原上的璀璨明珠"，铸就了"陇上奇观"崆峒山的道教文化所打造的"仙山福地"，吸引了数以亿计的拜访者。

二 崆峒山雪景

崆峒山，在平凉市城西 12 公里远的位置，是一个道教圣地。崆峒山属于六盘山的支脉。东边可俯瞰古长安，西边遥望兰州，南部毗邻宝鸡，北部与宁夏银川相接，它是丝绸之路上自关中出来之后的一大要塞，自古就有"崆峒山色天下秀"、"西镇奇观"以及"西来第一山"的赞誉。

三 平凉南山生态公园

平凉市崆峒区圆通寺路附近，就是这座公园的所在地，公园将健身、娱乐、休闲融为一体，打造的大型惠及全民的公共活动场所。

为了打造生态平凉，构建和谐城市，平凉市着力规划了南山公园建设项目，该项目是按照省级园林建设的标准来建造的一座山地生态公园。南山公园项目 2007 年开工，投资规模巨大，初期计划总投资 7800 万元，自开工以来，已累计完成投资 7340 万元。南山公园占地面积广，重视绿化建设。公园充分利用征来的 332 亩土地，将其打造成 6 个具有观赏性的绿色植物园，分别为丁香园、樱花园、玉兰园、牡丹园、银杏园以及竹菊园。观赏性树木方面，主要是栽种银杏和栾树等，共种植 6 万多株，品种多达 57 个；观赏性花卉的种植，则主要是选择牡丹、芍药等雍容、华丽、热烈的品种，共计栽种 32 个品种，并且种植了 21 万余株绿篱，利用它可以充分造景的特点，共计完成绿篱造景 4 万平方米，公园中灌木类低矮的植物同样不可缺少，共计栽植了 2.3 万株，其打造的绿化面积,达到 16.8 万平方米。公园还充分重视基础设施的建设,打造了文化墙浮塑、建造了高水准的游客中心;公共洗手间的修建标准,按照四星级公厕施行。在公园基础配备之上,还设计了一个流水花园广场,以及极具地方特色的玄鹤楼工程。公园各处,都矗立有特色景观石,另外,修缮公园内的道路,跑步道、休闲道,分区明确,改善了园内道路 7.6 公里;水电通信管线质量涉及公园的每一位游客,所以更要认真对待,共埋设了 6000 米的各类管线,安装了 150 盏多种灯具,为民众休闲提供保障。南山公园建成之后,吸纳游客众多,据统计,平均每天入园的人数达到 2000 人(次),是人们休闲康养的好去处。因为公园与平凉市历史人文景观圆通寺毗邻,它们相互映衬,实现了大自然与人造之景的融合,也是平凉这座历史文化名城独特文化内涵的体现。

四 泾川大云寺

泾川大云寺位于平凉市泾川县,泾川县是西王母文化的发源地,同时也是陕甘宁三省相接的交通枢纽。公元 601 年,泾川大云寺开建,建寺目的是存放佛祖舍利,当时名叫大兴国寺;后来改名为大云寺是在武则天登基之后,在原来的地址上兴建;明代洪武三年(1370 年),泾川大云寺被洪水浸淹冲毁;新中国成立之后,在大云寺的旧址上,考古发现了金棺银椁和佛祖舍利,尤其是佛祖舍利的发现,是中国佛教文化的有力见证,其被评定为国宝级的文物。现在,为了纪念并保护好泾川大云寺的遗迹遗存,在它原来的地方修建了大云寺博物馆。

大云寺博物馆的建筑风格仿唐式,别具一格。整个博物馆的规模宏大,布局规整,唐式建筑,用料大气,色调古朴,自有一种沉淀的美。大云寺博物馆的建筑群,由前往后,逐渐升高,中路、东路、西路的规模宏大,颇有气势,整个建筑群有一个中轴线,建筑沿中轴线对称,这是学习借鉴了唐代礼制的布局。舍利方塔风格稳健,端庄大气。博物馆的大部分建筑,都有着较大面积的出檐,甚至还有长 5 米左右的出檐，出檐的设计，为建筑本身平添了飘逸灵动之美，这也是隋唐时期建筑的典型特色。

甘肃省委对于大云寺博物馆的建设，十分注重，省委领导曾多次前往泾川县，视察大云寺博物馆建设情况，对于大云寺博物馆的建设、开发、管理工作等方面，都作出了明确的要求。泾川大云寺博物馆规模宏大，总占地面积 364 亩，按照功能区划分，主要有中心区、景区广场以及服务区三大部分。中心区占地达 60 亩，共计 11600 平方米的总建筑面积，建设有主展馆、副展厅、钟楼、鼓楼、舍利塔以及东西碑亭；景区广场占地最大，有 292 亩，主要建设有文化街、迎宾广场、商业街以及景区道路等；服务区占地面积有 12 亩，总建筑面积最大，有 3400 平方米，主要设置了服务、管理以及接待中心。作为泾川大云寺博物馆工程的重要项目，共计投资了 3800 万元的建设费用。舍利塔的主体被专门设计成一个 7 层的钢架结构，塔高 95 米，采用了四角方塔的造式，将钢结构与古建筑完美融合，实乃建筑史上的佳作。

第二节　天水流韵

"天河注水""天一生水"，是天水这个地方一直流传着的一个典故，天水的名字因此得来。天水文化底蕴深厚，历史悠久，让人惊叹：建城史两千七百多年、文字记载史三千多年、文明史更是长达八千多年。天水的文明交会也是一绝，既有伏羲文化为它加持内在，也有秦汉文明让它更加饱满；既能笑谈三国风云，又有丝绸之路文明为它添姿添彩，虽历经千年，仍初心不改。自然景观和人文景观交相辉映。

"邽县"，是天水的古称，汉武帝元鼎三年（公元前 114 年），将其改名为天水郡；魏文帝之时，又更名为秦州；宋朝时，又改称成纪县；1913 年又重新采用"天水"之名，设立了天水县；1949 年，设立天水专区；1985 年，天水市被升为地级市。

今天我们所熟知的伏羲文化，就是在天水发祥，天水人为了祭奠伏羲，在元代时期就建造了一座伏羲庙。伏羲庙因为后来遭到损坏，于明代时期重新修建，它是当今我国现存的规模最大、保存最为完好的伏羲庙，因此，天水又被称为"羲皇故里"。

除了伏羲文化，天水还有秦文化。我国第一个实现大一统的封建王朝秦朝，其发祥地就是天水，天水秦文化也是带有鲜明地域特色的地方文化，秦人入主中原之前，有西戎游牧民族在此与之交汇过，因此，此地的秦文化，将西戎游牧文化和中原华夏文化兼收并蓄，自成一体。

三国文化又是天水另一重要文化分支，也正因为三国文化，天水的文化造诣更为世人景仰。历史上，天水是陇右第一重镇，战略要塞，兵家必争。四大名著之一的《三国演义》，将诸葛亮六出祁山、计杀张郃、智收姜维、痛失街亭等情节描写得十分精彩，而这些精彩的历史事件的发生地，正是在天水。三国时期，蜀魏交锋的前沿，正好在天水之境，正因此，天水成了那么多重要战役的见证地。

甘肃的石窟文化享誉中外，中国四大石窟中，就有两个在甘肃，其中之一就是天水的麦积山石窟。麦积山石窟内塑像众多，从4世纪末到20世纪，将近1600年的历史沉淀，造就了麦积山石窟7200余尊塑像，它也因此被称作"东方雕塑馆"。麦积山石窟与拉梢寺、大像山等一起，都是丝绸之路甘肃段"石窟艺术走廊"的重要组成部分。

天水的民俗文化组成众多，最终造就了天水丰富多彩的文化，因此，天水也被一些人们认为，是历代民俗文化的博物馆。例如武山秧歌，堪称后世元杂剧的活标本；天水夹板，古时与胡笳有着密切关系；秦安腊花舞，极富江南之韵味；武山旋鼓，则还依旧保留着远古民族傩舞的余韵；另外还有众多音乐民俗，像秦安小曲，雅俗共赏，人人都能听上一听；山歌小调，充满了民族地方特色等等。这些，都是天水文化的写照。

丝绸之路自西出长安之后，在甘肃境内绵延1600多公里，而这里的第一站，就是天水，天水在丝绸之路上的地位之高，是很多城市都不能比拟的。在悠悠的岁月中，天水在丝绸之路上，一直发挥着第一门户的作用，不遗余力。古代的使者、文人和商客，就经常用"发秦州""过陇坂"来形容这座商贸繁荣的都市。

一 伏羲庙

原名太昊宫，世人皆称之为人宗庙，是中国西北地区最为著名的古建筑群之一，在天水市秦州区西关伏羲路上。早在1963年，伏羲庙就因其重大的历史价值，被甘肃省人民政府列为甘肃省重点文物保护单位，现如今，伏羲庙已经被列为全国重点文物保护单位，给予更高程度上的关注。

伏羲庙跟大多中国典型建筑一样，都是坐北朝南，建在人流来往众多的街道上。庙内院落，错落有致，是典型的四进院，幽深之中，不失开阔。庙内的古建筑按照功用分区而建，种类多样，主要有大门、牌坊、先天殿、仪门、戏楼、钟楼、鼓楼、太极殿及来鹤厅等10座；之后重新谋划，又新修了6座展览厅、碑廊、朝房等。新旧建筑算在一起，共有76间之多。中国大多的伏羲庙内并无伏羲塑像，而天水的伏羲庙，是中国唯一一座内有伏羲塑像的庙宇。整个庙宇建筑群包括牌坊、大门、仪门、先天殿、太极殿等，无一不是按照最为讲究的规制来建造的，体现了极高的建造艺术水准。

天水伏羲庙，对于学者们研究我国古代丝绸之路的发展迹象，抑或是探究古代建筑风格的演变，都具有重要的参考价值。天水城里的伏羲庙经历了历史上众多的风雨洗礼，现今它的主要建筑、塑像和其他文物依然保存完好，这与天水市文化部门及时采取的一系列保护措施密不可分，由此可见，做好文化保护工作，是对后世有百利而无一害的明智之举。

二 天水城隍庙

天水城隍庙，即纪信祠，是元朝时期，人们为了纪念汉朝将军纪信建立的。元朝之时，它还被称作纪县衙，到了明初改制，方才变成了城隍庙。后世历代，基本都会对其进行修补重建等，达成今日三门四进二十一座殿的庞大规模。城隍庙的大门以青砖砌墙体，上面刻以花卉等图案，颇为讲究。两边是一副对联："楚逼荥阳时凭烈志激昂四百年基开赤帝，神生成纪地作故乡保障千万载祜笃黎民。"对联出自邓宝珊将军的摹写，记述了纪信将军骁勇杀敌、智救高祖的英勇事迹，也象征着后人对这种精神的敬仰与传承。

纪信祠的主体建筑沿着一条中轴线、呈对称分布。乐楼、长廊、正殿、寝宫都垂直向分布，门户相通，站在庙门口，向祠内远望，幽深莫测，这就是通常所说的"一眼望三堂"。祠内庭院中有四棵古槐，年岁久远，粗壮苍劲。其中的一棵，竟有550多年的树龄，树干上面部分已经基本枯死，但是令人惊异的是，它分出了旁支，且依旧郁郁葱葱，惹人赞叹。

三 麦积山石窟

石窟凿于秦岭山脉西段北边的山麓，距离天水市区东南方向45公里。是中国四大石窟之一，有"东方雕塑馆"的美誉。麦积山这一名称，是因为它的山形与农家麦垛形状甚为相似，因此得名。十六国后秦（384—417年）时期，麦积山石窟开始开凿，在这之后，又经过数次的维护及扩建，一直到隋代的6世纪末，石窟才基本建成。凿窟之人，选择山上的垂直崖面，高20—80米、宽200米的规格。唐开元二十二年间，发生了一场大地震，造成石窟的中部洞窟塌毁，以致现存的洞窟只有东、西两崖。石窟现在有194个窟龛，分布在东崖的有54窟，西崖的有140窟；据统计，另有7200余尊的泥塑和石雕造像，东崖大佛是石窟造像中最大的一尊，高15.8米，且窟内还有1000余平方米的壁画。洞窟形制主要有方形人字坡顶、四面坡顶、平顶、盝顶、方楣平顶及方形四角攒尖佛帐式龛、圆形小浅龛等，各洞窟间以栈道相通。洞窟内部及外部大多仿木结构建筑。

麦积山风景名胜区属于国家 AAAAA 级旅游景区，这其中，麦积山石窟是其最为重要的景点。2014 年 6 月 22 日，第 38 届世界遗产委员会在卡塔尔首都多哈召开，经过联合国教科文组织的认定，"丝绸之路：长安—天山廊道路网"申遗成功，而麦积山石窟作为中国境内丝绸之路的一处遗址点，成功被列入《世界遗产名录》。

四 麦积山石窟艺术

麦积山石窟艺术以佛教文化为基本，展示了三佛、七佛以及西方极乐净土等内容。麦积山石窟与敦煌莫高窟、洛阳龙门石窟、大同云冈石窟并称为中国的"四大石窟"。

十六国后秦时期，佛教文化经由丝绸之路，在关中地区广为传播，麦积山石窟也就是此时开凿的。以时间为序，可以将麦积山石窟的营造，分成三个阶段。第一阶段是十六国到南北朝时期，这段时期石窟的开凿达到了高潮；第二阶段是隋唐时期，但是比较遗憾的是，现如今得以保存下来的作品很少；第三阶段是宋朝时期，石窟兴建在宋代，又攀登一个高峰，并且艺术造诣水平高，地方色彩浓厚。

麦积山的土质主要是砾岩，由砂石和岩系红土构成，该土质不适合造像，只能用来开凿洞窟，这也是为什么麦积山石窟的塑像都以泥塑为主，个别的是以石料制成的碑像，但是从其他地方运送过来的。泥塑的配料比较讲究，因而窟内造像的泥胎大多能保存完好。泥胎外面的彩塑已大多剥落，现在还有一些彩绘，是后世历代不断补绘的结果。千百年来，天水之地的地质发生了很多变化，因此有许多窟龛已经不复原本的样子，只有部分位于深山之中的石窟造像，还未经受大规模的毁损。

在十六国和南北朝的第一阶段，也分为初期、中期与后期。第一阶段初期，约384—494年，那时的窟龛主要呈现平面方形、圆顶或平顶的样式，窟内以七佛、三世佛和千佛为主，造窟手法和大同的云冈石窟中的昙曜五窟颇为相似。佛像多为方面大耳，头梳高肉髻，额广平正，眉高目长，硕口微闭，身披偏袒右肩袈裟；菩萨像多为长方面孔，鼻直口方，面含笑容，上身袒露，薄衣贴体。第一阶段的中期，约495—556年，此时期经历了民族大融合，因此开窟造像的艺术手法开始有中原汉族的风格，形式也变得更加多样。窟龛以方形为主，上面是平顶，坛基较低，在左右两侧，装饰藻井，又分别开了一个龛。部分窟龛内绘有十大弟子的形象，还有佛教壁画。此时期，佛像的面相开始明显地变长起来，五官相对于初期有所缩小，由高眉演变成新月眉，双目半睁神态，嘴唇既薄又翘，嘴角略上扬，带微笑状，身披通肩袈裟，垂于座前；菩萨满含笑容，面相清秀，细长的身调，装束样式较多，衣带飘舞，风姿绰约。第一阶段后期，约557—581年，无论是窟龛的规模，还是结构部分，都开始呈现扩大趋势，这时建造了很多崖阁式的大窟。窟内造像主要是七佛，周围环绕着菩萨、弟子；造像不再像以前那样清秀的风格，而是更加敦厚壮实起来。佛像的面相圆润、颈粗肩宽，腹部突出，头梳低平肉髻，衣饰开始变为紧窄，多为通肩的大衣或下垂袈裟；菩萨衣饰多变。第121、127、4、3、9、85等窟是此阶段最具代表性的作品。

隋唐时期，麦积山的开窟造像活动依然活跃，但是由于自然和人为的双重影响，留存于世的作品很少，只有一些雕塑和壁画。雕塑的形象相较而言，拘泥呆板。其代表为第13、14窟等。

到了宋代，麦积山石窟迎来一个新的高峰。宋代佛像风格综合了此前不同时期的特点，面相略长却又不失丰润，身姿挺拔有力，眉眼大多上撩，颇有一番特别的神采。窟龛中还有大量的力士、罗汉像，面部表情、肢体形态等，极尽夸张，但是给人感觉却是很和谐又真实。石窟的每个塑像，其代表的个体的身份、体量等都不一样，但是又能通过它们的动作、神态等，互相联系成一个有机整体。另外，宋代的石窟造像中，有一部分是由前朝的塑像加塑而成的，宋代匠人们在保持原有姿态手印的情况下，将其赋予了宋代神采。所有这些，都充分体现了宋代工匠们艺术手法的高超，以及对于生活的深刻洞察。现今，仍有大量的宋代石窟及塑像留存于世，比较有代表性的，在第36、90、43、133、165等窟。

南宋之后，开窟造像的活动在天水麦积山区域不再火热，虽然零星有所兴建，但是在艺术上很少再有创新。麦积山石窟的石窟造像，种类之丰，留存之多，在中国石窟史上都是比较罕见的，它代表了我国古代石窟艺术的深厚造诣，在中国艺术史上占有重要地位。

五 天水曲溪风光

曲溪风光以山、水闻名于世，素有"小九寨沟"之称。它的"曲溪秋韵"，是甘肃著名的自然八景之一。

天水市麦积山风景名胜区，有四大景区，其中之一就是曲溪景区，它在麦积山的东南面25公里远的地方。曲溪以山称奇，以水叫绝。曲溪景区完全以自然景观取胜，天水陇山茫茫的林海里，有着这样一条溪流，波光粼粼，山清水美。一条曲溪，一路缓缓前行，九曲十八弯，每一弯都是一个特别的景。水中的河石、河边的草地与林木交相辉映，置身其中，就像行走在画里。冷水河长10多公里，宽2公里，沿着它漫步，青山与绿水、树木与绿茵，尽收眼帘，目不暇接。河中还有各种形态各异的奇石，让人充满想象，也是旅途的乐趣所在。曲溪景区是一个天然的植物园，这里名贵的花卉和中药材都自然生长，例如牡丹、党参、杜鹃、甘肃琼花、芍药、山茶、连苔、玉兰、丹母等，它还是野生动物的天堂，金钱豹、水獭、羚羊、梅花鹿、大鲵等几十种珍稀动物在这里快乐地生活[1]。

---

[1] 麦积区旅游门户网，http://www.bytravel.cn/view/index1662.html。

第十五章

陇中地区：甘肃丝路的中转枢纽

第一节 黄河母亲

在广阔的中国版图中，甘肃就像一柄玉如意，而兰州作为甘肃的省会，便是这个"如意"的中心。兰州也是中国所有省会城市中，唯一被黄河穿城而过的。城南有皋兰山巍然屹立，城北是九州台奇峻坐镇。

兰州地处黄河的上游，是中国陆域版图的中心位置，自古就有"西部黄河之都，丝路山水名城"的赞誉，兰州由于受地形影响，随黄河而动，东西纵向长，南北横向窄，像一条丝带。兰州历史文化十分悠久。早在新石器时代，中华民族的先民就在这里繁衍生息，距今已是五千年。西汉时设立县制，《汉书·地理志》注曰："初筑城得金，故曰金城。"还有说源于"金城池汤"典故，取"固若金汤"之意，喻其坚固而得名。隋代初期，将兰州改制，设为总管府，"兰州之称即始于此"。康熙五年（1666年），开始将甘肃省会定在兰州。1947年正式成立兰州市。

兰州的历史文化资源赋存颇丰，市域内有鲁土司衙门，它是中国现今留存的保存最为完好的土司衙门；有中山铁桥，被称作"天下黄河第一桥"；有兴隆山，是"陇右第一名山"；有徐家山、石佛沟、吐鲁沟，它们都是国家级的森林公园；有"黄河母亲"雕像，它是母亲河、生命河的象征，还有明肃王墓群，被称作"陇上十三陵"。

从古至今,兰州作为丝路重镇,对中外的人们充满了诱惑性。中原的使者、商人在这里停歇,在享受一下故乡的风景之后,便要动身前往未知国度;中亚、欧洲的旅者入关之后,在甘肃、在兰州,最先领略到东方的神韵;多少朝代,在这里厉兵秣马,开拓疆场;多少诗词文人,在这里灵感迸现,留下脍炙人口的动人诗篇。兰州作为古丝绸之路上的茶马市场和交通要道,为促进中国与中西亚经济文化交流做出了巨大贡献。

一 黄河母亲

"黄河母亲",是兰州的标志性雕塑,属于地标式建筑,是兰州形象的象征。地处兰州市小西湖公园的北边、黄河中段南岸。全国关于表达中华民族的母亲河的雕塑作品众多,但是"黄河母亲"以其独特的艺术手法、精神传达等,获得了人们更多的认可,"黄河母亲"雕像在全国首届城市雕塑方案评比中,获得了优秀奖的荣誉。

这尊雕塑,长6米、宽2.2米、高2.6米,重达40余吨,由一位"母亲"和一个"孩童"联合构图,是由甘肃著名的雕塑家何鄂女士主刀的一个作品。母亲,是黄河的象征形象,她的面容、神态慈祥和蔼,秀发飘飘,身姿优美,头微微抬起,右臂微曲,仰卧在波涛之上。一个裸身孩童,依偎在母亲的右侧。孩童的头轻轻向左看,面部憨笑的表情,十分惹人爱怜。母亲与孩童的这幅画面,象征着黄河母亲爱护着中华人民,寓意深刻。在雕塑的下基座上,雕刻有水波纹和鱼纹图案,这是甘肃古老彩陶的原始图案流传;同时,这个水波纹和鱼纹,也是黄河水的形象,代表着黄河流域的先民们,洞察自然的智慧。

二 中山桥

清光绪三十三年(1907年),中山桥开始建造。美国人满宝本和德国人德罗受委托担任工程师，着手设计此桥，天津人刘永起负责具体的施工，3年之后，中山桥建成。最先命名为"兰州黄河铁桥"，1928年为了纪念孙中山先生，改名为中山桥，并一直沿用到今日。桥长234米，宽7.5米。

黄河之上，修建了很多桥梁，但是修建最早的铁桥，还是兰州的中山桥，因此，中山桥又被称作"天下黄河第一桥"。中山桥位于白塔山下，地处兰州市区的中心，南面相接的是南滨河路、中山路，北面连接着金城路、靖远路，在兰州交通体系中，是一个重要的枢纽工程。中山桥当时建成之后，是兰州黄河两岸以及黄河上游唯一的一座桥梁，它极大地方便了两岸居民的交流与生活，促进了两岸经济的发展，对于兰州而言，具有重要的作用。同时与郑州铁桥、济南道口铁桥，并列为黄河上三大桥梁。

时至今日，中山桥已不再是原来只作为交通功用出现在世人面前，经历了年代沧桑，岁月洗礼之后，中山桥更增添了历史和文物价值。为了展示百年老桥的历史感，加深人们对这座桥的深厚感情，2004年，兰州市对中山桥再次进行了修整，将灯光亮化、在桥的两头修建了南、北两个广场，作为民众活动的场所。如今这座在黄河上修建最早且唯一保存至今的近现代钢架梁桥，变为步行桥，正式终止了它近百年的通车历史。

三 兰州水车园

兰州水车，又名老虎车、翻车，是一种提灌工具，在黄河沿岸已经存在了很多年。1994年，兰州水车园建成，里面主要有水磨坊服务室、双轮水车、游乐区和围堰等功能区，园内的水车轮，直径高达16.5米，是百里黄河风情线上最具兰州地方特色的景点之一。

兰州水车园位于市滨河路的西段，东边与中山桥紧挨着，西面有"黄河母亲"的雕像，南面附近就是白云观，北面与白塔山公园隔河相望。水车园是黄河百里风情线上重要的一个景点。水车园在黄河的南岸边，黄河水量充沛的季节，水车就可以利用自然水流的助推作用进行转动；黄河水量少的时候，就采取围堰的办法，来分流聚水，利用堰间的小沟渠，实现河水的自流助推。当水流自然冲击水车车轮叶板时，水车就会转动，此时水斗里便舀满了河水，通过水车转动，舀满了河水的水斗转到最顶上之后，顺势向下，将水倾倒进木槽里，再之后就能源源不断地流进园地，实现灌溉功用，这就是黄河水车的操作原理。如今虽说已不需要再用水车来灌溉，但是水车的再现，实实在在地扩展了中外游客的眼界，史料记载的工具，能够真实地出现在眼前，这种心情，十分美妙。

四 兴隆山秋韵

国家级自然森林保护区兴隆山，在兰州市区 60 公里处。山体海拔 2400 米，又有"陇右第一名山""陇上名胜"之誉。兴隆山的主峰是由东西两座山峰组成，东峰称"兴隆"，西峰叫"栖云"。因为古时，古人见这个山"常有白云浩渺无际"，因此又将其称为"栖云山"。

十月的兴隆山，正处于深秋季节，"满目金黄染百里，一方秋色醉千山"，色彩绚烂，有四季常青的绿、有丰收的黄与红，山中还时不时飘荡着朵朵缥缈白云，站在山巅远眺，大好秋景进入眼底，好不美哉。兴隆山不仅有大好风光，文化底蕴也不容小觑。山腰上，有一座成吉思汗的衣冠冢，另外还有有着道教文化的朝云观、佛教文化的大佛殿，还有太白泉、滴泪亭等亭阁庙宇共 70 多处，每一处都是文化的沉淀。在秋天的兴隆山中行走，心情也会跟丰收的秋天一样，填充得满满当当。

五 兴隆山云龙桥

云龙桥，又叫卧桥，连接着兴隆山的东西两座主峰兴隆和栖云，原本是纯木打造，榫卯结构，上面有桥廊，下面没有桥柱。

云龙桥，最早于公元 1763 年（乾隆二十八年）建造而成。金县的知县唐鸣钟，在此地架过一座木桥，取名"唐公桥"，后来有一个道士刘一明，与原来的知县一样，也建了一座木桥，叫作"迎善桥"，可惜的是，他们俩修建的木桥由于山洪暴发，都被毁坏了。现在的云龙桥，是在光绪二十六年（公元 1900 年）重新修建的，当时的甘肃布政使是岑春煊，他为了方便兴隆山的交通，特地拨了银两，重修这座桥梁。云龙桥有 6 米高，38 米长，桥上还有 5 间嵌了斗拱的廊房，在桥的东西两头，又分别造了桥亭。"云龙桥"这个名字，是知县陈昌提出来的。"云龙桥"的名字来历也颇有讲究，其时的知县陈昌，富有学识，他认为，兴隆山的东西主峰各有灵气，建设这座桥以沟通两山，那么两山的灵气就会交互，更加能够庇佑一方百姓。他还特地为云龙桥名字由来撰联：

云比泰山多年年霖雨苍生岂徒供仙人怡悦，

龙如苍海卧面面林峦翠霭都觉有灵气往来。

云龙桥作为兴隆山的历史建筑之一，也是兴隆山的名片，是坐落在大峡河上的唯一一座建筑。为了保存好这座古建筑，1980 年，甘肃省将云龙桥列为省级文物保护单位。第二年，由于桥身倾斜，甘肃省政府对其进行拨款，采用混凝土材料改建，原来的桥廊和桥亭，也得到了修复。1985 年，兴隆山被重新规划，云龙桥被重新敷以彩绘，原本陈昌题写的对联字迹早已淡化，由甘肃书法协会副会长赵正将对联重新书写在桥的亭前。此外在云龙桥的上方 108 级台阶的地方，有一个为小山门样式的牌坊，上面还有题字，是 1987 年胡耀邦在其正面题写的"陇右名山"，背面还有"秀比峨黄"四个大字，为朱穆之所题。

第十六章

河西地区：甘肃丝路的战略走廊

第一节 武功军威

黄河远上白云间，
一片孤城万仞山。
羌笛何须怨杨柳，
春风不度玉门关。

——（唐）王之涣

葡萄美酒夜光杯，
欲饮琵琶马上催。
醉卧沙场君莫笑，
古来征战几人回？

——（唐）王翰

家喻户晓的两首《凉州词》把我们带回遥远神秘的古凉州。

这里是汉代开拓疆场的战略要地。西汉大将霍去病受汉武帝的任命出讨河西，就是在古凉州与匈奴开战，并且大获全胜。这里位于河西走廊的东端，还是丝绸之路甘肃段的另一个重镇。古凉州，就是今日的武威，它位于甘肃省中部。马踏飞燕，就是在这里出土的。

武威作为河西四郡之一，其历史由来已久。公元前121年霍去病在这里击退匈奴之后，汉武帝为了弘扬军威，赐予这里"武功军威"的称号。自从汉代武帝开辟了河西四郡、在武威屯兵安民之后，其后的历朝历代，都学习汉朝，在这里设郡置府，守护疆土。武威也曾是古代王朝的都城，东晋十六国时期，五凉即南凉、北凉、前凉、后凉以及隋末的大凉都选择在武威安定下来，武威也因此成为长安西部的一个大都会。中西交通汇聚于此；丝绸之路将这里作为一个重要的贸易地；多个民族在这里聚合共存，它们共同造就了武威悠久而又多元的文化，例如佛教文化、西夏文化、五凉文化以及少数民族的特色文化等。

武威不仅文化水平深厚，还有许多遗产资源，是一个名副其实的文物大市。《西游记》中有个西凉女儿国，《三国演义》中有个西凉马超，说的正是现今的武威；"一马"（马踏飞燕）、"一碑"（西夏碑）、"一寺"（白塔寺）、"一窟"（天梯山石窟）、"一塔"（罗什寺塔）、"一庙"（文庙）、"一堡"（瑞安堡）是对武威历史文化资源的精练概括。

武威是"中国历史文化名城""中国对外开放城市""中国旅游标志之都""中国葡萄酒城""中国优秀旅游城市"，享有"中国人参果之乡"、"西藏纳入中国版图的历史见证地"、"世界白牦牛唯一产地"以及"中国葡萄酒的故乡"等美誉。

今天的武威，农业发展更上一层楼，拥有着现代农业的先进科技，着力发展绿色食品产业。在重离子辐照育种、重离子治疗肿瘤以及特种材料辐照、工业微生物诱变、辐射加工等核技术的研发方面，武威已经取得了新的突破，并且越来越注重产业示范以及推广应用，未来的武威，必将为丝绸之路甘肃段的发展贡献自己独特的力量。

一　马踏飞燕

东汉铜奔马，又叫铜奔马、马踏飞燕、马超龙雀、凌云奔马、马踏飞隼等名字,是出土于东汉时期的青铜器,1969 年在武威市雷台汉墓被考古发现。"马踏飞燕"身高 34.5 厘米,身长 45 厘米,宽 13 厘米,形象矫健俊美,别具风姿。奔马的身躯壮实而又线条优美、四肢修长有力、腿蹄轻盈迅捷,三只马蹄腾空而起,一只马蹄踏着翱翔的飞燕、马首昂扬挺立,一路飞驰向前。马踏飞燕构思奇特,造型优美,符合力学平衡原理,是古代中国铸造工艺高水平的代表作。

1983 年 10 月,国家旅游局正式将东汉铜奔马,确认为中国旅游的标志。1986 年,东汉铜奔马被确定为国宝级的文物;2002 年 1 月,根据《中华人民共和国旅游法》规定,正式将东汉铜奔马列入《首批禁止出国(境)展览文物目录》,该文物现存于甘肃省博物馆。东汉铜奔马是在全民尚马的大环境下的产物,是具有很高的艺术价值的青铜工艺品。汉代社会有尚马习俗,因为无论是民用还是军用,尤其是在军用上,马都是比较珍贵的社会生产资料。汉代朝廷还专门为马立"口籍",防止偷盗等纠纷;汉武帝还曾作《天马歌》,都是汉代对马给予高度重视的体现。汉代还有车马随冥器一起下葬的风俗,这说明,古代人们是将马视为财富的象征。而且,汉代在墓葬室的壁画上,经常会绘制"车马出行仪仗队"。汉代通西域,扩张国土,都离不开马,马的价值功不可没。

二 武威文庙

武威文庙,又叫孔庙或圣庙,设庙目的是为历代文人墨客祭祀孔子提供集中便利之地。武威文庙在武威市区东南角,庙宇风格高大伟岸,被赞为"陇右学宫之冠"。明正统四年(1439 年),文庙开始建造,后来历代都有扩建等维护工作,以至文庙的规模更加宏大。文庙南北走向,分为东、中、西三部分,东面是文昌宫,中间即是文庙,西面是凉州儒学府。武威文庙的建筑,极具中国古典建筑威严大气的风格,其总的建筑面积有 1500 平方米,属于全国重点文物保护单位,全国第三大孔庙建筑群。同时它还是甘肃省爱国主义的教育基地。现在的武威市博物馆，就建在文庙里面。《甘肃省武威县地名资料汇编》《甘肃古迹名胜辞典》《丝绸之路辞典》《丝绸之路文化大辞典》《甘肃大辞典》《凉州年鉴（2008）》收有词条。

三　白塔寺

地处武威市城东南 20 公里的武南镇白塔村，最早开始叫东部幻化寺，是藏语夏珠巴第寺的意思。其原本是当时藏传佛教的萨迦派法王前往凉州会谈居住的地方。寺内建筑按照藏族寺院的建制，分为塔林、塔院以及寺院等。寺院有围墙，南北长 430 米，东西长 420 米，墙基宽度为 3.1 米。

白塔寺始建于元代，在当时，是古凉州最大的一座藏传佛教寺院，所以白塔寺又被称作"凉州佛城"。白塔寺历史悠久，开建至今，已有 750 多年，与藏传佛教金塔寺、海藏寺、莲花山寺并称"凉州四寺"。公元 1247 年，为了商讨西藏之后的归属问题，西藏萨迦派宗教领袖萨迦班智达·贡噶坚赞来到凉州，与蒙古汗国皇子、西路军统帅阔端见面，于白塔寺举行了史上至今闻名的"凉州会谈"，当时萨迦就是住在这里。凉州会谈上，双方对于西藏最终归顺蒙古汗国达成了一致意见，随后，随着《萨迦班智达致蕃人书》的颁布，西藏近四百多年的混乱局面至此结束。白塔寺也因为见证了西藏被纳入中国版图的重大历史事件，而更为世人所熟知。

2001 年 6 月，为了后续可持续的发展，国务院决定，将白塔寺遗址列为全国重点文物保护单位。2006 年 8 月，国家民委将白塔寺"凉州会谈"旧址命名为全国民族团结进步教育基地，以更好地发挥它的促进民族发展的带动作用。武威白塔寺现在是国家 AAAA 级旅游景区。

四　雷台汉墓

雷台汉墓位于武威城区北关中路，是东汉晚期的大型砖石墓葬，乃"守张掖长张君"之墓，举世闻名的文物"马踏飞燕"就是在这里出土，也正是因为出土此物而更加知名。根据史料显示，雷台是前凉（301—375年）的国王张茂修筑的灵钧台，它是一个长方形土台，南北长106米，东西宽60米，高8.5米。雷台上有十座建筑，属于明清时期修建，主要包括三星斗姆殿、雷祖殿等等，建筑规格磅礴大气，又因为土台上有雷祖殿，雷台汉墓的名字便由此而来。

《资治通鉴》中记载：东晋时期，在元帝大兴四年（321年）间，雷台汉墓开始建造，"周轮80余堵，基高9仞"。1969年，在雷台下面，这个大型砖石墓葬被发现，根据考证，是在东汉晚期（186—219年）修建，墓道长19.34米，有前、中、后三个墓室，另外还有三处左右耳室，各室功能分明。墓葬里出土有231件包括金、银、铜、铁、玉、骨、石、陶器等在内的文物，在所有文物里，最为独特的是一组铜车马仪仗俑，共有99件，造型精细巧妙，属于难得的高艺术水准的文物。雷台汉墓内部还区分正寝和偏殿。正寝是用来安放墓主神坐的地方，是墓主的灵魂正常起居之处，由供奉的宫人，像对待原先的活人一样照常侍奉；偏殿属于正寝的附属性建筑，主要起墓主灵魂往这里来游乐的作用。

五 武威罗什寺

武威罗什寺，也叫鸠摩罗什寺，东晋后凉时期（386—403年）开始建造。西域高僧鸠摩罗什曾经来武威长住了十七年以宣扬佛法，同时还在这里翻译了众多佛学经典，因此后人为了纪念鸠摩罗什，兴建了这座寺院。罗什寺内有一座宝塔，塔内供奉着鸠摩罗什的舍利。唐代时期，将宝塔和寺院进行了扩建，此后的明、清两代，又分别对它们进行了修整。明代之时，罗什寺成为陕西凉州的大寺院，明正统十年的二月十五日，英宗为罗什寺院颁发了《大藏经》，并且下了一道圣谕："刊印大藏经，颁赐天下，用广流传，兹以一藏，安置陕西凉州大寺院，永光供养。"这道圣谕到如今都还保存完好，收藏在武威市博物馆里。由于长时间的岁月洗礼，罗什寺也出现了部分损坏，1934年时，得以重修。

鸠摩罗什寺除了佛教文化的底蕴，它还有着众多五凉文化的珍贵遗存。古人曾经盛赞罗什寺是"由来僧宝摇篮地"，因"弘法利生集英"而"天下名"。

第二节　张国臂掖

"甘州"是张掖古时的称呼，甘肃的省名"甘"字，就出自它。张掖东边与武威和金昌为邻，西部是酒泉的广袤地域，南部是绵延的祁连山，北部有高耸的合黎山，而张掖的整个城市处于平原中心，气候宜人。张掖的地理区位优势明显，它是丝绸之路甘肃段的重要节点城市，丝绸之路与居延古道的交汇点就是在张掖这里，是当时著名的陆路交通枢纽城市，一直有"塞上锁钥"的称号。历史上这里曾是州、郡、府、县的治所，是军镇，是省会，也曾是国都，它既是军事重镇，又是政治、经济以及文化相互交流汇通之地。

公元前121年，汉武帝命霍去病征讨匈奴，攻占西域，将匈奴打败之后，汉武帝在此设置了河西四郡之一的张掖郡，以"张国臂掖，以通西域"而得名。北朝西魏改为甘州。隋恢复郡制。唐初设州。元置甘州路。明设甘州卫。清为甘州府。1927年，张掖成县。1985年撤掉县制，改为市。从汉武帝设郡开始，一直到汉朝末年，长达300多年的时间，张掖与西域各国一直互通商贸有无，往来十分频繁，关系友好密切。唐代以后，佛教文化自南亚传入中国，主要是经过张掖，因此张掖也深受佛教文化影响。

张掖历史文物古迹遍布全区——新石器时代的山丹四坝文化遗址；汉代留存的许三湾、骆驼城、黑水国等古城遗址；汉代还有众多的古墓葬群；魏晋以来，佛教文化盛行，文殊寺、马蹄寺、大佛寺、金塔寺寺院庙宇层出不穷，石窟造像以及壁画、雕塑等艺术水平高超；明代又有古长城、烽燧堡等军事历史遗迹。这里面，又以黑水国遗址、隋代木塔、明代镇远楼等古迹最负盛名。张掖大佛寺寺内的木胎泥塑卧佛是目前东南亚最大的室内泥塑卧佛，寺内砖雕、木雕、壁画具有很浓的西夏风格，寺内藏经殿藏有明代正统十年英宗皇帝颁赐的3584卷佛经，属于中国目前保存完整的佛经之一。

张掖的历史之久远、文化之辉煌，都足以使它自信屹立于丝绸之路上，再辅之以山川秀丽、民情淳朴，所以张掖当之无愧可以称为丝绸之路上的璀璨明珠，难怪有诗人赞曰："不望祁连山顶雪，错将张掖当江南"。

一　张掖黑水国遗址

在张掖的西北12.5公里处，就是当年黑水国的遗址。黑水国东西长10公里，南北长15公里，留存久远，是新石器时期的古文化遗址，现在是全国重点文物保护单位。遗址内有一个约4平方公里规模的汉代墓葬群。它是比张掖的历史更为久远的古文化遗址，历史上曾为匈奴或月氏驻守。黑水国因黑河而得名。黑河在古代又叫作"弱水"，祁连山是其源头，黑水河的名称由来，主要是因为在河流汛期发洪水时，会有黑色的泥沙裹挟其中，因此被叫作"黑水河"。

黑水国在古时主要分为南、北两座城，两城之间，有2公里的距离。当年匈奴占领河西区域，北城开始修筑，在其后的汉代，继续统治黑水国北城。到了唐代，才开始建筑南城，在之后的宋、元、明朝代，统治者同样继续沿用这里的管制。黑水国北城是一个长方形样式，东西长245米、南北宽228米，有5.59万平方米的大小领域。城墙黄土夯筑，基宽3.8米、顶宽3米，残高5.5米，夯层厚0.2—0.25米。比较特殊的是，北城在南墙上开设了一扇宽4米的门。

二 张掖彩色丘陵

张掖丹霞地貌位于甘肃省河西走廊中段的张掖市，古为河西四郡之一张掖郡，取"断匈奴之臂，张中国之掖（腋）"之意。张掖丹霞地处面积为五十平方公里的山地丘陵地带，有色彩斑斓、各具造型的丹霞地貌。由于红色砂砾岩长期经受风化剥离以及流水侵蚀之后，会发生颜色的变化以及山体形状的改变，这就是张掖丹霞地貌的形成原因。张掖的丹霞地貌发育时间非常久远，早在距今约2亿年的前侏罗纪至第三纪，丹霞地貌就开始渐渐形成。

张掖丹霞地貌是国内唯一的丹霞地貌与彩色丘陵景观复合区，是中国丹霞地貌发育最大最好、地貌造型最丰富的地区之一，尤其是类似宫殿以及窗棂的样式，在丹霞地貌之中甚为罕见，堪称精品。彩色丘陵的色彩十分绚烂，且丹霞地貌的面积之大，在全国都是位于前列的，张掖丹霞也因此被评为"中国最美的七大丹霞"之一，以层理延绵，纹理清晰，色彩斑斓而称奇，有很高的科考和旅游观赏价值。

三 硖口古城

位于山丹县老军乡，扩建于明万历元年（1573年），总面积19万平方米，是丝绸之路上的重要驿站，位于中原和西域之间，起着重要的沟通作用。明代时期，修建的长城，也将这里设置为一个重要城障，素有"锁金川大地，扼甘凉咽喉"的说法。硖口古城现在已经属于全国重点文物保护单位。

四 张掖马蹄寺

在肃南裕固族自治县境内。马蹄寺的名字来源于一个民间传说：此前有天马在此下凡，有一只马蹄恰好落在了寺前的一块岩石上，于是一只蹄印就出现了，传说中的这个马蹄印迹，作为镇寺之宝，现在就保存在普光寺的马蹄殿里面。

马蹄寺的石窟群历史悠久，从东晋开始，后来相继经历了北魏、北周、隋、唐、宋（西夏）、元、明、清、民国，然后一直到现在，共计1600多年的历史。马蹄寺的规模还很宏大，一共包括上中下观音洞、千佛洞、南北马蹄寺以及金塔寺等七个小石窟群，将近30公里的绵延分布。每一个小窟群，又有很多洞窟，少的也有两窟，多的达30余窟，总计有70多窟。这些石窟，历史最为久远的，是晋代时期，敦煌人郭瑀和他的弟子一起开凿的洞窟，开凿的本意，是用来为郭瑀讲学隐居提供处所，后人在此窟中又增塑了佛像，更充实了石窟内容。马蹄寺石窟群，在甘肃省这个文物古迹大省中，都能榜上有名，它与敦煌的莫高窟和安西的榆林窟一起，并称河西佛教圣地的三大艺术宝窟。目前，马蹄寺已经成为一个重要景点，集石窟艺术、裕固族风情以及祁连山风光于一体，被列为国家级文物保护单位，它不仅是佛教文化的集大成者，而且是草原游牧民族的文化特色的结晶，具有很高的艺术价值。

五　张掖大佛寺

在张掖市的西南面，西夏永安元年（1098年）开始建寺，原本被称作迦叶如来寺，明永乐九年（1411年）的时候，被赐名，改为宝觉寺，清康熙十七年（1678年）时，又重新被赐名，称作宏仁寺，后期因为寺内有中国最大的室内卧佛，所以改称大佛寺，也叫睡佛寺。1996年，经过评审，国家将张掖大佛寺列入第四批全国重点文物保护单位。

大佛寺占地面积宽阔，约23000平方米，东西走向，面向西面，现在只有藏经阁、大佛殿以及土塔等中轴线上的建筑还留存于世。大佛殿正面长48.3米，纵深宽度为24.5米，高20.2米，为二层式建筑，重檐歇山顶样式。藏经阁正面长度为21.3米，纵深宽度为10.5米，与大佛殿不同的是，采用了单檐歇山顶。土塔，原本叫弥陀千佛塔，是用砖和土混合建造的覆钵式塔，主塔高33.37米。

中国最大的室内卧佛，就在张掖大佛寺，这尊卧佛形象是佛祖释迦牟尼的涅槃像。他安睡在大殿正中高1.2米的佛坛之上，佛身长度34.5米，肩宽7.5米，脚长5.2米，耳朵就能容八个人并排而坐，有将近4米长。卧佛的身后，是他的十大弟子群像，两侧还有优婆夷、优婆塞以及十八罗汉等塑像，这些彩绘塑像共有31尊。

现在的大佛寺景区，除了大佛寺这个景点之外，还有隋朝时期建造的万寿木塔、明朝时期的弥陀千佛塔和钟鼓楼以及清代的山西会馆等。大佛寺景区是丝绸之路甘肃段的重要名胜古迹群，文化底蕴深厚[①]。

第三节 河西人情

"葡萄美酒夜光杯，欲饮琵琶马上催"，知道这首唐诗的人，都把这诗同"酒泉"联系在一起。"城下有泉""其水若酒"，这便是酒泉的名字由来。酒泉与张掖、武威一样，也是汉代的河西四郡之一，是丝绸之路上的商贸、文化重镇。汉代时，这里称为福禄县，为酒泉郡治；隋朝时改为酒泉县，唐中叶后废制入了吐蕃；元朝在这里设肃州路，后来明朝时期，又改称肃州卫，清朝时期，更名为肃州；改革开放以后，酒泉地区改为酒泉市，酒泉县即改为现在的肃州区。

酒泉的自然风貌类型多样，无论是沙漠还是绿洲或是冰川，都兼而有之，此外还有茫茫戈壁、有峻拔的行道树白杨树，它们共同构成了酒泉独有的气质内在。山脉、戈壁和盆地，典型的大西北风貌，都在这里汇集，雄浑独特。冰川之巅，白雪皑皑；平原绿洲，生机勃勃；海市蜃楼，缥缈惹人醉。黑戈壁滩上的每块石头，都能讲出一个故事，它把含情的绿洲与古老的丝绸之路连在一起，好似一串绿宝石镶嵌在大戈壁坦荡的胸前。

酒泉境内还分布有260余处西部文化胜迹：千年鼓楼；被称作

---

① 中国·张掖, http://www.zhangye.gov.cn/yzzy/。

"地下画廊"的丁家闸魏晋壁画墓；汉、明古长城遗址；西汉酒泉胜迹等。

除了那些令人神往的自然、文化胜迹，酒泉人在浩漠奇山里，还创造了新时代的壮美画卷：在酒泉这片广阔的大地上，耕地面积同样巨大，多达15万公顷，此外还有466.3万公顷的畜牧草场。矿产资源丰富，惹人羡慕，目前已开发的就有48个矿种、572处矿床。亚洲第一大钨矿就在酒泉的塔尔沟；肃北县盐池湾大道尔铬矿是甘肃省最大的铬矿；在共和国的工业史留名的酒泉工业，除了酒钢，还有黑沟铁矿，它在20世纪时被酒泉的"铁山精神"发掘；新中国第一个天然石油基地就是在酒泉玉门探明。酒泉的地理区位优势也很明显，河西走廊和祁连山在它的南面，东面与万里长城的最西端嘉峪关相连，古代丝绸之路就将这里作为一个重要节点。

在这方神奇的土地上，还有举世瞩目的酒泉卫星发射中心，这里创造了中国航天史上的十一个第一：发射中国第一颗人造地球卫星、第一颗返回式人造卫星、第一枚远程运载火箭、第一次"一箭三星"等。十里长街上，绿树与红墙相互映衬，广阔的卫星发射基地，让人对我国太空事业顿生景仰。

一　锁阳城

位于安西县城东南方向大约75公里的荒滩之上，原本叫苦峪城，汉代开始建立的，唐朝时兴盛起来，清朝时期，民间将它易名，改叫锁阳城。锁阳城主城呈长方形，全城被一条南北走向的墙区分开，成为东城和西城。东城面积比较小，约为1.7万平方米，有考证说，可能用来当作征战将领和他们家属的住宅。西城相对比东城大得多，约为16.5万平方米，一说是当时军队的驻地。除了一个主城之外，另有4个瓮城，以及若干马面环绕在城的四周，起到巩固城郭的作用。有很多关厢建在城的周围，日常练兵、养马，就在关厢前面进行，因为这里地方宽阔，可以充分利用。在关厢的西北角上，还有两个小土堡，据专家推测，很有可能是当时作处罚士卒以及关押战俘之用。

在锁阳城外的东面，有一处塔儿寺的遗址。塔尔寺，是少数民族用以祭祀先祖的地方，现今庙宇建筑已经不复存在，只剩下一个大塔以及五座小塔，大塔是用土坯搭建垒砌的，有1米多高。这几座塔，原本都是白色的，经过这么多年的各种外界作用，如今已经难以看出最初的样子。现在的锁阳城，只剩下残垣断壁，城内基本都被沙丘覆盖住，生长着红柳等沙漠地带的植物。西城内现在还遗存有一口水井，相传是在唐朝之时，薛仁贵将军领兵西征，有一次被困在这个城里，因此挖了这口井，水井大约有1.5米深，据说当时水深能达1米左右。水井的旁边还栽种有两棵老柳树，据说也是在唐代时被人种下的。城西北角有一高大点将台，点将台旁有一大堆积炭层，传说是唐代哈密国元帅苏宝同占领此城时铸造兵器和起炊的遗址。锁阳城是"丝绸之路锁钥"上的一大古城，保存有完好的古代军事防御系统和农田水利灌溉系统，文化底蕴深厚。

二 阳关遗址

阳关遗址位于敦煌市南湖乡南工村西1公里的位置，又叫"古董滩"。西汉时期开始设置了这个关卡，与北面的玉门关一南一北相互呼应，也因为玉门关而更加为世人熟知。当时汉王朝设的这个关防，就是用来抵挡在其西北面的游牧民族的入侵，同时，阳关也是丝绸之路上中原与西域、中亚互通的重要交通节点。

三 酒泉钟鼓楼

在酒泉的市中心，有一座钟鼓楼，沿着它的木质楼梯步步向上，抬首四望，整个德昌城郊的景色都一览无余。酒泉钟鼓楼最早是在东晋穆帝永和年间（346—353年）创建的，在这之后，前凉王朝的酒泉郡太守谢艾，主持重修了当时还叫作福禄县城的酒泉城，钟鼓楼就作为福禄县城的东城门而存在。钟鼓楼当时也被叫作"谯城"，是守城的戍卒夜晚防寇报警巡逻、报时以及打更的地方。

同治二年（1863年）毁于火灾，现存的鼓楼，是在清朝光绪三十一年（1905年），在原来的基础之上重修再建的。酒泉钟鼓楼的建造，代表了古代人民建筑水平的一大成就，是劳动人民智慧的体现。

四 酒泉航天城

1958年，为了新中国的航空航天事业的长足发展，酒泉发射中心开始建立。在20世纪80年代的中期，发射中心开始对外界开放，但是这里需要取一个对外的正式名称，这个名字需要体现发射中心大概的地理位置，同时不管在国内还是国外，这个地方都需要具有一定的知名度。因为酒泉市位于酒泉卫星发射基地约200公里的地方，而阿拉善盟是在基地直线距离约500公里的地方，酒泉市更为便利，且具有较大的名气，因此最终酒泉就成为卫星发射中心的基地城市。

酒泉卫星发射中心在中国航天史上的地位举足轻重，它的创建时间最早、规模最大，是一个集导弹研发、卫星发射中心于一体的综合型基地。这里测试及发射的航天器数量和种类都很多，例如载人飞船、中低轨道的各种试验卫星以及长征系列运载火箭等等，基地不仅负责研发与发射各种航天器，对各种协助工作也都很注重，例如航天员应急救生、航天器残骸回收等等。酒泉卫星基地自1958年10月20日成立以来，成绩斐然，中心先后执行了各类航天发射任务共110多次，成功送上太空的，除了145颗卫星、11艘飞船之外，还有11名航天员。

2017年3月，国家旅游局、中国科学院共同决议，将甘肃酒泉卫星发射基地评为"首批中国十大科技旅游基地"之一，以发挥它的后续科技创新、科普教育等功用。同时为了更好地保护好基地发展，2018年1月，酒泉卫星发射中心被列入"中国工业遗产保护名录"。

第四节　戈壁雄关

丝绸古路自古以来留给世人的就是"黄沙漫天""茫茫戈壁"等苍凉辽阔的印象。在这荒凉的戈壁之中，人们常常会展开想象，去用精神创造一个无限魅力的秘密花园，而这个花园的底色依旧是苍凉的戈壁，这座花园最完美的落脚之地正是嘉峪关。

嘉峪关市坐落在甘肃省的西北部，地处河西走廊中部，东边是河西重镇酒泉市，距离省会兰州大约776公里；西边是石油城玉门市，距离新疆哈密大概有650公里；南边是祁连山，并且与肃南裕固族自治县接壤；北边是黑山，并且与酒泉金塔县和内蒙古额济纳旗相连接。嘉峪关市的创建得益于1958年国家的第一个五年计划，当时有一个重要的项目是"酒泉钢铁公司"的建设，依托该项目嘉峪关市迅速兴起，进而发展成一座新兴的工业旅游现代化区域中心城市。嘉峪关市是一个年轻的城市，在历史上无郡县设置的经历，在1965年才设市，1971年经国务院批准为省辖市。

嘉峪关市最著名的便是万里长城的西端起点，其实它也是古"丝绸之路"的交通枢纽，在这里，两千多年前开辟的中国与西方经济文化交流的"丝绸古道"遗迹以及历代兵家征战的"古战场"仍旧依稀可见。这里也是中国丝路文化和长城文化的交汇点，嘉峪关获得的称号也非常之多，素有"天下第一雄关""河西重镇""边陲锁钥"等称呼，嘉峪关的历史文化资源也相当丰富。

说到嘉峪关的风景，这里有雄伟的汉代和明代万里长城，也有保存完整的嘉峪关关城，还有长城第一墩、悬壁长城等景观，除了军事要冲，嘉峪关还有展现古代游牧民族社会生活的黑山岩画和国家重点文物保护单位魏晋墓地下画廊等一系列的人文古迹。嘉峪关的自然风光也是秀美异常，这里有亚洲距城市最近的七一冰川及祁连积雪，还有瀚海蜃楼等独具特色的西部风光。如果喜欢运动，嘉峪关也有不错的去处，被誉为世界三大滑翔基地之一的嘉峪关国际滑翔基地便坐落在这里，另外它还是国家AAAAA级关城文化旅游景区。

巍峨的高山、壮观的冰川、狂野的沙漠、纯美的湖泊，以及幽深诱人的林木与峡谷，加之无与伦比的人文古迹，嘉峪关以此创造了更多的奇迹。

一 嘉峪关关城

嘉峪关关城处在嘉峪关市西南处大约6公里的地方，这里是嘉峪关最狭窄的山谷中段，同时关城位于地势最高的嘉峪山上，整个城关横穿戈壁，向北8公里左右到达黑山悬壁，向南7公里左右到达天下第一墩，嘉峪关是明代万里长城的西面开端，战略地位突出，自古便为河西第一隘口，这里也是明代长城沿线关隘中最雄险的一个。嘉峪关始建于明洪武五年（1372年），建造时间漫长，历经168年（1372—1539年），最终建设成一座完整的关隘，幸运的是，至今仍旧保存完好。

嘉峪关的组成比较简单，内城、外城、城壕三道防线便是它全部的构造了，虽然简单却成重叠并守之势，壁垒森严，并且与长城连为一体，形成五里一燧、十里一墩、三十里一堡、一百里一城的完整的军事防御体系。其中的内城是关城的核心，内城周长约640米，面积约2.5万平方米，城高约10.7米，建造材料是黄土，建筑方法是夯筑，城的西侧用砖包住墙，增加坚固程度。内城有东西两个门，东边的叫"光化门"，意思是紫气东升，光华普照；西边的叫"柔远门"，意思是怀柔而致远，安定西陲。门台也有建筑，东、西门各都有一个瓮城围绕，西门外边有一个罗城，罗城和外城南北墙相连，上面有"嘉峪关"三个字的牌匾，整个嘉峪关建造完善，守备设计高明，有"天下雄关""边陲锁钥"之称。

二 大美祁连

"祁连"这两个字出自匈奴语，因为匈奴将天称呼为"祁连"，所以祁连山也就是匈奴的"天山"。祁连山脉绵延甚广，中国青海省东北部以及甘肃省西部边境，都是祁连山的山脉，它的地位很高，是我国境内著名的山脉之一。整个山脉基本沿西北至东南绵延，野马南山、党河南山、托来山、土尔根达坂山、托来南山、大雪山、宗务隆山、柴达木山以及疏勒南山等，都是它的子山脉。祁连山东西长约 800 公里，南北宽 200—400 公里之间不等，4000—6000 米的海拔高度，同时拥有众多的冰川，达 3306 条，山脉面积广阔，约为 2062 平方公里。祁连山脉中最高的山峰是疏勒南山的团结峰，5808 米的海拔。由于山峰的海拔超过 4000 米的话就会终年积雪，所以祁连山脉的雪山很多，哪怕是山间谷地，海拔也基本都在 3000—3500 米之间，整个祁连山很是高绝。祁连山的西端，与当金山口以及阿尔金山脉遥相呼应，祁连山东端一直延伸到黄河谷地和六盘山、秦岭对视。酒泉市与柴达木盆地之间，是祁连山脉最宽的地方，宽度达 300 公里。

因为整个祁连山脉蕴藏着众多质量上乘的矿藏，例如铬铁矿、石棉矿、铜铅锌以及黄铁矿等多种矿产，所以一直以来，祁连山都有着"万宝山"的称号。它的矿藏里面，尤以八宝山的石棉最为出名，它是我国稀有的"湿纺"的原料。由于高海拔的影响，整个祁连山区的气候湿润凉爽，牧草生长得很是茂盛，尤其是在海拔 2800 米以上的大片地方，有很多草原分布，这也是祁连山的畜牧业发展可观的原因[①]。2017 年，中国在祁连山地区开始了祁连山国家公园创建的试点工作。

三 万里长城第一墩

万里长城第一墩，在当地被叫作讨赖河墩，它的全称是明代万里长城第一墩，长城第一墩屹立在讨赖河边近 56 米高的悬崖之上。长城第一墩是嘉峪关西边长城最南端的一座墩台，始建于明嘉靖十

---

① 铁穆尔：《"印象陇原"大美祁连山》，《甘肃日报》2018 年 8 月 13 日。

八年（1539年），史料记载是由肃州兵备道李涵监筑，也是目前长城沿线建筑规模最壮观、保存最完整的古代军事关隘。长城第一墩与山海关老龙头有异曲同工之妙。长城第一墩北距关城约75公里，建于险要之处，易守难攻，号称"天下第一险墩"。

　　长城第一墩的南面是美丽的祁连山，长城第一墩的北面是陡峭的黑山。在这两座山之间是一片峡谷地带，这片区域大概有15公里宽，地势险要，古代称作河西第一隘口。嘉峪关也地处在两山之间，建造在这片峡谷之中，自古以来也是兵家必争之地，在这里爆发了很多战争。征西将军冯胜沿途巡视看中了嘉峪关这一咽喉之地后，开始驻兵镇守并有了修建堡垒的想法。著名的长城专家罗哲文先生曾写过一首诗："嘉峪关，雄险画皆难，墩堡遥遥相互望，长城道道连关山，猿臂也难攀"，写得非常传神。如果说长城是一条龙的话，那长城第一墩就是龙头，渤海之滨的"老龙头"就是龙尾，中间的无数墩台就是龙身，无数的墩台共同成就了中华民族"龙"的美名。

四　悬壁长城

　　嘉峪关关城北面8公里处有一座石关峡，石关峡北面是黑山北坡，黑山北坡上修建的长城就是悬壁长城。明嘉靖十八年（1539年），为了巩固嘉峪关的关防，当时在此地驻守的肃州兵备道李涵巧花心思，于暗壁之外的山头上，修筑防御工程，即一条长达15公里的片石夹土墙。该工程在嘉靖十九年（1540年）终于完工，此后，嘉峪关的关城防御更加严密。因为这道城墙从山上自上而下陡降，所以当时人们就将它称为"断壁长城"。又因为城墙在山脊上就像是长城倒挂在上面，所以又被称为"悬壁长城"。悬壁长城的原墙，现在只剩下一截，城墙底宽4米左右，上边宽2米左右，高度并不齐，均在0.5—6米之间，片石厚度为10—15厘米，土层厚度达10—12厘米。现存的750米长城已经被修缮过多次了，其中有231米城墙依旧悬挂在陡峭的山崖上，山崖高150米，倾斜度为45°，这片城墙高达6米，其建造材料片石和土层依然很是深厚。经过重修之后，在原本的墙头之上，又增筑了垛墙和宇墙，另外在城墙的首尾处，各添筑了一座墩台，在首墩以及山坡上，都修建有台阶式一级一级的道路，现在游人可以沿梯向上，在平坦的地方，就如同平地一般，然后险峻的地方又如在攀登绝壁，与北京的八达岭长城倒是有几分相似。因为悬壁长城的万分陡峭，后世有诗称赞道："万里长城万里关，迭障黑山暗壁悬。"

五 "七一"冰川

1958年7月1日，中苏专家联合发现了一座庞大的冰川，由于当时这座冰川并没有被命名，所以科学家们就以发现的日期来为它命名。"七一"冰川地处甘肃省嘉峪关市西南116公里处的祁丰藏族乡境内，这里也是祁连山的腹地，从酒泉或嘉峪关出发，大约两小时即可到达"七一"冰川脚下的营地。作为可游览的冰川，"七一"冰川与城市的距离，在整个亚洲，是最近的一座。

据考证，"七一"冰川形成于约2亿年以前，冰川营地海拔高达3700多米，从营地出发，只需向前再行进5公里，便到达了"七一"冰川的冰舌前沿位置，这里的海拔高达4300米。整个"七一"冰川斜挂在一个山坡之上，山坡倾斜角度并不大。冰川全长大约3公里，冰层较厚，平均在78米左右，最厚处能有120米。冰川的冰峰位置海拔最高，有5150米。同时"七一"冰川还是一个巨大的固体淡水水库，它的年储水量达1.6亿立方米左右，融水量在70万—80万立方米之间。

其实在广大的祁连山脉里还有很多冰川，整个祁连山冰川储量达1145亿立方米，冰雪融水为河西走廊绿洲提供了水源基础，祁连山冰川也被誉为"高山水库"。而著名的"七一"冰川，也仅仅是祁连山众多冰川中的一处。

第五节　大梦敦煌

敦煌的敦有敦厚壮实的意思，寓意基础牢靠；敦煌的煌有大批圣徒点燃篝火欢庆之意，故敦煌可理解为在敦厚的基础上举办盛大舞会之意。敦煌一词最早出现在《史记·大宛列传》中，自汉武帝正式在敦煌建制，敦煌已经有两秸百多年的历史。到了唐朝，敦煌随着国力到达顶峰也有了新的发展，作为文明交会之地的一大都会出现在世人眼中，自此敦煌成为丝绸之路上不可或缺的一粒珍珠。进入明朝，中央对敦煌的控制进一步加强，政府在这里设立了沙洲卫，与关外其他六卫一样统辖敦煌。到了清朝，随着中央集权到达顶峰，敦煌被改制成县，自此与国内万千县市无异。进入新时代，敦煌仍然是幸运的，1979年敦煌成为国务院第一批对外开放城市，1986年又被授予"中国历史文化名城"称号，1987年敦煌进一步发展，撤县改市，直至今天敦煌仍然是甘肃酒泉下辖河西走廊最西端、新甘青交会处、风景秀丽、底蕴雄浑的著名县级市。

敦煌历史底蕴雄厚，地理上它是中西交会的枢纽，军事上它是中原经略西域的重镇，政治上它是西域中心城市也是重要国际都会。敦煌的优秀文化背景，也引起了著名学者季羡林的注意，老先生曾经专门称赞过敦煌是中国文化体系的集大成者。季先生认为，当今世界上称得上历史悠久且影响深远的文化体系只有四个：中国、伊斯兰、希腊和印度，此外再没有第五个；而敦煌，却是这四个文化体系汇流之地，可见敦煌的文化底蕴之深厚。

提起敦煌人们首先想到的便是莫高窟，不错，没到莫高窟就等于没到敦煌，莫高窟被称为东方卢浮宫，又被称为千佛洞，是中国古代壁画和雕塑艺术的大成之作，是西北旅行不可错过的一站。但是敦煌的奇观可不只仅仅是莫高窟，鸣沙山和月牙泉同样神奇，很难想象在大片平滑昏黄的沙山之间一汪清泉是如何存续千年的，唯有月牙泉边上的胡杨和沙柳是它忠诚的卫士，相伴孤寂坚守千年。

除此之外，再无故人的阳关、不度春风的玉门关也都坐落在敦煌，索性我们不是仅仅能在诗词中认识它们，颓败的残垣在倔强中屹立千年，它们都在默默地诉说当年。敦煌，有丝路的繁华，也有艺术的结晶；有自然的奇异，也有历史的壮阔；敦煌，不可不来。

一　玉门关遗址

玉门关得名于和田玉，据说关外的和田玉就是从此处入关的。玉门关现在的遗址位于敦煌西北 80 公里处，现在已经是一片戈壁滩了，古代它曾作为长城西端重要的堡垒，也是古时丝绸之路上的必经关卡，岁月变迁，沧海桑田，玉门关已不复当年雄壮了。

现在的遗址隐约可以辨认出城郭，东西 24 米，南北 26 米，城墙高约 10 米，在西墙和北墙上还能看出城门的样子，城外有古代铺设的"高速公路"，那是古代中原通往西域的国道，修造精良，代表了古代高超的基建水准。

此外，这里还出土了很多文物，大多是汉代日常生活用具，有毛笔、砚台、丝织品等，也有一些狩猎用具，还有一些粮食和竹简，竹简上记录了很多汉代的檄文、奏记等，为研究汉朝提供了宝贵的史料[①]。值得一提的是这里还出土了西汉的纸张，这比蔡伦改进造纸术早了 100 多年。

二　榆林窟

榆林窟得名于榆林河，因为开凿在榆林河两岸的石壁上，所以命名为榆林窟。榆林窟是敦煌石窟群的主要石窟，它得到了历史上太多朝代的积淀，其中第 25 窟中的唐代壁画令人叹为观止，是古代壁画艺术的巅峰之作。正是由于它丰厚的历史积淀，其中唐、五代、宋、西夏、元朝的遗迹众多，因此在 1961 年被国务院批准列入首批重点文物保护单位。

---

① 甘肃省文化和旅游厅：《一座玉门关，半部河西史》，《微游甘肃》2019 年 2 月 1 日。

从艺术的角度来看，榆林窟承莫高窟一脉，无论是艺术风格还是表现手法都颇具匠心，至于首创年代已经无从考证了，不过可以确定的是在隋唐之前榆林窟就已经存在了，后世不断的完善和改进，最终成就了现在的榆林窟，从考古的角度来看，唐宋元等各朝都对其进行过大规模的兴建。

三　敦煌莫高窟九层楼

敦煌莫高窟的九层楼也是一个著名的景点，其实一开始只有两层，后来的七层是后期不断修复加固的。至于现在展现在游人面前的样子是1986年敦煌研究院斥资加固重建的。现在的九层楼屹立于山巅，气势恢宏，位于整个莫高窟群的正中，作为最高的建筑俯瞰众多古迹，大有山高我为峰之意。

不过九层楼最著名的却不是楼本身，而是楼里的乾坤。在楼里供奉着的是中国室内第一大弥勒佛像。这尊佛像颇为圆润，充满着女性色彩，据文献记载是武则天执政时期修建，这就是时代背景对人文古迹影响的实例吧。

四　月牙泉

说到月牙泉，它获得的称赞可就太多了，最著名的自然是沙漠第一泉，从汉朝开始便声名在外了，也成了"敦煌八景"之一，月牙泉在敦煌西南处，与鸣沙山毗邻，泉水不大，南北长约100米，东西宽约25米，最深处不过5米，从体型来看不过是一个小水塘罢了。这个小水塘里长有一些藻类植物，水塘周边有芦苇，这些布景实在普通，然而这整个布置若安放在一片沙丘当中，千年不涸，那便足以称得上是奇观了，沙和泉这对组合相得益彰，后世赞曰："山以灵而故鸣，水以神而益秀"。月牙泉自古以来就是敦煌景色的明珠，后与九层楼、莫高窟并称敦煌城南"三大奇迹"，成为中国乃至世界人民向往的旅游胜地。

五　西千佛洞

西千佛洞地处莫高窟之西约 35 公里处，洞中佛像林立，故得名西千佛洞。千佛洞开凿在党河河岸的悬崖上，由于地势较为陡峭，大多景观都需要在崖底仰望，观赏难度大为提升。不可否认的是千佛洞依然具有很高的艺术价值，据敦煌莫高窟中的文书记载，千佛洞的开凿时间要早于莫高窟，千佛洞的构造、设计、壁画色彩与艺术风格皆与莫高窟相似，因而也被认为是莫高窟的姊妹窟，由于保存不善，现在仅有九个石窟可以观赏，这些石窟大多是北魏时期建造，不过其中有一座石窟记载着一篇佛教发愿文，其中有七十多字可以依稀辨认，这是北魏时期的书写真迹，极其珍贵，具有很高的考古价值。

六　雅丹国家地质公园

敦煌雅丹国家地质公园这个称谓太过官方，民间称其为敦煌雅丹魔鬼城。魔鬼城苍凉壮阔，酷似魔鬼居住之地，现在也是敦煌西线旅游的重要一站了。"雅丹"一词源自维吾尔语，意思是陡峭的小山包，这个描述确实很贴切，现在这个词语也泛指一些干燥的地貌。雅丹国家地质公园面积大约 346.34 平方公里，东西长约 25 公里，南北宽约 13 公里，它形成的主要原因是风蚀作用，直至今天公园里的风依旧很大，经过漫长的岁月侵蚀，地质遗迹景点众多，多达 70 余处。

新中国成立之后，魔鬼城的开发更加受到了重视，开始变得更加正规化。2001 年的时候，国土资源部专门批准建立"甘肃敦煌雅丹国家地质公园"，为了更好地保护当地的雅丹地貌；2003 年，这个国家地质公园开园揭碑，正式开放，游人可以进入参观；2006 年，为了发展旅游，普及地貌知识，"甘肃敦煌雅丹国家地质公园"又被国家旅游局评定为 AAAA 级旅游景区；在这之后，该公园又不断获得了更多殊荣，例如国土资源部又将其批为科普基地、甘肃省的科普教育基地、省级地质遗迹自然保护区等等。另外，雅丹国家地质公园还经常出现在影视作品里，像《海神》《天脉传奇》《英雄》以及《七匹狼》等优秀影视作品都来此取景，雅丹的风景着实引人入胜。敦煌雅丹国家地质公园的大漠风光独特，地质景观奇异，又有丰富的民间传说，吸引了无数游客和探索者，来探寻大自然的奥秘。

七　敦煌影视城

敦煌影视城别名"仿宋沙州城""敦煌电影城"，敦煌影视城位于敦煌市西面，距市中心大约16公里处的戈壁上。敦煌影视城的设计参考了《清明上河图》，也参考了其他的一些中国古代建筑，是众多设计师精心设计建造而成。敦煌影视城有东、西、南三个门，城楼很高，城里有五条大道，分别命名为高昌、敦煌、甘州、兴庆和汴梁，敦煌影视城建筑面积大约有1.27万平方米。

敦煌古城历史悠久，最开始的时候是汉朝的敦煌郡，当时建造在党河中下游的绿洲上。唐朝的时候设立了沙州郡，元朝的时候又设置了沙州路，到了明朝便设置了沙州卫，建城的地方一直选在最初的绿洲上。西北师范大学教授李并成考证推测，可能是赵破奴命令士卒向西前进两千里，又从周边调集人力修建了敦煌要塞，同时也一起修建了敦煌绿洲外围的土河、塞城以及马圈口堰水利枢纽。[①]

[①] 高亚芳、王力：《一张图表看懂丝绸之路》，中华书局2016年版。

第四篇

未来展望

第十七章

历史契机:甘肃勃兴的区位优势及资源优势

进入新时代,随着"一带一路"倡议的提出和逐步落实,甘肃自身的区位优势逐步凸显,地位越来越重要。现在甘肃是丝绸之路的必经之地,逐渐成为东部沟通西北、西南的交通要道;甘肃处于草原和荒漠气候交接带上,保护环境对整个东部意义重大,现在作为东部的生态屏障地位突出;甘肃的农业资源丰富,生产的很多特色瓜果享誉全国;甘肃的矿产资源丰富,是全国重要的有色金属冶炼基地;甘肃的历史文化资源丰富,文物众多,是全国重要的学习基地;甘肃周边少数民族聚居地众多,是维护民族团结的重要地区。

第一节 区位优势

甘肃省东邻陕西省,南与四川省、青海省接壤,西部与新疆相邻,北部与内蒙古和宁夏连接,与蒙古国交界,是西部地区唯一具有承东启西、南拓北展区域优势的省份。

甘肃省交通位置十分重要。新亚欧大陆桥贯穿全境,是连接亚太地区和亚欧地区乃至大西洋地区的重要通道。省会兰州是西北最大的交通通信枢纽和网络中心,是全国12大主干交通枢纽之一,兰新、包兰、陇海、兰青等4条国家铁路干线以及6条国道在此交汇。

甘肃地处黄土高原、青藏高原和内蒙古高原三大高原的交会地带，是黄河、长江上游的重要水源补给区，是防止水土流失的关键地区，是遏制沙漠扩张和风沙肆虐的战略前沿，也是三北防护林体系建设重点省区之一。

甘肃连接着关中平原和青藏高原，四川盆地和新疆绿洲，中亚各国物产丰富，有色矿物储量居世界前列，农产品更是物美价廉，随着"一带一路"倡议的逐步落实，中亚各国的货物会通过新疆然后经过甘肃最后流向东部和南部，甘肃作为运输的重要通道战略地位越来越突出，甘肃必定会为各国以及中国的货物输送、文化流动贡献自己不可或缺的力量。

第二节 资源优势

地处黄河上游的甘肃，是一个能源及矿产资源十分丰富的省份。除水力、煤炭、石油、天然气、地热、太阳能和风能等能源资源外，有色金属、黑色金属、化工原料、冶金辅助原料、建筑原料和其他非金属矿藏，也都比较丰富。目前已发现各种矿点2400多处，探明储量的有80余个矿种，矿产地580余处。其中大中型矿124处，有24个矿种探明储量居全国前6位，有10种居首位。甘肃省光能资源丰富，利用丰富的光照资源，是甘肃经济发展，特别是农业发展的一大优势，发展温带高糖作物，是本区农业发展的首选。

甘肃省在西部的地理位置，使其在中国对外交流史上具有重要地位。因此，在甘肃境内留存有大量对外交流的历史遗迹，如：古丝绸之路、敦煌莫高窟、天水麦积山石窟等，以及武威、平凉、张掖等历史文化名城，这是发展文化旅游业的重要文化资源。沿着丝绸之路一路前行，我们可以看到有着"道源圣地"之誉的崆峒山、有"东方雕塑馆"享誉的天水麦积山石窟、藏传佛教格鲁派六大宗主寺之一的拉卜楞寺等世界文化遗产,还有被称为"天下第一雄关"之称的嘉峪关、"东方艺术宝库"之称的莫高窟……这里更是出土了大量的文物,其中有著名的东汉铜奔马,还有纸张书简,这些都是研究古代文化的重要凭证。不光有这些实物,甘肃的很多地方甚至已经熔炼进了每个中国人的精神世界中,提起阳关,便会想到"西出阳关无故人";提起玉门,便会想到"春风不度玉门关",开拓进取的铁人精神;提起会宁,便会想到红军长征会师的伟大壮举……千年来的征战让甘肃蒙上了一抹雄浑和激昂,甘肃还是中国人心中大雪满弓刀的甘肃。

第十八章

战略布局：打造丝绸之路经济带甘肃黄金段

站在新的起点上，甘肃省将以丝绸之路为契机，充分发挥自己的区位优势和深厚历史文化底蕴，通过构建三大平台、五大工程、六大窗口、八大节点城市，最终实现打造丝绸之路经济带甘肃黄金段这一大目标。

第一节 三大平台

甘肃省将以丝绸之路经济带建设为契机，打造经济、文化和经贸合作三大战略平台。

以兰州新区为重点的向西开放经济的战略平台。推进企业出城入园和产业集聚，加快兰州新区综合保税区、兰白承接产业转移示范区、兰白科技创新改革试验区建设，积极争取设立中国（兰州）自由贸易园区，建设支撑丝绸之路经济带的重要增长极和向西开放的战略平台。

以丝绸之路（敦煌）国际文化博览会和华夏文明传承创新区为重点的文化交流合作战略平台。举办丝绸之路（敦煌）国际文化博览会，加快华夏文明传承创新区和敦煌历史文化名城建设，突出敦煌文化、丝路文化、始祖文化、黄河文化、民族民俗文化等人文资源优势。

以中国兰州投资贸易洽谈会为重点的经济贸易合作战略平台。加强与丝绸之路沿线国家和地区的经贸交流合作，举办高端论坛、企业家论坛、专题峰会等活动。

第二节 五大工程

甘肃省将重点完成下面五大工程。包括基础设施建设、经贸技术交流、人文交流合作、生态屏障建设和提升金融创新水平。

一 基础设施建设

不断推进基础设施建设的加强，从而促进其与丝绸之路经济带上的沿线国家和城市的沟通与交流。将兰州建设成为面向中亚、西亚等地区国家的国家级综合交通枢纽，从而实现为全国服务的目标，为了实现这一目标兰州要扩建机场和高铁站，力争成为全国重点的航空港和铁路公路交通枢纽。同时像嘉峪关、敦煌这样的重点城市也要顾及，要有配套的能够满足市场需求的机场铁路和公路。城市交通也要前瞻性规划，要加快修建地铁缓解城市地面交通的压力。

二 经贸技术交流

其中包括口岸建设能够得到迅速地推进，加强对兰州新区综合保税区的运营管理，将武威保税物流中心升级为综合保税区，实现嘉峪关机场口岸的对外开放和马鬃山口岸的复关。同时，甘肃将充分发挥石油化工、装备制造、有色冶金等传统领域的技术优势，加强与境外产业的合作，多方面吸引投资。当然甘肃还需要将铜冶炼、钢铁、水泥、电解铝等产能相对富余、行业技术相对成熟的优势，向产能相对不足但投资环境更加宽松、连接通道更加便利的国家和地区转移。

三 人文交流合作

充分发挥有色冶金、机械电子、石油化工和新材料、新能源、荒漠化防治、高效设施农业、旱作节水技术等领域的技术优势，与"一带一路"沿线国家共同建设研究中心、农业科技园区、技术推广示范基地以及技术转移中心，将甘肃省的先进技术输出到沿线国家和地区，加强与其他地区的交流与合作。另外，丝绸之路（敦煌）国际文化博览会、敦煌行·丝绸之路国际旅游节、兰洽会等大型节会平台可以作为甘肃发展人文交流的重要依托，促进甘肃节会和展会经济的迅速发展。

四 生态屏障建设

建设西北地区乃至全国的重要生态安全屏障，有利于促进绿色丝绸之路的打造。中国将逐步完成祁连山地区、"两江一水"、渭河源区等地区的重大生态保护项目以及重点生态工程项目，从而实现对河西的内陆河、中部的沿黄地区、南部秦巴山、陇东陇中黄土高原、甘南高原等五大片区进行分区域综合治理。另外，甘肃将加强与沿线国家的生态安全建设和环境卫生保护的国际交流合作，充分发挥甘肃在野生动植物保护、内陆河流域生态治理、雨水集蓄利用、风沙源防护林建设等方面的技术优势。

五 提升金融创新水平

甘肃将进一步提高金融创新水平，加大政府对金融政策的支持力度。另外，还将提高金融产品与服务创新水平，积极引导金融机构能够根据不同类型的涉外企业和项目的信贷需求特征，完善金融产品与服务创新，最终能够成功打造出多元化、个性化以及专业化的金融产品。

第三节　五大联通

一　政策沟通

在政策沟通方面，甘肃将进一步巩固和深化已有的成果。一方面，甘肃将作为中国与其他国家交流的桥梁，继续加强与沿线其他国家的战略对接，借助国家之间最高层次的政策沟通和协调，继续夯实政治基础，共同推进丝绸之路建设。如果相关国家国内形势能够保持相对稳定，国家之间的战略对接就将继续平稳推进。另一方面，在战略对接局面相对稳定的前提下，甘肃将进一步细化发展战略，将战略对接层次从宏观层面向中观层面甚至微观层面递进，从省级层面向地方政府层面甚至企业层面过渡，从省级政府层面向具体的业务部门过渡，从宏观项目向具体项目过渡，从中长期规划向具体到每一个阶段的规划过渡，从最高层次领导人的接触向地方各层次人员实现全面接触过渡。在过渡过程中可能会产生很多的具体问题，这些问题能够推动具体合作项目层面的政策沟通持续进行。在政策沟通方面，中国与俄罗斯、哈萨克斯坦等亚欧国家可能会较先取得进展。

二　设施联通

甘肃省内的各市，已经对道路交通等基础设施建设率先做好了规划，对与其他国家的设施联通目前整体上仍处于规划和试运行阶段。中国政府有着雄厚的资金和技术条件，来支撑实现设施联通。因此设施联通将来应该是最有可能、争议最小、成绩最为突出的领域。甘肃将完成基础设施的建设，实现甘肃与沿线国家互联互通的通道建设，同时也能够推进丝绸之路经济带甘肃段地区和新型城镇化建设对区域空间布局的要求。甘肃将围绕兰（州）白（银）、金（昌）武（威）、酒（泉）嘉（峪关）、张掖、天水、敦煌、定西、平（凉）庆（阳）等重要节点城市，建成横贯全省东西向的国际化陆桥大通道以及贯通南北向的运输通道等两大交通项目；如果能够完成综合交通运输枢纽的建设，那么兰州作为国家级综合交通枢纽的地位将大幅提升。兰州市可以依托高速公路和普通国道绕城环线建设，进一步完善兰州都市圈的公路交通网络建设，整合已有的道路运输场站，实现兰州国家级公路运输枢纽的建设。另外可以围绕兰州东川货运中心和兰州铁路综合货场，打造兰州东川铁路国际物流中心，统筹兰州新区物流园区建设，建设能够面向中亚、西亚以及欧洲等地区的国家，服务全国的铁路综合枢纽。除此之外，还要依托兰州的中川机场，建设重要的航空枢纽促进甘肃的对西开放，实现甘肃省内公路、铁路、民航等多种交通运输方式的货运无缝衔接和客运零距离换乘；实现现代交通物流设施建设。甘肃省内将完成兰州新区综合保税区物流园区和兰州国家级区域物流基地建设、区域性物流中心建设、武威国际陆港建设等重大项目，使得甘肃省能够实现物流的畅通无阻。

三　贸易畅通

甘肃未来将进一步深入开展经济贸易合作，深入巩固扩大已有的经贸成果。目前来看，甘肃与丝绸之路沿线国家的经济贸易交流合作的程度不一、规模不等，有些领域的合作已经初见成效，但是有的领域的合作目前仍处于规划和谈判的阶段，因此未来甘肃与沿线国家的经济贸易合作，一方面需要继续巩固已有的良好成果，形成示范效应，从而减少未来的发展阻力；但另一方面也要根据目前的实际情况，及时调整与其他国家贸易合作的内容，优化合作结构。目前，借助政府间的推动，甘肃与丝绸之路沿线国家之间的贸易合作规模不断扩大，质量也在逐步提升。但是当前的经济贸易发展主要是得益于政府这只"看得见的手"提供的便利条件，甘肃将来与丝绸之路沿线国家之间的贸易合作，还需要经受得住市场这只"看不见的手"的考验，才能实现长久的、稳定的"贸易畅通"。

四 资金融通

目前来看,甘肃"丝绸之路经济带"合作发展的资金投入已基本到位,相应的金融机构也已成立。因此未来资金融通的重点就在于决定向哪些领域投资,如何才能用好这笔资金促进甘肃的经济发展。随着甘肃与丝绸之路沿线国家经济贸易的进一步发展,将会陆续出现一些新的投资领域和合作项目,在使用资金的过程中将进一步透明化、规范化和具体化。在"一带一路"国际高峰论坛上,在未来资金的融通过程之中,将会诞生一些更加具体的规则、公约等,从而使资金的使用、融通能够更加规范化、制度化。此外,随着资金政策的实施,项目的发展,金融合作平台也可能发生重组。将会出现内容更加具体、细化的金融平台。以后,人民币国际化、互设金融机构等内容,可能会成为新的亮点。

五 民心相通

从目前的情况来看,甘肃省与沿线国家的"民心相通"主要是依靠甘肃省政府投入的大量物资以及颁布的各种优惠政策。当前政府在"民心相通"建设的过程中起着主导作用,而民间的交流还没有形成有效的影响。就未来发展趋势来看,政府与政府之间所签订的合作协议已经为未来的民心相通奠定了基础。在政治上,甘肃与"丝绸之路经济带"沿线大多数国家能够友好相处,人文交流的机会也在逐步增多,但是丝绸之路上的沿线国家与甘肃的相互了解程度,尤其是民间的相互了解程度,并不如从距离上看更遥远的欧美国家。甘肃政府未来将提供丰厚的物质条件以及更低的门槛,来吸引大量的丝绸之路沿线国家人员来甘肃进行学习与交流,但考虑到甘肃省的教育质量及其在国内外的认可程度,愿意前往甘肃省的"丝绸之路经济带"沿线一些发展中国家接受教育的人数仍然不多。未来甘肃与"丝绸之路经济带"上的沿线国家的"民心相通"将更多地取决于甘肃省将如何与丝绸之路沿线国家开展交流与合作,如何向沿线国家传递有效的信息。未来甘肃将深入与丝绸之路沿线国家在文教交流、媒体互通、旅游等方面的交流合作，努力获得"丝绸之路经济带"沿线国家客观公正的认识。

第四节　六大窗口

甘肃省将依托中国已在"丝绸之路经济带"沿线国家建立的境外经贸合作区和产业园区，建设以面向六大国际经济走廊多国为重点的经贸合作与人文交流的对外窗口。

一　新亚欧大陆桥经济走廊

新亚欧大陆桥在我国境内东起江苏连云港，途经河南陕西等省份到达甘肃兰州，兰州作为一个重要的中转站大有可为之处，该铁路出国之后又经过中亚国家，最终抵达俄罗斯的莫斯科，继续延伸到圣彼得堡，从波罗的海出海，这是一条纵贯亚欧大陆的经济动脉。位于该走廊西段的甘肃省将借助能源和矿产资源优势，努力开展与沿线国家的贸易交流与合作。

二　中蒙俄经济走廊

中蒙俄经济走廊指的是中国辽宁省、京津地区、内蒙古甘肃地区、蒙古国和俄罗斯等广大地区互通有无的经济合作带。此条经济走廊主要连接了中国、蒙古国以及俄罗斯等国家，可以将蒙古的矿产、俄罗斯的石油等重要资源运往中国的华北地区，一些输油管道也会路过甘肃，甘肃也可以承担一些建设责任，同时也可以输出一些本省的资源。

三　中国—中亚—西亚经济走廊

中国—中亚—西亚经济走廊顾名思义是中国与中亚国家和西亚国家的经济合作带。具体是指起于新疆乌鲁木齐市，经过哈萨克斯坦等中亚国家，最终抵达波斯湾地区的伊朗、伊拉克以及地中海沿岸的土耳其等西亚国家的走廊，该条经济走廊主要贯通了中国、中亚及西亚的广大地区，一些国外的商品流出新疆，可以顺着甘肃流入内地。

四　中国—中南半岛经济走廊

中国—中南半岛经济走廊主要连接中国的东南部和东南亚的一些国家。起于中国的云南省和广西壮族自治区首府，依次经过老挝、越南、柬埔寨、泰国、马来西亚、新加坡等东南亚国家地区。

五　中巴经济走廊

中国和巴基斯坦是全天候战略合作伙伴关系，两国交情深厚。中巴经济走廊意义重大，来自波斯湾的石油资源可以停靠在巴基斯坦的港口，经过贯穿巴基斯坦的铁路直接运输到中国，此举避免了油轮远渡印度洋穿过马六甲海峡及南海等航道，避免了马六甲海峡的封锁，保证了中国石油资源的正常输入，也促进了巴基斯坦的经济发展，通过该走廊也可以交换更多的货物，可谓一举多得。

六　孟中印缅经济走廊

孟中印缅经济走廊（BCIM）是由中印共同发起的位于亚洲的重要经济走廊，其贯通了孟买、中国、印度以及缅甸四个国家，有利于推进东亚、南亚、东南亚乃至亚洲经济一体化的顺利发展。

未来六大经济走廊沿线国家将充分发展各自具有区域比较优势的产业，并依托城市群或中心城市形成增长极。甘肃省将依托自身的资源优势，成为经济走廊在中国西部地区的增长极，并通过经济走廊逐步发展起来的综合交通基础设施，将甘肃省与其他地区连接在一起。

第五节　八大节点

八大节点是指甘肃省的八个重要城市，分别是兰州、平凉、庆阳、天水、定西、张掖、酒泉和嘉峪关，这些城市相互辅助、优势互补，共同打造甘肃经济发展和对外开放的新格局。

一　兰（州）白（银）

兰州市是甘肃省的省会城市，是区域性核心城市，这与其外向功能量最大的现实相一致。兰州在工业、商贸、教育中心性、物流、外贸、金融等各方面都具有领先地位，因此说它具有绝对竞争优势；是在甘肃省的科技、教育中心性各方面具有领先地位，具有绝对的竞争优势，理应成为甘肃省的教育、科技、金融中心。因此兰州应充分利用这些优势，调整其产业发展结构，尽力提高其经济发展水平，建设丝绸之路经济带上的区域经济中心城市。另外兰州还需要着重发挥教育方面的优势，加强各个企业与科研院所的合作。还需要提高创新能力和水平，致力研究新产品的开发与创新，带动西部地区经济的发展。同时，将兰州打造成为丝绸之路上的商贸物流集散中心、综合交通枢纽、重工业基地以及能源中心。

白银市则在工业、物流、外贸中心性等领域，具有比临近城市更强的优势。白银市作为传统的老工业基地、大兰州经济区的重点区域，将重点推进基础设施的建设，逐步建成大兰州经济区周围的综合性物流中心，充分发挥其能源优势，将其建设成为西部地区复合型的能源基地，实现提高经济总量的目标。

二　平（凉）庆（阳）

平庆主要是辅助二级旅游中心城市天水市，发挥在丝绸之路绿洲道的二级中心性作用，并辐射带动陇东经济的发展，发挥丝绸之路东段的甘肃段与陕西段、宁夏段之间的"节点城市"的作用。

"丝绸之路"是重大国家战略，平凉市应成为其发展的助推力，积极地融入"丝绸之路"建设的伟大实践之中，加强与沿线国家的交流与合作，努力推动本市的产业结构转型与升级，完善当地的基础设施建设，实现与周边地区的互联互通，努力建设成为丝绸之路上的区域性商贸物流中心、重要通道、全国知名的文化旅游养生基地以及能源化工基地。

庆阳市将以发展丝绸之路为契机，以更加开放的胸怀、更加开放的姿态和更加开放的视野，立足于当前的发展实际，充分发挥自身的比较优势，着眼于未来发展的新形势和新任务，进一步深化认识、分类施策，聚焦发力点，寻求突破口，加大力度做好本市对外开放的重点领域和关键环节中的各项工作，从而能够更好地融入"一带一路"建设中，促进当地经济发展。

三　天水

天水市的作用，在于辅助兰州市在丝绸之路绿洲道中的"核心"作用，充分发挥其区位优势，加快构建运行规范、布局科学、特色突出、管理有序的现代商贸服务体系。另外，通过大力发展第三方物流和专业物流，努力打造连接中国西北地区和西南地区、面向中西亚地区的区域性现代物流中心。天水市还将充分发挥资源优势，补充兰州市资源并不十分丰富的短板助力兰州市综合影响力的扩大，同时辐射带动陇东、陇南发展，并发挥丝绸之路绿洲道东段的甘肃段与陕西段之间"节点城市"的作用。

四　定西

定西将努力吸引来自商贸物流等项目的招商引资，从而能够促进"丝绸之路经济带甘肃黄金段"商贸大通道及陇中地区物流节点城市的建设。按照之前的规划，定西将启动丝绸之路上的中邦华运物流园、定西国际商贸物流城、临洮康家崖农副产品加工物流园、金帆现代城市流通综合体等重点商贸物流园区的基础设施建设；另外，定西可以发挥当地的资源优势，重点促进当地的农副产品、药品药材、建筑材料、日用百货等国际贸易交流与合作，促进丝绸之路国际商贸物流城建设，将其建设成为以加工和信息交流为主的国际性商品贸易采购以及物流港区；另外，可以以中国（定西）西部汽车城项目的东风为依托，大力发展汽车项目。

五　金（昌）武（威）

金昌和武威主要是辅助张掖市在丝绸之路绿洲道甘肃段的二级中心性作用，并辐射带动河西走廊经济的发展。金昌市在做发展规划时，需要有长远的眼光，一方面要以能够实现资源利用最大化为目标，同时需要遵循"减量化、再利用、资源化"的原则，努力转变资源利用方式，实现资源循环利用、能量合理流动和价值逐级增值的目标，逐步形成废料能够相互利用的生态工业链，推动资源优势转化为经济优势，加大力度提高资源开发效率和水平。但另一方面要认识到资源并不是无穷无尽的，总会有开采完的一天，政府部门应该针对服务业制定优惠政策，大力发展本市的服务行业，尤其需要促进服务业配合交通运输业的发展从而推动运输服务业的发展，逐步规划实现经济重心的转移。

六　张掖

张掖市主要辅助旅游中心城市嘉峪关和酒泉在丝绸之路绿洲道的二级中心性作用，发挥张掖市地处河西走廊中部的区位优势，辐射带动丝绸之路甘肃段河西走廊经济的发展，发挥丝绸之路甘肃段河西走廊中部"节点城市"的作用。结合国家发展规划，努力将张掖建设成为丝绸之路上的重要区域交通枢纽、绿色有机农产品生产基地、生态安全屏障以及丝绸之路上的旅游目的地和集散地。

七　酒（泉）嘉（峪）关

酒泉和嘉峪关的功能主要是辅助旅游中心城市敦煌市在丝绸之

路绿洲道的"核心"作用，辐射带动丝绸之路甘肃段河西走廊旅游经济的发展，发挥丝绸之路绿洲道东段、西段之间"节点城市"的作用。

酒泉能够依托其优越的区位优势、独特的资源禀赋和良好的基础设施条件发展通道经济，积极融入丝绸之路的发展，全面建设"西部通道旱码头"，形成合作紧密深入、经济联系密切、发展空间广阔的大流通、大合作、大开放格局，从而实现酒泉的迅速发展。

嘉峪关将围绕打造"旅游目的地城市"的目标，加快构建丝绸之路文化博览园和花卉博览园，建设与关城、方特等共同发展的"四轮驱动"之势，提高文化旅游产业量和文化旅游品质。另外，嘉峪关将重点建设戈壁大峡谷地质公园、世界文化遗产公园、自驾车营地等项目，深度开发石峡关景区、黑山岩画、世界文化遗产公园等景点，提高旅游项目带动力。政府应加强力度，发展以休闲度假、观光农业等为亮点的乡村旅游，促进农家乐和星级家庭旅馆等住宿设置的建设，形成多元发展的旅游格局。另外，旅游发展需要注重提升服务品质，打造丝绸之路沿线闻名的旅游目的地城市。

八　敦煌

敦煌旅游资源丰富，有举世闻名的莫高窟，还有自然奇观月牙泉，以及众多的地质构造奇观，敦煌可大力借助交通之便，努力打造成丝绸之路上的国际旅游目的地和国际文化旅游名城。

第六节　一大目标

以丝绸之路甘肃境内重要节点城市为依托，发挥经贸物流园区、产业园区和保税物流园区能够有效集聚金融、科技、人才要素的平台作用，深化产业、经贸、人文、能源等方面的交流合作，大力构建铁陆航多种联运共同发展的丝绸之路甘肃黄金段，努力建设成为向西开放的纵深支撑和重要门户、经济贸易物流和产业合作的战略平台、丝绸之路上的综合交通枢纽和黄金通道，以及人文交流合作的示范基地。甘肃根据发展规划，分别制定了丝绸之路发展过程中的近中远期目标。近期目标（2015—2020年）是建成综合交通运输网络，逐步建立经贸文化交流合作平台，加强丝绸之路沿线地区对甘肃的了解，显著提高甘肃在丝绸之路中的作用；中期目标（2020—2025年）是建立更为完善的对外开放与合作机制，甘肃与六大国际经济走廊沿线国家的文化联系更加紧密，联通亚欧大陆桥的文化通道作用进一步显现；远期目标是到21世纪中叶，实现"五通"目标，与丝绸之路沿线国家产业合作全面深化，文化融合得以实现，将甘肃打造成为"一带一路"国际经济贸易文化合作黄金走廊。

共建"一带一路"是中国的倡议，也是中国与沿线国家的共同愿望。站在新的发展起点上，中国愿与"丝绸之路"沿线国家一道，以共建"一带一路"为目标，与各国平等协商，兼顾各国的利益，反映各国的诉求，共同推进更大范围、更高水平、更深层次的大开放、大交流、大融合。丝绸之路建设是开放的更是包容的，欢迎世界各国和国际、地区组织积极参与。

丝绸之路是一条互尊互信之路，一条合作共赢之路，一条文明互鉴之路。只要沿线各国和衷共济、相向而行，就一定能够谱写建设丝绸之路和"21世纪海上丝绸之路"的美好篇章，促进沿线各国人民共享"一带一路"的建设成果。甘肃的建设以新时代的"一带一路"思想为依托，必可乘上时代的东风，最终实现繁荣富强的伟大目标。①

---

① 《甘肃省参与丝绸之路经济带和21世纪海上丝绸之路建设的实施方案》，一带一路网，https://beltandroad.hktdc.com/sc/node/14464。

参考文献

一 著作

北京大陆桥文化传媒:《丝绸之路》,中国青年出版社2008年版。

陈英、高宏:《甘肃历史文化》,甘肃文化出版社2011年版。

陈振江:《丝绸之路》,中华书局1980年版。

传奇翰墨编委会:《丝绸之路:神秘古国》,北京理工大学出版社2011年版。

敦煌研究院、甘肃省文物局:《甘肃石窟志》,甘肃教育出版社2011年版。

甘肃省地方史志编纂委员会、甘肃省体育志编纂委员会编纂:《甘肃省志·第68卷·体育志》,甘肃人民出版社1997年版。

高亚芳、王力:《一张图表看懂丝绸之路》,中华书局2016年版。

郭厚安、陈守忠:《甘肃古代史》,兰州大学出版社1989年版。

国风:《丝路春秋》,山西人民出版社2003年版。

韩博文:《甘肃丝绸之路文明》,科学出版社2008年版。

郝毅:《西凉乐舞史》,甘肃省文化艺术研究所编印1989年版。

何一民:《中国古都研究(19)·文明起源与城市发展研究》,四川大学出版社2004年版。

侯丕勋、刘再聪:《西北边疆历史地理概论》,甘肃人民出版社2007年版。

黄剑华:《西部文明之旅:丝路上的文明古国》,四川人民出版社

2002年版。

黄利平等:《足迹从丝路延伸:中国古代对外文化交流》,人民日报出版社1995年版。

郎树德、贾建威:《彩陶》,敦煌文艺出版社2004年版。

(清)雷以诚:《清史列传》,商务印书馆1930年版。

李傲:《笑傲五十年》,敦煌文艺出版社1999年版。

李良义:《丝绸之路在中国》,陕西人民出版社2007年版。

刘策、余增德:《神州风物丛书:中国的石窟》,上海文化出版社1997年版。

刘基:《华夏文明在甘肃(历史文化卷)》(上、下),人民出版社2013年版。

刘建丽:《中国西北少数民族通史·辽、宋、西夏、金卷》,民族出版社2009年版。

刘士超:《穿越苍凉·永恒的丝路文明》,旅游教育出版社2005年版。

刘统:《悠悠丝路》,广东教育出版社1995年版。

刘文敏:《丝绸之路:通向中亚的历史古道》,中国三峡出版社1993年版。

刘文英:《哲学百科小辞典》,甘肃人民出版社1987年版。

刘迎胜:《丝绸之路》,江苏人民出版社2014年版。

马东平:《陇上丝绸之路三千里:文本和故事》,中国文史出版社2019年版。

孟凡人:《中华文明史话·丝绸之路史话》,中国大百科全书出版社2003年版。

宋剑霞:《中国丝绸之路》,京华出版社1994年版。

孙星群:《西夏辽金音乐史稿》,中国青年出版社1998年版。

汪敬虞编:《中国近代工业史资料(第二辑1895—1914年)》,科学出版社1957年版。

汪受宽:《甘肃通史(秦汉卷)》,甘肃人民出版社2009年版。

王福生:《丝绸之路经济带研究》,甘肃人民出版社2013年版。

王应林:《丝绸之路史话》,喀什维吾尔文出版社2004年版。

(清)王之春:《国朝柔远记》,中华书局1961年版。

谢端琚:《甘青地区史前考古》,文物出版社2002年版。

许慕羲:《元朝宫廷秘史》,三秦出版社2006年版。

杨建新、卢苇:《丝绸之路》,甘肃人民出版社1981年版。

杨建新:《中国西北少数民族通史·东汉、三国卷》,民族出版社2009年版。

杨文炯:《传统与现代性的殊相》,民族出版社2002年版。

尹伟先、杨富学、魏明孔:《甘肃通史(隋唐五代卷)》,甘肃人民出版社2009年版。

张朋川:《中国彩陶图谱》,文物出版社1990年版。

赵向群:《甘肃通史(魏晋南北朝卷)》,甘肃人民出版社2009年版。

郑彭年:《丝绸之路全史》,天津人民出版社2016年版。

祝中熹:《甘肃通史(先秦卷)》,甘肃人民出版社2009年版。

[美]芮乐伟·韩森:《丝绸之路新史》,张湛译,北京联合出版公司、后浪出版公司2015年版。

[英]吴芳思:《丝绸之路2000年》,赵学工译,上海辞书出版社2016年版。

[美]谢弗:《唐代的外来文明》,吴玉贵译,中国社会科学出版社1995年版。

二 期刊

陈蓉蓉:《秦文化——中国传统文化的基石》,《株洲工学院学报》2006年第1期。

谷玉梅:《秦人起源与早期秦文化特色》,《管子学刊》2014年第1期。

韩星:《骊山坑儒谷与秦文化反思》,《西安航空学院学报》2014年第 2 期。

胡同庆：《甘肃石窟雕塑艺术概论》，《敦煌研究》1997 年第 4 期。

胡同庆：《甘肃石窟艺术概况》，《敦煌研究》1994 年第 3 期。

黄维霞、于克生：《秦文化的基本特征》，《中学历史教学参考》2002 年第 7 期。

《跨越千年的文化记忆人类文明的精神地标——甘肃新增五处世界文化遗产介绍》，《丝绸之路》2014 年第 15 期。

李并成：《汉敦煌郡的乡、里、南境塞墙和烽燧系统考》，《敦煌研究》1993 年第 2 期。

刘劲：《秦汉时期西县故城治所考略》，《丝绸之路》2010 年第 18 期。

刘再聪：《畤祭与秦人"天下共主"意念的萌芽》，《青海社会科学》2009 年第 2 期。

马东平、金蓉：《丝绸之路甘肃段上的文化交流及其所体现的精神》，《中国西部》2016 年第 6 期。

《莫高窟：延续千年的佛教艺术宝库》，《文明》2015 年第 11 期。

牛世山：《秦文化渊源与秦人起源探索》，《考古》1996 年第 3 期。

沙武田：《包罗万象的敦煌石窟壁画艺术》，《图书与情报》2006 年第 4 期。

时兰兰：《试论藏传佛教与汉传佛教的异同及在中国的传播》，《丝绸之路》2012 年第 6 期。

孙玉琴：《汉唐时期丝绸之路贸易的历史经验及其现实启示》，《国际贸易》2014 年第 8 期。

孙占鳌：《嘉峪关与明代丝绸之路贸易》，《甘肃广播电视大学学报》2017 年第 2 期。

汪受宽：《豳国地考望》，《中华文史论丛》2008 年第 4 期。

王客西：《从秦的兴亡看秦文化的特质》，《西安财经学院学报》2006 年第 5 期。

雍际春：《关于秦早期文化形成的思考》，《中国史研究动态》2017

年第 4 期。

张法:《先周文化对中国文明的奠基作用》,《河南教育学院学报》(哲学社会科学版)2011 年第 6 期。

张剑:《〈豳风·七月〉与北豳先周文化》,《甘肃高师学报》2000 年第 1 期。

张天恩:《试说秦西山陵区的相关问题》,《考古与文物》2003 年第 3 期。

张耀民:《试论长城文化对甘肃的影响》,《西北史地》1998 年第 1 期。

赵俊川、赵琪伟、张小平:《甘肃秦文化遗存及内在特质初探》,《鸡西大学学报》2012 年第 9 期。

赵沛、李刚:《论秦商在古丝绸之路贸易中的历史地位和作用》,《西南大学学报》(社会科学版)2017 年第 2 期。

赵沛、李刚:《论秦商在古丝绸之路贸易中的历史地位和作用》,《西南大学学报》(社会科学版)2017 年第 2 期。

赵琪伟:《甘肃西汉水流域的早期秦文化遗俗》,《寻根》2010 年第 6 期。

赵蓉、刘为民:《论敦煌民间文学艺术表达的法律表征——基于敦煌民间文学艺术表达成果权之基础考察》,《知识产权》2012 年第 10 期。

郑子文:《历代陇域地缘考》,《社科纵横》1999 年第 3 期。

三 报纸

陈望衡:《儒源——周祖文化意义新探》,《陇东报》2011 年 10 月 21 日。

刘再聪:《甘肃历史文化是丝绸之路文明的灵魂》,《中国社会科学报》2014 年 9 月 25 日。

《丝路经济带建设是中国梦与世界梦融合的体现》,《中国社会科学报(专题报道)》2014 年 8 月 27 日。

王文元:《甘肃佛像珍品见证"西风东渐"》,《兰州晨报》2009年4月23日。

张继刚:《早期秦文化对后世的影响》,《中国社会科学报》2017年11月27日。

郑炳林等:《悠久灿烂的河西走廊丝路文化》,《甘肃日报》2013年3月13日。

四 学位论文

包瑞峰:《嬴秦礼俗研究》,博士学位论文,东北师范大学,2011年。

陈筱娇:《中国古代设计中的"胡化"与汉胡融合现象研究》,博士学位论文,南京艺术学院,2018年。

丁小真:《先秦文学与中国传统建筑关系研究》,硕士学位论文,南京林业大学,2008年。

瞿继娟:《甘肃石窟发现史》,硕士学位论文,西北师范大学,2014年。

李江:《明清时期河西走廊建筑研究》,博士学位论文,天津大学,2012年。

皮坚:《丝绸之路对外贸易走向衰落研究》,硕士学位论文,湖南大学,2010年。

王思尹:《甘肃通渭战国秦长城遗址的调查与保护研究》,硕士学位论文,西北师范大学,2017年。

王志友:《早期秦文化研究》,博士学位论文,西北大学,2007年。

魏超:《秦人的畤祭研究》,硕士学位论文,西北大学,2015年。

杨发鹏:《两晋南北朝时期河陇佛教地理研究》,博士学位论文,西北师范大学,2010年。

五 其他

刘国芳:《关于整合研究开发甘肃早期秦文化的调查与思考》,《陇山文化发展论集》,2015年。

后　　记

作为丝绸之路咽喉孔道的甘肃，随着西部大开发和"一带一路"建设，越来越受到世人的关注。甘肃作为中国东南部通向西部的交通要道、汉唐丝绸之路的必经之地，其重要地位不言而喻。

习近平总书记在系统阐述丝绸之路经济带构想的时候指出，两千多年的交往历史证明，只要坚持团结互信、平等互利、包容互鉴、合作共赢，不同种族、不同信仰、不同文化背景的国家完全可以共享和平，共同发展。[①]

历史上甘肃丝绸之路的文化及其交流体现的就是和平、交流、理解、包容、合作、共赢的精神。所以，甘肃丝绸之路沟通的是东西方的贸易和文化，体现的精神和价值不论在地区和国家发展乃至国际交往方面都是重大而影响深远的。

全书由王力提出写作思路和框架结构，负责修改、总纂定稿以及前言、第一至三章、第十四至十八章的编写，第四至八章由王琼负责编写，第九至十章由郑飞负责编写，第十一至十三章由黄婉莹负责编写，陈照敏、张颜辉参与了资料收集和校对工作。

本书在编撰过程中，参考、引用了大量专著、论文、教材等相关内容，在正文"脚注"和书后的"参考文献"栏中已一一列出，在此谨向诸位作者致以衷心的感谢！中国社会科学出版社马明编辑

---

① 人民日报华伦部：《习近平讲故事》，人民出版社2017年版，第300页。

为本书的校对审核付出了辛勤劳动,在此表示诚挚的谢意!

由于水平有限,疏漏之处在所难免,敬请广大读者批评指正,编写组全体成员在此表示万分感谢!

王 力

2023 年 3 月

于西北师范大学